Deseo vivir

María Eugenia
Carmona

AGUILAR

Torrelaguna, 60. 28043 Madrid
Teléfono 91 744 90 60
Telefax 91 744 90 93
www.aguilar.es
aguilar@santillana.es

Diseño de cubierta: Jesús Acevedo

Primera edición: mayo de 2009

ISBN: 978-84-03-10068-8
Depósito legal: M-13.590-2009
Impreso en España por Dédalo Ofset, S. L. (Pinto, Madrid)
Printed in Spain

Y yo me iré; y estaré solo, sin hogar, sin árbol
verde, sin pozo blanco,
sin cielo azul y plácido...
Y se quedarán los pájaros cantando.

«El viaje definitivo», Juan Ramón Jiménez

Índice

Prólogo 9

Primera parte. La vida 11
I. Otra vez no, por favor 13
II. *Om tare tutare ture soha* 19
III. Un barco, una lancha y un helicóptero 25
IV. A las seis de la mañana 29
V. Una manada de jabalís 33
VI. Mamá, tú no estás enferma 39
VII. El amor cura 43
VIII. Una guerra en el cuerpo 47
IX. Nunca más en biquini 51
X. Luchar por los niños 55
XI. El camino despejado 63
XII. He visto mucha luz 69

Segunda parte. La muerte 75
XIII. Soy la tierra 77
XIV. Todo es benigno porque así lo he decidido 89
XV. El olor a tierra mojada 99
XVI. ¿Qué hago en un pueblo de playa? 107
XVII. Los mensajes de los pájaros 117
XVIII. El descubrimiento de Bodnath 131
XIX. Subir a la montaña 157
XX. Abandonar el cuerpo 173
XXI. Las enseñanzas de la muerte 185
XXII. Quiero seguir soñando 195
XXIII. Un viaje muy rápido 213

XXIV. Mi papel en esta obra ha terminado........................ 231
XXV. Alguien que me ayude... 249
XXVI. Cerrar los ojos.. 259

Epílogo... 279

Prólogo

Un caluroso día de agosto del año 1980 en una playa de Calafell unos amigos me presentaron a una guapa chica española. Los dos teníamos 17 años. Ella estaba de vacaciones con sus padres, su hermana y otra familia. Emigrantes de Sevilla, vivían en L'Hospitalet de Llobregat bajo el humo de Barcelona y cada año hacían esta misma escapada a la Costa Dorada. Yo había venido de Holanda con dos amigos en un largo viaje en tren y eran nuestras primeras vacaciones sin nuestros padres.

Nos enamoramos durante diez días de playa, bares y discotecas. Me dijo que se llamaba Ana pero era una pequeña mentira. Hasta un año después, tras escribirnos muchísimas cartas en una época en la que no existía Internet, no supe su nombre real: Mari.

La distancia, unos mil quinientos kilómetros, y esporádicas visitas —en vacaciones, Semana Santa y Navidad— no consiguieron acabar con el amor de dos jóvenes y con 20 años Mari decidió venirse a vivir a Holanda mientras yo terminaba los estudios de Periodismo. Pero tras cuatro años de nubes, lluvias, inviernos fríos y una divertida boda por lo civil en 1987 Mari quiso volver a Barcelona.

Nos lanzamos a la aventura, encontramos trabajo y en la capital catalana nacieron Sara en 1990 y Ferran en 1992. Un año más tarde cumplimos nuestro sueño: vivir en Sitges, cerca de la playa.

El cáncer no dejó que Mari disfrutara mucho de ese sueño. En octubre de 1997 se le detectó un tumor maligno en el pecho izquierdo. Tenía 34 años. Una operación conservadora y largas sesiones de quimioterapia y radioterapia surtieron efecto y a finales de 1998 volvía a estar bien.

Durante casi dos años fue una mujer muy feliz, decidida a aplicar a su vida todo lo que había aprendido durante la enfermedad. En el verano de 2000 volvió a notarse un bulto en el pecho. Aquí es donde da comienzo este libro. Con una regularidad y tenacidad admirables, Mari escribió casi a diario, en especial cuando la enfermedad comenzó a estar más avanzada, sobre sus vivencias y pensamientos, sobre la vida y la muerte, sus miedos y alegrías; sobre el dolor, su marido y sus dos hijos, sus amigos y sus padres; sobre las peleas, la sexualidad y la educación; y sobre la búsqueda de métodos de curación alternativos, su acercamiento al budismo y un largo etcétera.

Ésta no es sólo una historia de visitas a hospitales y médicos o sobre las temporadas que pasó en la cama, debilitada por la quimioterapia o por operaciones muy complejas. A lo largo de dos años, mientras su cuerpo se iba deteriorando, pudimos hacer muchas actividades juntos y viajamos al Pirineo, Cantabria, Galicia y Nepal, lugar, este último, en el que descubrió otro mundo diferente.

«¿Qué será de estos diarios cuando ya no esté?», se llegó a preguntar. Nunca hablamos de publicarlos pero su mayor deseo era ayudar a otras personas. En una sociedad en la que el número de afectados por el cáncer u otras enfermedades sigue creciendo, el diario de Mari es un libro alentador que, sin embargo, no rehuye una realidad en la que muchas veces la enfermedad termina con la muerte, incluso de gente muy joven. También es una lección de cómo una persona moribunda puede ir perdiendo el miedo a la muerte y de cómo sus amigos y familia pueden ayudarla en ese camino final sin lamentarse demasiado por su pérdida, sino más bien convenciendo a esa persona valiente y enferma de que no se preocupe porque no es malo que se vaya, ya que todo irá bien.

Edwin Winkels

PRIMERA PARTE

La vida

I

Otra vez no, por favor

Me alegro mucho de haberme quedado en el *camping*. Pasé un día bastante placentero, tras sobrevivir a una noche terrible con el cuello atenazado por un miedo aterrador cuando en la oscuridad emergió todo lo negativo que llevaba dentro.

Salí a dar un paseo de Tamarit a Altafulla. Es una playa entre los dos pueblos que me encanta, larga, de arena suave y en la que había muy poca gente a aquella hora, sobre las ocho de la tarde. El sol aún calentaba, pero no molestaba y estaba a punto de ponerse. A mi ritmo pausado, paso a paso, dejando que el agua del Mediterráneo acariciara mis pies desnudos, el paseo de ida y vuelta solía durar una hora.

Lo primero que hice cuando empecé a caminar fue llamar a mi ángel espiritual: mi abuela. Sólo quería estar con ella y escuchar sus mensajes, sin tratar ningún tema concreto, tan sólo el camino a seguir.

En primer lugar necesito saber lo que tienen que decirme los médicos porque en estos momentos siento que todo va a ser positivo, de modo que después voy a poder llevar a cabo mi misión. Durante este paseo a orillas del mar he comprendido que a partir de ahora tengo que centrar mi atención en curarme y ayudar a otras personas en mi camino espiritual.

Decidí entonces escribir este diario para poder leerlo de nuevo después y no hacer como siempre, dormirme pensando en que ya lo haré, ya lo haré...

Aún no sé cómo se me ocurrió tocarme el pecho derecho, a las cinco de la madrugada, mientras estaba en la cama del *bungalow*. Palpé haciendo fuerza con los dedos y de repente descubrí un bulto. Me puse histérica y pensé que no era verdad, que se trataba de un sueño. O una pesadilla. Desperté a Edwin y se lo conté. Estaba muy nerviosa y temblaba.

Otra vez no, por favor.

A partir de ese instante pasé una noche horrible, o lo que quedaba de ella, y a primera hora de la mañana me levanté con sensación de resaca. No sabía qué hacer. A las ocho de la mañana llamé a mi hermana para pedirle el teléfono de Graciela, mi psicóloga. Estaba tomándose un cortado en un bar porque aún no esperaba a nadie en la consulta.

—Me voy del *camping*. Quiero volver a casa —le aseguré después de explicarle lo que me había ocurrido.

—¿Por qué? ¿Quieres irte porque en casa sientes que estás más cerca del hospital?

Su manera de reaccionar siempre me hace pensar y reflexionar. Tal vez tuviera razón. Me sirvió de mucho poder hablar con ella. Es una mujer a la que admiro por su manera de ser y por cómo ayuda y escucha a la gente. De modo que decidí quedarme, aunque mi hermana me había sugerido que si quería ella y Rafa venían al *camping* con el peque, Iñaki, para que mis niños pudiesen estar con su primo y seguir disfrutando de las minivacaciones.

Asimismo llamé al hospital para intentar hablar con el doctor Escobedo, mi oncólogo. Me prometieron que si no me llamaba él lo haría la enfermera para informarme de lo que fuera. La chica que me atendió era muy simpática pero aquel día no volvieron a llamar.

Me siento muy desprotegida, ya que no puedes ni realizar una consulta, aunque te encuentres hecha una mierda.

Edwin y yo nos fuimos a caminar por la playa. Lloré mucho, pensando en cosas muy negativas pero me alegro de habérselas contado, ya que era lo que sentía en ese momento. Se trata de una enfermedad muy dura por la manera de morir, lentamente, no como un infarto, así que de nuevo se me pasaban por la cabeza muchas ideas y como se puede comprobar todas muy positivas.

Le pedí a Edwin que me acompañara al día siguiente a la consulta de Graciela en Barcelona; no me apetecía hacer el viaje de vuelta en tren a Altafulla yo sola por si me encontraba mal. Le pregunté cómo se sentía él y su respuesta fue la de siempre, que lo importante era yo. Si me encuentro mal me siento muy unida a él pero cuando todo va bien no sintonizamos porque nuestros intereses son diferentes. Tengo muchas ganas de sentir que realmente conectamos y de poder hablar con él de sentimientos y emociones.

Cuando me desperté de la siesta, medité un poco. Fue el primer momento del día en el que me encontré más tranquila, hasta entonces no había sido capaz de meditar. Empecé a leer un libro nuevo, *Las siete iniciaciones* de Ramiro Calle y pensé que era el peor que podía caer en mis manos en ese momento, pero si lo había elegido, por algo sería. Empieza con una mujer que se está muriendo de leucemia con 40 años. Lloraba mientras lo leía, pues me parecía una historia muy real y cercana a mí.

El día siguiente fue un infierno. Al final nos fuimos del *camping* porque me llamaron del hospital Duran i Reynals y me pidieron que me pasara para que me viera una doctora de radioterapia. Me había prometido a mí misma que haría un montón de cosas si el resultado era bueno pero tras el primer reconocimiento la doctora insistió en que no le gustaba nada el aspecto de la piel por una mancha roja que tenía en el pecho izquierdo y que en los últimos días a mí también me había tenido mosqueada. Me mandó hacerme unas mamografías.

Así que de nuevo me encontraba muy nerviosa. Como tuvimos que esperar tres horas para las pruebas, nos dio tiempo de ir a desayunar, pero sólo me tomé una infusión de menta poleo. Mi estómago estaba herméticamente cerrado. Cuando por fin me hicieron las mamografías estaba asustada.

—No se ve nada —escuché comentar a alguien.

Yo preguntaba pero me contestaban sin concretar. Me realizaron una ecografía y a continuación me pincharon en ambos pechos para una biopsia. La doctora, al llegar, dijo que sólo había pedido las mamografías y entonces me pidieron que saliera a la sala de espera; sin embargo, pude ver cómo se llevaba las manos a la cabeza.

—Aún nos faltan los resultados de las biopsias —comentó cuando vino a vernos—, pero todo indica que es maligno. Podéis volver después a recoger el resultado o esperar hasta el lunes.

Le confirmamos que volveríamos en dos horas.

No podía creérmelo y tenía la esperanza de que pudiera haber una equivocación y nos llamaran al móvil para decir que todo era un error.

No puedo explicar lo que sentí durante esas dos horas pero tenía la impresión de que vivía una situación irreal. No podía ser verdad otra vez. Durante los dos años que no he estado enferma, tras la operación en febrero de 1998 y el tratamiento posterior, me he encontrado muy bien. Por supuesto tenía mis cosillas de siempre, pero en general me encontraba bastante recuperada. Me pregunté qué había hecho mal y por qué todo el mundo que había estado conmigo estos años, toda esa buena gente que me había aconsejado y ayudado, se había equivocado. Decidí llamar, a mi hermana, a Graciela, a Camilo, que es oncólogo homeopático, a todos.

Edwin tenía razón cuando me comentó que esta vez he reaccionado mucho mejor ante la noticia, porque ahora dispongo de gente a la que poder consultar, a pesar de que el resultado ha sido mucho peor.

Peor, sí, porque llegamos a las dos y media al hospital y nos confirmaron que tanto el bulto del pecho derecho como la mancha roja del izquierdo eran malignos. Todavía no habían decidido cuál era el tratamiento a seguir pero si esperábamos podríamos hablar con el doctor Escobedo.

Entonces llamé también a mi madre, que se encontraba de vacaciones con mi padre en su pueblo de Sevilla, La Campana, y le expliqué que me habían prescrito antibióticos durante dos semanas y que después tendría que volver. No se quedó nada convencida y me da mucha pena porque sé que lo están pasando muy bien y ahora no me quedará más remedio que darles esta noticia. No quiero ni pensar en ello.

Después hablamos con el médico y todavía fue peor. Nos dijo que de momento no se podía operar. El proceso había ido muy rápido, ya que el tumor se había corrido por la piel y el bulto era muy grande. ¡Eso sí que no me lo esperaba! La operación ya me parecía algo horrible pero oír que no pueden hacer casi nada es todavía peor.

Me explicó que primero me tenían que hacer todas las pruebas para asegurarse de que no se había extendido a ningún otro sitio. Si no había metástasis intentarían hacerme dos sesiones de quimioterapia del tipo más fuerte y esperaríamos a ver si reacciono. Si el cuerpo no responde no seguirán con el tratamiento. Le pregunté si merecía la pena, ya que guardo un recuerdo horrible de la quimio.

—La decisión es tuya —nos dijo—, pero yo lo intentaría. Lo que no puedo asegurar es si va a hacerte efecto o no, ya que cada persona es diferente.

Asimismo añadió que, aunque la quimioterapia era muy agresiva, merecía la pena que le diera la oportunidad, porque cuando hubiera finalizado podría encontrarme igual de bien que me he sentido estos dos años.

No obstante, me mostraba bastante tozuda porque no quería volver a pasar otra vez por aquella experiencia. Llamé a Graciela y me aseguró que trabajaríamos con el método que yo decidiera. A continuación llamé a Camilo, quien opinaba que si ésa era la opción que me ofrecían los médicos, lo mejor que podía hacer era aceptarla, ya que era la única cuerda que se me tendía. Resumiendo, más lío para mí.

Cuando el doctor Escobedo me dijo que era bueno consultar con las personas que tenía a mi lado me puse a llorar, pues cuando hablan de mi gente no puedo dejar de pensar en mis niños. Siempre he creído que tener una madre es muy importante, su apoyo es incondicional, está a tu lado tanto en los momentos buenos como en los malos. Yo, por ejemplo, me quejo constantemente de mi madre porque no para de hablar, nunca se está quieta y se preocupa demasiado por todo, pero ahora tengo muchas ganas de que venga y que se quede aquí conmigo cuidando de mí y de mis niños.

De estos temas casi no puedo ni hablar, por eso también estoy llorando. Me encuentro escribiendo estas palabras y aún no me lo puedo creer. ¡Quiero despertarme y que todo haya sido un sueño!

Deseo VIVIR. Quiero luchar, aunque sé que va a ser muy duro, tengo ganas de seguir disfrutando de esta vida, que es la que conozco. No quiero que mis niños se queden sin mí y pretendo crecer mucho más espiritualmente, pues en este momento me veo tan sólo en el primer peldaño.

Cuando llegamos a Sitges mi hermana vino a traer los niños y salí con ella a pasear. Estoy muy contenta de tenerla. Nunca había tenido la oportunidad de sentirla como ahora. En una situación como ésta es capaz de transmitirme mucha calma; me entiende y me alienta, a pesar de que ella también sufre.

Más tarde, cuando ya se había ido, sentí deseos de hacerle saber que realmente me estaba siendo de gran ayuda, así que la llamé y le di las gracias. Sólo por momentos como éste merece la pena que la vida te dé un palo. Y al fin y al cabo no todos los acontecimientos del día fueron negativos. Edwin se esmeró en hacer la cena para que yo comiera, aunque por muy buena que esté la comida no me entra. Después de cenar me puse a hacerle un poco de cosquillas y empezó a llorar. En otras ocasiones le había pedido que no llorara, pero esta vez le dije:

—Llora, te hará bien, a mí también me relaja.

Después le pedí que cuando volviera a nacer, si existía la posibilidad de que me encontrara, no me buscara en occidente porque prefiero estar en el Tíbet y no tener nada que ver con esta sociedad occidental a la que tanto le importa el físico. Yo misma siempre me he preocupado en exceso por ese físico y en estos momentos me encantaría poder mirar sólo al interior, a la esencia de las cosas, y no quedarme en lo superficial como hacemos aquí. Entonces me dijo algo muy bonito, aunque me parece que no llegó a entender del todo mis palabras.

—Tú sola no te vas —me dijo—. Me iré contigo y los niños también. Si quieres pueden estar sin ir al colegio durante un año, yo dejaré de trabajar y nos vamos todos al Tíbet.

La verdad es que es casi imposible que lo hagamos, pero la idea me encantó y me sentí muy conectada con él. Si todo sale bien, y voy a poner todo mi empeño en que así sea, me gustaría que nos fuéramos a Perú, al otro lado del mundo, y entrar en contacto con chamanes y aprender de ellos. ¡Seguro que lo haré!

A continuación tendí la ropa de la lavadora y lo hice con gusto, concentrándome sólo en lo que estaba haciendo en aquel momento. Después la doblé y la guardé en el armario. Normalmente odio este tipo de tareas pero en ese momento lo hice de forma consciente y sin que me importara. El libro *Las siete iniciaciones*, como casi todos los que leo últimamente, trata en profundidad el tema de vivir en el presente y realmente me apetece estar mucho más consciente de lo que hago cada día.

Por la noche salí a pasear con Sara. Tenía un poco de miedo porque pensaba que tal vez me preguntaría qué me habían dicho los médicos. Pero lo único que deseaba era estar conmigo a solas y contarme sus cositas. Me encanta cuando me hace que le ponga el brazo sobre el hombro. ¡Quiero mucho a mis niños!

Una vez en casa se vinieron los dos conmigo a la cama. Ferran estuvo leyendo la Biblia de dibujos y Sara permaneció a mi lado escuchando. Me sentía increíblemente tranquila, sin pensar en nada más. Exactamente eso es lo que tengo que seguir haciendo.

II

Om tare tutare ture soha

Reconozco que últimamente deseo estar a solas conmigo misma, aunque tener a Edwin a mi lado me da mucha seguridad y además se enrolla un montón con los niños. Sus halagos cuando me asegura que soy muy fuerte, que el médico le ha hablado muy bien de mí o que me estoy comportando estupendamente con los niños me sirven de mucho. ¡Necesito escuchar este tipo de frases! De verdad espero que todo por lo que estamos pasando nos sirva en nuestra relación. Si es así, para mí habrá merecido la pena.

Me llamó Graciela, para comentarme que venía de hacer una actividad en el monasterio budista del Garraf. Se alegró al escuchar que tenía la voz más alegre y me contó que ella y dos de sus amigas me habían mandado mucha energía. También me sugirió que fuera mañana a las ocho de la mañana al monasterio porque se celebraría un ritual del fuego. Me pareció muy temprano, pero después se me ocurrió que podría ir con mi hermana y Rafa. Así que los llamé y aceptaron. ¡Me hace mucha ilusión!

Todavía tengo que hacer muchas cosas en mi vida.

El día del ritual fue de los que valen por una semana. Estaba hecha polvo tras otra noche igual que las anteriores sin poder dormir y con un nudo en el estómago. El ritual duró tres horas y, aunque estaba un poco incómoda sentada, me gustó. Quemaron muchas cosas en una hoguera, como arroz, galletas y algunos objetos que no conocía. Después recitaron mantras y tocaron algo de música. A continuación nos levantamos para dejar las manos reposando en unos jarrones llenos de aceite y me pusieron ceniza en la frente. Cuando acabó salimos del recinto, pero antes quise saber cuál era el significado del fuego. Una de las monjas, Pili, nos explicó que servía para purificar y eliminar obstáculos. Aproveché también para preguntarle si podía ver al Lama y me respondió que sí, aunque antes tendría que pedir hora y hablar con su secretario, Andreu.

No sé por qué se me ocurrió preguntar, ya que cuando anteriormente mi hermana me había comentado que una chica de su trabajo tenía entrevistas con el Lama, mi reacción había sido decirle que para qué quería yo hablar con una persona así cuando ya conozco la enfermedad que padezco.

Más tarde, cuando pude hablar con el secretario, le expliqué que quería entrevistarme con el Lama por motivos de salud.

—Lama tiene la agenda llena, y tampoco tiene horas disponibles la próxima semana —contestó.

—Es urgente —insistí explicándole el motivo exacto.

—Trataré de pasarte hoy mismo entre dos visitas —me prometió.

—¿Puedo preguntarle si esta enfermedad estaba en mi karma, si era mi destino?

—Pregunta lo que quieras. Si puede, Lama te contestará.

Decidí llamar a Edwin por si quería venir con los niños.

—Tengo una entrevista con el Lama —le dije. No le expliqué para qué y tampoco insistí en que subiera al monasterio. Pensaba que lo consideraría una tontería, pero vino con los niños y me aseguró que entraría conmigo.

Esperaba encontrarme una persona seria que me impondría, pero el Lama resultó ser un señor muy simpático. Entonces le conté cuál era la razón de mi visita. Se puso a mirar unos dados y me dijo que realmente era grave y que tenía que luchar mucho. Me dio algunos consejos como que tomara los alimentos tan crudos como me fuera posible, porque eso ayudaría a drenar mi cuerpo, y que no comiera pescado, carne, huevos, cebolla y ajos. Por último me aconsejó que no tuviera en casa ninguna prenda ni imágenes expuestas de gente que hubiera muerto.

Me quedé impresionada, pues me presentaba el futuro bastante negro. Le pregunté si valía la pena hacer algo y me dijo que sí porque lo último que había salido era la victoria y por tanto tenía que luchar con todas mis fuerzas y seguir todos los tratamientos que me propusieran.

—Entre todos venceremos —me aseguró.

Aquellas palabras me animaron mucho. También le pregunté por qué estaba padeciendo nuevamente esta enfermedad, ya que la primera vez la entendí como un mensaje para que tomara un camino más espiritual en mi vida pero ahora, después de haber tomado ya esa dirección, no lo entendía.

—Tienes que involucrarte mucho más en este camino y ayudar a los demás.

¡Es justo lo que yo había pensado! Considero que tiene razón porque me relajo con facilidad. Pienso en los proyectos que tengo que iniciar y siempre digo mañana, mañana... Pero se acabó, cuando termine con todo esto no me desviaré de mi camino. No pienso esperar ni nada ni a nadie porque deseo ayudar a otras personas. Entonces añadió que Edwin me iba a ser de gran ayuda.

—Pero si él no cree demasiado en estas cosas —protesté.

Me encantó la respuesta que me dio mirando directamente a Edwin:

—Hombres más altos que él han tenido que reconocer que hay algo todavía mucho más alto que ellos. Lo comprobará.

Finalmente el Lama me mandó recitar un mantra: OM TARE TUTARE TURE SOHA.

Según me comentó mi hermana después, Edwin salió muy contento. Yo también y, aunque sigo teniendo algunos recelos, estoy mucho más animada y con ganas de luchar.

Aquel día no podría haber sido de otra manera. Estuvo lleno de casualidades. Además, Edwin me prometió que cuando salga de esto nos marcharemos a la India. ¡Sería un sueño! ¡Seguro que lo haremos! ¡Es un cielo! ¡Le quiero mucho! Creo que todo esto va a serle muy útil en su camino espiritual y en sus desbloqueos. Pienso luchar con todas mis fuerzas, no quiero desfallecer en ningún momento. A pesar de que los pensamientos negativos intentan apoderarse de mí, quiero tener la fortaleza suficiente para que eso no ocurra, aunque me cueste. Supongo que es normal. Poco a poco. He de tener paciencia.

Después recité el mantra: *om tare tutare ture soha.*

He llamado a un teléfono que me proporcionó el Lama. Me contestó una chica simpática que me habló de un médico, el doctor Baselga, quien tiene una consulta particular en la clínica Teknon y que también trabaja en el hospital Vall d'Hebron. Según comentan es el mejor oncólogo que hay en la actualidad, y además realiza un gran número de investigaciones.

La chica me habló un poco de su caso. Había padecido cáncer de ovario y mientras siguió todo el protocolo el Lama la ayudó a soportar el sufrimiento que le provocó la quimioterapia. También me aconsejó que siguiera tanto como me fuera posible las recomendaciones de la medicina tradicional.

Después de escuchar los mismos consejos por tantas vías distintas, estoy convencida de que es el camino que tengo que seguir.

Fui a ver a Graciela, quien había hecho posible mi encuentro con el Lama. Me aseguró que si éste no hubiera visto ninguna luz me lo habría dicho, ya que es una persona que no miente con ese tipo de cosas. Me resultó gratificante escuchar sus palabras porque mientras estuve con él tenía mis dudas. Por último le mencioné al doctor Baselga y sorprendentemente me dijo que era justo el médico que me iba a recomendar. ¡Este señor tiene que ser mi médico! ¡Es el que me va a ayudar! Además, el jefe de Edwin también le había comentado que era muy bueno. ¡Es increíble! Cuántas vías distintas conducen a la misma persona.

Mi amiga Esther, que tiene una peluquería en Sitges, me había dicho que aquella noche iría a su casa un amigo suyo, Marcus, de quien me había hablado en muchas otras ocasiones. Pensaba que podría resultarme beneficioso conocerlo porque es una persona relacionada con la medicina oriental y que practica la acupuntura. No me lo pensé, iría para conocerlo.

Marcus me pareció un tío genial. No es que me dijera nada en concreto, pero me sentí muy cómoda hablando con él. Aquella noche concertamos una cita para unos días después. No sabía exactamente qué íbamos a hacer, aunque me explicó que él es del tipo de persona que ataca fuerte, pero como ya estoy metida de lleno en el combate no me importa la dureza si al final del camino se encuentra la victoria.

Después me preguntó sobre mi relación con Edwin y me hizo comprender que tengo que pensar en mí y eliminar realmente todos los obstáculos de mi vida. No puedo perder el tiempo pensando y he de actuar. Eso es lo que voy a hacer.

Marcus me aseguró que tenía poderes que ni yo misma conocía. Es cierto que noto la presencia de algo muy fuerte dentro de mí que tiene que salir al mismo tiempo que la enfermedad. Necesito ser consciente de todo y ayudar a otra gente. Ya me había planteado anteriormente la idea de ayudar a otras personas y los que me rodean me han confirmado que es el camino acertado. Por ejemplo, Simone, mi profesora de reiki estaba convencida de que yo me iba a dedicar a sanar, aunque todavía no lo supiera. El Lama también me dijo que mi misión era ayudar a los demás. Y ahora Marcus expresaba la misma idea. Asimismo, Esther me había hablado sobre personas que han pasado por unas experiencias muy duras que después suelen querer realizar tareas en beneficio de otros.

Mi deseo no es aumentar mi ego, sino plantearme una meta más en mi batalla, porque me resultaría muy satisfactorio saber que mi experiencia ha podido beneficiar a otra gente. Es la mejor arma que me pueden ofrecer para continuar con mi lucha.

Cuando regresé Edwin todavía estaba despierto y le hablé de mi conversación con Marcus. Le pedí ayuda porque considero que necesita cambiar y, aunque me asegura que me entiende, insistí diciéndole que eso no es suficiente, que tiene que cambiar de verdad y a partir de ahora voy a obligarle a hacerlo. Nuestro gran problema es que no hay comunicación entre nosotros. Pero voy a conseguirlo porque a mí me merece la pena hacerlo ahora; sin embargo, a él le servirá toda su vida.

¡Lo vamos a conseguir, cariño! Me da la impresión de que te sientes fuera de lugar cuando estoy con otra gente con la que me entiendo muy bien. Me dices que no te importa que hable con otras personas para sentirme bien, pero lo que quiero es compartirlo todo contigo. Y si no es todo porque puede ser mucho pedir, pues desearía que nos sintiéramos unidos cuando estemos con amigos y que tuviéramos las mismas inquietudes e intereses.

III

Un barco, una lancha y un helicóptero

Los pensamientos negativos pretenden introducirse en mi cabeza pero intento que los positivos no les dejen espacio. Quiero seguir el ejemplo de la historia principal de *El libro de la felicidad*, de Ramiro Calle, en la que se habla de que la luz no deja pasar a la oscuridad.

Presté a Edwin el libro *Preguntas a un maestro zen*, de Taisen Deshimaru, y me pareció curioso el hecho de que justo me leyera una de las primeras preguntas sobre la fe que yo ya le había leído a Esther el día anterior: «¿En qué hay que creer?».

Entonces aproveché para hacerle el siguiente comentario:

—Lo que te digo no es que no tengas fe, sino que te falta la parte espiritual.

No nos entendimos.

—Me gustaría tener contigo una conversación —insistí— sin que terminemos como siempre diciéndonos mutuamente «vale, vale» y que ahí se quede todo. Hay que llegar al final de las cosas.

—¿Qué final? —preguntó—. Según lo que me dijiste ayer ya ha quedado todo bastante claro: si yo resulto ser un obstáculo en tu vida, me eliminarás.

¡Y es la verdad! Si tengo que desprenderme de cosas que quiero mucho pero que me hacen daño, he de encontrar el valor para hacerlo. Es muy difícil, aún más en la situación en la que estoy, pero he de tener la mente clara para no equivocarme con este tipo de decisiones y ser contundente. No hay duda de que ahora no puedo titubear, tengo que ser firme.

Vuelvo a no tener ganas de que me pongan la quimio. Graciela me prestó el libro *Ángeles de curación: el Arcángel Rafael*, de Elisabeth

Clare Prophet, y al leerlo me dio otra visión de la quimioterapia, pues deja bien claro que hay que aprovechar tanto lo terrenal como lo celestial, es decir, tanto la medicina convencional como la alternativa. He de mentalizarme y coger el toro por los cuernos, así todo me irá bien. Necesito eliminar estas células malas de mi cuerpo y hacer que no regresen nunca más.

Me encontré más animada después de estar con Graciela. Otro de los consejos que me dio es que tengo que luchar porque si lo que padezco fuera terminal me encontraría mucho peor. También está convencida de que he de hacer todo lo que se me ponga a mano, incluso la quimio.

En la visita sucedió algo alucinante cuando me puso las cartas chamánicas, que son unas cartas de sol. Tuve que hacer un círculo y pensar una pregunta: «¿Obtendré la victoria?».

En las cartas salió:

1. BUSCA
2. PROFUNDIZA
3. PERDONA
4. AVENTÚRATE

Graciela me explicó qué significaba la tercera carta, pues no entendía a quién tenía que perdonar. Pensé que tal vez sería a Edwin y a mi madre, pero me explicó que a quien debo perdonar es a mí misma. También en eso tiene razón, ya que he de perdonarme todo y sentirme realmente limpia y sin peso.

Para finalizar sacó una última carta que era para ella como terapeuta y salió que debía conducirme al «uno», a mí misma.

Fue increíble. Entonces saqué mi libreta y le enseñé que esa frase de buscar el «uno», de encontrarme a mí misma, a mi propio interior, la tenía escrita desde la semana pasada cuando estábamos en el *camping*. Hay muchas palabras para decir el «UNO», de hecho antes ya había dicho «ENERGÍA». Además, en las cartas también lo indican con muchos nombres diferentes, pero justo en esta ocasión ambas coincidimos en llamarlo «uno».

Tengo el presentimiento de que voy a lograrlo. Y el resultado de las pruebas no va a ser malo, voy a superarlo.

Últimamente he dudado de Simone, mi profesora de reiki, pero es normal después de lo que me ha pasado. Me sentí decepcionada porque pensaba que estaba protegida después de que su maestro,

Eckard, me dijera que no debía de seguir preocupándome porque el cáncer nunca más regresaría a mi cuerpo. Aunque he de ser consciente de que la protección, al igual que la solución, la tenemos nosotros dentro. Lo demás son guías y ayudas que pone el destino a nuestro alcance.

Simone me realizó una especie de psicoanálisis, similar a una meditación guiada, pero en este caso era yo la que debía imaginarla. Me gustó mucho, aunque me dijo que tal vez al día siguiente me encontraría un poco mal.

Para esta meditación me encargó que acabara con los problemas que me planteaba una habitación y después la llenara con las cosas de otra que me gustaran mucho. Imaginé la habitación de los problemas como si fuera la de una casa antigua, pintada de color salmón y los rebordes blancos. No me gustaba, me parecía incómoda. Había colgado un cuadro que me repelía, al estilo de Velázquez, con gente amontonada. También había un candelabro de color dorado, pero el brillo delataba que era falso. El cuadro y el candelabro me resultaban muy molestos. En el otro lado de la pared había una cama de madera con una mosquitera y frente a ella una ventana con una cortina de encaje sucia.

En la habitación de las soluciones no había muebles y era muy luminosa, pintada de blanco con unas cortinas también blancas que daba a dos balcones. Había mucha luz. Decidí entonces introducir los elementos de la habitación de las soluciones en una botella y los trasladé a la habitación de los problemas, después de haber sacado absolutamente todo lo que había en su interior. Luego eché un vistazo a la habitación de los problemas y sencillamente había dejado de existir. Sólo quedaba el hormigón en las paredes, como si lo hubieran arrancado todo.

He vuelto a decirle a Edwin que voy a cambiar radicalmente para poder así erradicar toda la porquería que llevo dentro. Tengo planes para cuando me cure, como intentar tener mucha más paz en mi vida y trasladarla a mi familia, por ejemplo, yendo con ellos los fines de semana al monasterio para realizar actividades.

No siento miedo al pensar que tengo que quitar obstáculos de mi vida, aunque me sienta aferrada a ellos. Quiero tener claro cuáles son y poder barrerlos de mi camino. Esta enfermedad ha hecho que vea cosas nuevas, que comprenda que tengo que vivir el momento y pedir lo que precise al instante, algo nuevo para mí. Así se lo dije a Edwin porque no puedo esperar diez años a que él cambie, mi realidad es el presente.

Estos pensamientos me parecen de lo más acertados, aunque hacen referencia a una actitud que a todos nos cuesta poner en práctica: tenemos que vivir cada día como si fuera el último.

Recogimos a Sara y Ferran en Sitges y Edwin se fue con ellos a casa, pero yo regresé caminando con mi hermana. Últimamente no dejo de pensar que Angie es increíble y Rafa también. La noto muy cerca de mí, la voy a echar muchísimo de menos cuando dejen su apartamento en Sitges y vuelvan a L'Hospitalet. ¿Ves? Ya estoy pensando en mañana. ¡Qué tontería! He de aprovechar el momento y punto.

Edwin me preparó una ensalada para cenar, a pesar de que estaba muy cansado tras un día tan largo. ¡Es un cielo! Se acercó un momento a la habitación para decirme que se sentía orgulloso de mí y le pregunté por qué no me dijo eso mismo hace diez años y su respuesta fue un poco esquiva. No voy a darle más vueltas, cada uno ve las cosas cuando las tiene que ver, pero no quiero que sólo esté orgulloso de cómo actúo ante la enfermedad, sino de mi actitud en general ante la vida.

Descubrí en un libro una historia con otro mensaje. Trata de un hombre a quien se le está inundando la casa. Cuando el agua le llega por las rodillas pasa una barca y le dicen que se vaya con ellos. El hombre dice que no, que Dios le salvará. El agua sigue subiendo, pasa una lancha, le ofrecen ayuda y el hombre la rechaza porque Dios le ayudará. El agua le está llegando al cuello y entonces aparece un helicóptero desde el que también le ofrecen ayuda y el hombre no la acepta. Insiste en que Dios le ayudará. Entonces se ahoga, sube al cielo y le pregunta a Dios: «¿Por qué no me has ayudado?».

Entonces Dios le responde: «En tres ocasiones te envié ayuda: el barco, la lancha y el helicóptero».

Lo he relacionado con la quimioterapia y he llegado a la conclusión de que si me la mandan tendré que hacerla.

IV

A las seis de la mañana

El doctor Escobedo nos comentó que los huesos estaban bien pero que faltaba la placa del tórax, que no había llegado. Los análisis eran correctos, de modo que había muchas posibilidades de que el hígado no estuviera dañado. ¡Seguro! Además, los marcadores, los cuales no entiendo muy bien, indicaban que el cáncer no estaba por todo el cuerpo.

¿No es una buena noticia? De hecho es lo mejor que me podría haber pasado, a pesar de lo que ya sabíamos. Ya le he dado gracias a Dios porque ahora más que nunca estoy segura de que es otra prueba que se me ha planteado en la vida y que no puedo ni quiero desperdiciar.

Llamé a mi hermana y se puso muy contenta. Estoy convencida de que esta situación nos va a ayudar a las dos. He necesitado un problema grave para descubrir que es una tía genial y que ha sufrido casi tanto como yo.

Hablé con mi madre después de que Graciela me aconsejara que se lo contara de la mejor manera posible y con mucha naturalidad, como si todo hubiera ocurrido hoy mismo, para que así no tuviera la impresión de que la hemos estado engañando estos últimos días. Pobrecita, con lo tranquila que se encontraba en Sevilla, no es normal en ella.

Poco después me llamó mi padre, a quien también se lo expliqué y le dije que, como hasta el viernes no empezaba con el tratamiento, podían estar tranquilos. No obstante, prefieren dar por terminadas las vacaciones y volver. Les entiendo, yo habría hecho lo mismo.

Me preocupa una manchita roja que tengo cerca del hombro. A Edwin le parece una reacción alérgica causada por una picadura, pero tengo la impresión de que es continuación de la del pecho, como una especie de cáncer de piel. Quiero pensar que es una manera de sacar cosas de mi interior porque leí que aquello que sale por la piel es bueno, ya que está en la parte exterior de tu cuerpo y demuestra que no se ha quedado dentro.

Según Marcus, las manchas rojas de la piel son fuego, rabia acumulada. Tiene razón, he de concentrarme en sacar todo lo que llevo dentro siendo sincera conmigo misma.

—Tienes la fuerza necesaria para curarte —me aseguró.

Así lo creo y, aunque tengo la sensación de que el camino no es fácil, no me queda más remedio que seguirlo. Va a ser duro, duro de verdad.

Marcus me va a preparar una dieta y cada mañana al amanecer tendré que bañarme desnuda en el mar para cargarme de *yang*. Después de la acupuntura me puso un parche en la oreja que sirve para estimular los desbloqueos. Me quiere dar caña con las agujas antes de que comience con la quimioterapia. Asimismo me ha dicho que elabore una lista de cosas que me molestan y que antes de dormir pida recordar lo que he soñado para poder apuntarlo en una libreta a la mañana siguiente.

Hice el amor con Edwin; no tenía ganas pero me esforcé y luego sentí rabia porque en realidad no me apetecía y accedí. Me sentí fatal.

Más tarde, mientras caminaba con mi hermana, le expliqué lo que me pasa con Edwin.

—Tienes que tener paciencia —me dijo—. La gente no cambia de un día para otro.

Cuando volví a casa quería dormir, estaba muy cansada. Edwin vino a la habitación y le conté que en realidad no había tenido ganas de hacer el amor, me sentía muy agobiada y pensaba que tendríamos que hacer algo con nuestra relación sexual. Me contestó que nunca le había hablado de eso. Es posible, ya no sé qué es lo que pienso ni lo que digo en voz alta. Aunque también le entiendo cuando me dice que las caricias y el sexo son una manera de demostrarme que después de veinte años juntos le sigo gustando.

Cuando volví a ver a Marcus le comenté cuáles eran las cosas que me molestaban, aunque al final nos centramos en el tema de mi relación con Edwin. Me repitió las palabras de Angie.

—Tienes que tener paciencia porque él te quiere mucho. Ahora lo necesitas a tu lado y no hay que tomar ninguna decisión drástica. Edwin es una persona con mucha energía, que es lo que necesitas ahora.

Sobre mi problema con el sexo me comentó que una manera excelente de cargar energía es hacer el amor sin llegar al orgasmo, lo que además es muy bueno para la pareja.

Me enseñó unos ejercicios para cargar energía. Me gustaron mucho y tengo que practicarlos en casa todo lo que pueda, en especial cuando me pueda concentrar. También me comentó que cuando empiece con la quimioterapia vendrá a casa para que no tenga que desplazarme. Marcus pone mucho amor en su trabajo y eso se transmite. He tenido mucha suerte por haberme cruzado en su camino.

Me resultó un poco *heavy* pensar que me iba a bañar a las seis de la mañana, ya que no me gusta nada el agua fría. Me daba incluso un poco de miedo. Edwin prometió que también se bañaría y fuimos juntos. No me acuerdo si he visto Sitges alguna otra vez a esa hora, pero fue una experiencia muy bonita. Amanecía, aunque el sol no se veía porque aún estaba detrás de las montañas. Me parecía alucinante poder bañarme en pleno mes de julio en Sitges sin nadie en la playa. No me costó demasiado meterme en el agua porque no estaba tan fría; sin embargo, no me quedé mucho tiempo. No quiero coger una pulmonía precisamente ahora. Edwin también se bañó, salió antes que yo y me hizo una foto. Lo cierto es que lo intenta. ¡Lo vamos a conseguir!

He vuelto a hablar largo y tendido con Marcus sobre mi relación con Edwin. Le conté cómo lo conocí, qué siento por él, si estoy enamorada...

—¿Qué es amor? —le pregunté.

—Ilusión. Y pienso que eso es precisamente lo que te falta.

—Y ¿qué hago?

—De momento no hagas el amor con él. Podéis hacer otras cosas, pero no el amor. Primero tienes que recuperar la ilusión. Intenta explicárselo a Edwin de la mejor manera que puedas.

Añadió que si se pueden evitar está en contra de las separaciones.

—Pero tienes que tener muy claro qué es lo que quieres y hacerlo. Deja de tragarte lo que sientes.

Casualidad que poco después Graciela coincidía en opinar lo mismo que Marcus.

—Tienes mucha rabia dentro. No tengas sexo con Edwin, explícale que necesitas otras cosas de él en estos momentos. Pero intenta tú también entenderle a él.

Así que hablé con Edwin. Sólo le hice un resumen de todas las conversaciones porque tampoco le quiero agobiar ni presionar. Tanto Marcus como Graciela me aseguraron que podían ayudarlo con algún tratamiento, pero de eso no le comenté nada.

—La primera vez que tuviste cáncer sólo me tenías a mí. Ahora tienes a mucha más gente cerca de ti —me dijo.

—¿Y crees que es mejor? —le pregunté.

—Para ti, sí, sin duda. Está muy bien tener todo tipo de ayuda. Pero para mí, personalmente y para nuestra relación no tanto porque me parece que estás más lejos. Aunque no te vas a librar de mí, por ti haré todo lo que pueda.

¡Es un cielo! Le quiero; sin embargo, no sé qué está pasando entre nosotros.

V

Una manada de jabalís

Fuimos a dar un paseo a un pequeño lago cerca del monasterio escondido entre los árboles que no había visto nunca. Es un lugar precioso. El Lama me había aconsejado que estuviera muy en contacto con la naturaleza, hiciera ofrendas y absorbiera la energía de los árboles, pero no sin antes pedirles permiso. Cuando llegué al lago tuve sensación de paz, de tranquilidad, y pude disfrutar de lo bonito que era el paisaje. Vi una fecha tallada en la barandilla: «5-5-2000, MINERVA». ¡El 5 de mayo es el día de mi cumpleaños! De repente estaba eufórica.

Pero ese mismo día recibí otra sacudida. Estas tempestades tan fuertes sólo se solucionarán con cambios drásticos.

Edwin estuvo todo el día de mal humor, muy tenso. Cuando volvimos del monasterio, dijo que se iba a patinar y me pidió que le hiciera la cena a los niños. Se le veía muy agobiado. Se fue y no sé cuánto tiempo pasó hasta que llamó y dijo que se había caído y se había dado un golpe en la cabeza, por lo que necesitaba que Rafa fuera a buscarlo. Sin embargo, Rafa volvió sin Edwin y entonces me asusté. Me explicó que una ambulancia se lo había llevado al hospital de Los Camilos en Sant Pere de Ribes porque le salió sangre por la oreja, aunque en todo momento estuvo consciente.

Me calmé como pude, incluso comí un poco mientras Rafa se marchó a buscar a mi hermana para que se quedara con los niños y después me llevó al hospital. Una vez allí el médico me explicó que en la radiografía se veía una fractura craneal y por esa razón lo enviaban al hospital de Bellvitge, ya que allí disponían de un escáner para hacer una exploración más amplia. Vino la ambulancia y cuando lo introdujeron en ella por fin pude verlo. Le dolía mucho la cabeza.

En Bellvitge nos dejaron en una habitación de urgencias y pasado un rato se lo llevaron para hacerle el escáner. Vomitó un poco de sangre, le pusieron suero, un medicamento para no vomitar y por último calmante.

Nos comentaron que tiene un traumatismo craneoencefálico, aunque no muy grave. Es una fractura espectacular desde el oído hasta la parte superior de la cabeza. ¡Podría haberse matado! Asimismo le han explicado que por unos milímetros se ha salvado de quedarse sordo o con una parte de la cara paralizada. Es probable que salga en unos seis días, aunque puede que tengan que operarle del hombro, si resulta que está dislocado, y ponerle un tornillo por dentro. Espero que no. Le he visto más animado, aunque no paraba de decirme que le daba rabia porque precisamente ahora que empezaba con la quimioterapia no me podía ayudar.

Cuando regresé después de tres años a la silla de la quimio llamé al ángel Sachiel para estar tranquila y para que mis venas estuviesen bien. El pinchazo fue perfecto. Mientras me entraba el líquido, leía el libro *Preguntas a un maestro zen*, haciendo de vez en cuando respiraciones y visualizando cómo se fundía con mi luz interior el líquido que entraba. Fue mucho mejor de lo que esperaba. ¡Esto va a funcionar por narices! Además, las enfermeras me informaron de que desde hace un mes el tratamiento se aplica a través de un gotero y se nota mucho menos.

Una de las chicas me reconoció cuando fui a pedir hora.

—¡Vaya, otra vez! —me dijo. Tuve la impresión de que fue sincera y le supo mal. ¡A mí también pero ésta es la última vez! ¡Voy a ganar!

Salí bastante contenta y tenía la sensación de encontrarme bien, pero en el coche y después en casa empecé a encontrarme mal del estómago. Me recordó a los viejos tiempos. Es una sensación que no me gusta nada. Voy a buscar ahora un ángel que me pueda ayudar con los efectos secundarios. ¡A ver si existe!

Me parece que toda la energía de las personas que me quieren y me acompañan en estos momentos ha funcionado a la perfección. Estoy emocionada cuando pienso que existe gente tan especial y en todo lo que estoy descubriendo gracias a esta enfermedad. Creo que es otro gran descubrimiento en mi camino.

Nada más llegar a casa llamé a Edwin porque quería decirle que no se preocupara, que estoy bien. Tengo muchas ganas de que venga a casa. Creo que aquí se recuperará mucho más rápido porque le puedo hacer reiki más a menudo y la energía es muy buena. Necesito tenerlo a mi lado, aunque lo que realmente quiero es que se tome su recuperación como un reposo. ¡Voy a ser dura al respecto!

Vino a verme mi hermana y parecía que hablando se me olvidaban un poco las molestias del estómago, pero en realidad me sentía hecha una piltrafa. Le confesé que si alguna vez me volvía a pasar esto no me pondría nunca más la quimioterapia. Le pedí que me ayudara a recordar que es una sensación asquerosa. No obstante, sigo pensando que es lo adecuado, ya que lo que deseo es que desaparezca el problema del pecho lo más rápido posible.

Le conté a Ferran que se me va a caer el pelo y me dijo que no le asusta. ¡Claro! Una cosa es escucharlo y otra verlo. Pienso en la gente a la que la quimioterapia no le provoca casi ningún efecto negativo y me encantaría ser una de ellas. Marcus no deja de sorprenderme. En esta ocasión no me hizo nada durante la visita, sólo estuvimos hablando porque consideraba que necesito descansar, aunque me encontraba mucho mejor de ánimo. Insistió en que todo lo que me dan es una ayuda, pero que la curación la tengo que encontrar yo en mi fuerza interior.

—A mí me costó ocho años tomar la determinación de seguir mi camino —me explicó—. Es una decisión difícil. Yo sabía que poseía mucho en mi interior con lo que poder ayudar a la gente y hasta que no lo hice no llegué a sentirme realmente bien.

Nos miramos y me confesó que tenía la sensación de que nos conocíamos desde hacía mucho tiempo.

—Tu camino va a ser muy duro —prosiguió—, pero tienes que prometerme que lo harás porque estás aquí para ayudar a los demás.

Me parecía una promesa de mucha responsabilidad.

Entonces Marcus me contó una historia que me entusiasmó sobre un hecho que le ocurrió hace años en un andén de una estación de tren en la India.

—Había una mendiga, una mujer mayor, que no tenía ni pies ni manos, sino una especie de trozos de madera en su lugar. Iba acompañada de otro mendigo. Me dio tanta pena que les di una bolsa llena de mangos que me acababa de comprar. El hombre empezó a pelar los mangos y a dárselos a la mujer. Al mendigo se le notaban todos los huesos, debía estar muerto de hambre, pero le fue dando los mangos pelados a la mujer. Me puse a llorar, no podía parar, pues eso era amor de verdad.

Este chico va a ser alguien importante en mi vida. Nos conocemos sólo desde hace dos semanas pero ya es como si fuera un hermano en el que he depositado toda mi confianza y con el que me siento segura. ¡Le quiero mucho!

Esther me ha arreglado la peluca que llevaba hace tres años. Ha quedado bastante bien, por lo menos el color es parecido al mío, pero me veo muy mayor con ella. Qué remedio, me la tendré que poner. Desde luego está muchísimo mejor que antes. No obstante, todavía me preocupa pensar que se me va a caer todo el pelo de la cabeza; no quiero ni pensarlo.

Tuve un sueño. Estaba en una cama de lo que me pareció un hospital. Vino un médico y mientras me hablaba desde la puerta noté como si alguien me tocara. Lo miré y observé que el médico seguía en la puerta, no a mi lado. Me guiñó un ojo y entonces supe que era el ángel que estaba a mi lado y me estaba protegiendo.

El médico se fue y un momento después se empezó a escuchar un ruido como un trueno. De repente me encontraba fuera con mi hermana y mi madre en un terreno bastante seco con olivos. Mi hermana dijo que veía cómo se aproximaba una manada de jabalís. Me sentía tan agotada como ahora y le pedí que no me dejara sola. Empecé a correr, pero llevaba puestas unas chanclas y casi no podía. Ella iba siempre un poco por delante de mí y entonces pensé en mi madre que se había quedado atrás. Nos tumbamos junto a un árbol muy cerca del camino y pasó la manada; no la veía, pero la sentía. Mi hermana estaba tumbada a mi lado, sudando de miedo. Era una niña pequeña, la abracé y le dije que había sido muy fuerte porque podría haber corrido mucho más rápido para escaparse y dejarme sola allí.

Más tarde mientras íbamos en coche de camino hacia el monasterio pude, a duras penas, explicarle el sueño a Rafa porque las lágrimas se me escapaban. Saqué la conclusión de que cuando en caso de necesidad no me pudiera mover, sacara fuerzas de donde no las hay. Rafa me contó que mi hermana está sufriendo esta vez mucho más con mi enfermedad que la anterior porque está más abierta emocionalmente.

También le conté el sueño a Marcus y le expliqué lo mal que me había sentido. Me dijo que el sueño era positivo, pues utilicé una estrategia, busqué un árbol y dejé de correr para escapar del peligro. Y que eso es lo que tengo que hacer. Me dejó un poco más tranquila.

Edwin tenía ganas de hablar. Empezó diciendo que no le cuento nada y que quería ayudarme.

—Hay mucha gente que quiere ayudarme pero que realmente no lo hace —le dije.

Le puse el ejemplo de mi madre, quien como mi padre hace todo lo que puede; sin embargo, preciso de otro tipo de ayuda, no sólo cosas prácticas. Creo que se ofendió.

—Yo no soy como tu madre —protestó—. Y estoy intentando cambiar.

—Pero para eso necesitas ayuda, no puedes hacerlo todo tú solo. De otra manera es imposible que me ayudes como necesito.

—Entonces sugieres que vaya a ver a las mismas personas que tú como Graciela o Marcus...

—No es eso... Bueno, es algo que tienes que decidir tú. No debes hacer algo así contra tu voluntad. Pero si quieres que las cosas entre nosotros cambien no hay otro remedio.

Desconozco si tiene intención de hacerlo, pero no se lo puedo decir más claro. Por último le aseguré que muchas veces siento como si estuviéramos hablando en idiomas diferentes y que así era imposible entendernos, a pesar de que no deje de plantearme una pregunta tras otra.

VI

Mamá, tú no estás enferma

Una mañana que Ferran estaba muy tranquilo y por una vez se había levantado sin protestar, vino a la cama a darme besitos.

—Mamá, tú no estás enferma —me dijo.

Es difícil para un niño imaginar que su madre le dice que está enferma y él no lo ve. Por una parte me alegro, espero que así no sufra tanto.

Estuve hablando con Graciela de los efectos que la quimio provoca en mi cuerpo. Me explicó que he de dar órdenes a mis células e imaginarme dos paneles con luces rojas que se apagan y se encienden. En uno ha de poner CURACIÓN y en otro SALUD. Me costó descubrir estas palabras, pero al final decidimos que serían las mejores. Me dijo que tengo que hablarles a mis células, ya que todo depende de mí y lo demás son ayudas. Me quedé mucho más tranquila y, además de sentirme más recuperada físicamente, creo que he comprendido mejor el mensaje.

Cuando llegué a casa Sara me estaba esperando para enseñarme una camiseta y una pulsera que se había comprado en Torredembarra, donde ella y Ferran habían ido de *camping* con los padres de Edwin. Estaba ilusionadísima y me dio unos besos muy de verdad. Está muy morenita y muy guapa. ¡Se están haciendo grandes!

En la cama Edwin empezó a tocarme y a mí me apetecía. Aunque no le dije nada, ni sí ni no, quería que siguiera y lo dejé en sus manos. Yo también empecé a tocarlo y me pasó una cosa que no sé muy bien como interpretar. Pensé que en realidad no debía tener el orgasmo para poder guardar la energía y se cortó, aunque lo cierto es que no sé si lo tuve muy corto o realmente pude cortarlo. Me ha gustado poder sentirme así con él y teniendo ganas de abrazarlo.

A la mañana siguiente al ducharme me di cuenta de que se me caía el pelo. Llamé a Esther y quedamos en que esa misma noche me lo raparía. Espero no agobiarme mucho sin pelo.

Una vez en su casa tenía ganas de llorar. Sara salió a la terraza con los gatos mientras Esther me lo rapaba. Sara se portó estupendamente, estoy muy orgullosa de ella. Me impresionó verme sin pelo, pero no me resultó tan duro como había imaginado. Enseguida lo asumí, aunque tenía miedo de que me viera Sara.

Esther fue a llamarla a la terraza y cuando me miró lo hizo con esa sonrisita suya. Me encantó su reacción. A continuación me puse el pañuelo y tampoco me pareció verla muy sorprendida.

En casa Ferran no se dio cuenta al principio, pero cuando volvió a entrar dijo que no quería mirar porque estaba fea. No obstante, aquello no me hizo sentir incómoda porque al verme con el pañuelo se tranquilizó. Estoy orgullosa de mis niños, quizás tenía que pasar por esto para comprenderlos. ¡Los quiero muchísimo!

Cuando salimos me puse la peluca. No me gusto con ella pero qué le vamos a hacer. Hasta Edwin me comentó que le gusto más sin pelo que con la peluca. Si pudiera la cambiaría por otra, pero es mucho dinero para sólo una temporada.

Le he leído a Ferran una visualización y estoy muy contenta con él. No sé cuantas veces al día me dice que me quiere. Cuando le acosté pensé que gracias a lo del pelo he podido otra vez sentirme muy orgullosa de mis niños. Y, aunque con Ferran sigo teniendo problemas por su manera de llamar la atención, me siento mucho más comprensiva y ambos nos decimos mucho cuánto nos queremos.

Estuve mucho tiempo hablando con Marcus mientras Edwin y los niños estaban cenando en el mexicano y continuó insistiendo en que tengo mucho poder. Desde luego me siento extraña y me pregunto la razón por la que ha entrado él en mi vida. También me gustaría saber por qué estoy leyendo estos libros, por qué sueño tanto o la razón de sentirme tan identificada con las historias. No es una casualidad y tengo que aceptar la parte de responsabilidad que me corresponde en todo esto. No es fácil porque siempre he pensado que son los demás los que me deben ayudar a mí.

Cuando llegaron los niños y Edwin puse en práctica intentar estar más contenta y disfrutar con ellos. Me he dado cuenta de que es posible. No sé por qué siempre elijo el camino más difícil.

El bulto de mi pecho no disminuye demasiado. He de poner toda mi voluntad en que desaparezca muy rápido porque mi deseo es dedicarme cuanto antes a mi vida sin tener que preocuparme por mi estado físico. Quiero conseguirlo, dadme vuestra ayuda, de veras que la necesito. Quiero energía del Universo, proporcionádmela, por favor, yo os recompensaré, aunque sea muy duro. Gracias, buenas noches. Y también os pido con toda mi alma que me ayudéis a eliminar esta enfermedad de mi cuerpo.

Más tarde le leí a Edwin un trozo de un libro en el que una mujer pregunta cuándo se podrá separar de su marido...

Le dije, como siempre, que no hacíamos nada juntos, ni siquiera dar un paseo, y según piensa soy yo la que tiene que pedírselo. Sin embargo, se mostró convencido de que ya tengo una opinión sobre él y no la voy a cambiar. No es cierto, porque sí deseo hacerlo y quiero que todo cambie entre nosotros. Parecía que últimamente estábamos un poco mejor, pero en realidad me siento muy triste y sola.

En una visualización tenía que atrapar luz en lugar de aire y surgió una especie de volcán, un rayo con piedras negras y mucho fuego. Me sentí muy identificada porque vi claramente que es así como está la enfermedad en el interior de mi cuerpo. También descubrí que soy yo quien tiene el mando y creo que por primera vez mis células han comprendido mis órdenes. Todo ha ocurrido sin pensarlo y he sentido que Dios existe. Me ha resultado sorprendente.

Poco después me hallaba sentada en el umbral de la puerta de mi habitación, mirando la hiedra verde frente a mí y de repente observé una imagen de mí con un pecho un poco más bajo que el otro. A mi lado un poco alejado estaba Edwin, pero nos encontrábamos unidos por las piernas. No sé si me estoy volviendo loca. El caso es que ahora me siento muy bien. ¡Gracias por todo! También he sentido la satisfacción de darme cuenta de que estoy aquí para ayudar a otras personas. Me siento feliz.

VII

El amor cura

Tengo muchas ganas de que pase el tiempo y terminar con la quimio. Sé que en este momento es beneficiosa, pero quiero enfrentarme a mí misma sin nada externo. Es difícil pero deseo desatar una lucha con mi interior. Ya la estoy librando, pero no me apetece que nada externo absorba mi energía. Me gustaría ser yo quien la controlara. Cada día tengo más claro que mi camino es el camino interior y por eso es lo primero que quiero limpiar. Necesito un milagro, lo sé, pero los milagros existen y estoy luchando para que se realice el mío.

El médico me vio mucho mejor, incluso me dijo que a lo mejor entra en sus planes operarme. Después de las seis sesiones de quimio decidirán y si me operan tiene que hacerlo un cirujano plástico. A continuación volvería a recibir quimioterapia y después un tratamiento nuevo de anticuerpos durante un año. Me parece un proceso muy largo, pero me aseguró que esta vez tenemos que atacar con más fuerza.

De verdad os agradezco que me permitáis sentir toda esta energía y voces dentro de mí. Sé que estoy en el buen camino porque para oler la fragancia de las rosas hay que pincharse con sus espinas. A pesar de que el refrán no sea exactamente así, estoy segura de que no lo he encontrado por casualidad. Todos son mensajes que debo ir comprendiendo.

Graciela me hizo entender que el amor es algo que lo cura todo. Mejor dicho, es una fuente de curación muy grande. Añadió que tengo mucha rabia dentro y eso me plantea muchos problemas a la hora de recibir, ya que es más difícil que dar. Me aconsejó tener amor incondicional por Edwin y la razón que me dio es que cuando no esperas nada de los demás es cuando se puede conseguir lo que quieres.

Me siento muy identificada con el fuego. El otro día en el monasterio fueron las llamas del ritual de magia negra lo que más me emocionó. Tenía ganas de llorar porque me imaginaba que todo lo malo de mi cuerpo se convertía en cenizas y podía expulsarlo de mi cuerpo. Recordé entonces que en la India queman a las personas cuando han muerto. Creo que es muy bonito.

A veces me siento muy abatida. Hace un rato mis nenes estaban en la cama conmigo y no podía dejar de llorar. Pensaba en lo pequeños que son y en que me siento muy débil. Me entristezco cada vez que caigo en la cuenta, aunque es cierto que cada día estoy más orgullosa de ellos. Ferran me dice continuamente lo mucho que me quiere ¡Eso sí que me da energía!

Edwin llegó muy tarde porque tuvo que ir a la radio y se acostó sobre las dos. Tenía ganas de desahogarme y estaba llorando. Ya sé que él está muy cansado, pero esperaba que estuviera un ratito conmigo porque me encontraba fatal; sin embargo, se durmió en cinco minutos. Otro factor que me influye en este estado es que con mi madre no puedo desahogarme porque me sabe mal que ella me vea así.

¿Cómo me siento? Pues sola. Ya sé que nos sentimos tal como nosotros queremos y que disponemos de la fuerza para cambiar las situaciones, por suerte estoy segura de ello, pero en estos momentos me siento débil y me gustaría verme más apoyada. Pero habrá alguna razón para que no sea así.

Me planteo muchas veces lo bueno que es sorprenderse cada día. Pensaba en el nacimiento. Es un milagro sin explicación que me pone muy sensible. Me encantaría poder sentir a un feto creciendo en mi interior, otra vida dentro de mí, porque creo que lo saborearía de una manera diferente. Tengo la impresión de que en otras circunstancias más espirituales habría sido una persona que habría tenido muchos más hijos. Ahora veo a Sara y Ferran tan grandes y me siento muy orgullosa de ellos, a pesar de lo nerviosa que me ponen.

Al día siguiente le dije a Edwin que me sentí muy sola, no podía callármelo. Sigo pensando que en una situación como ésta necesitamos otro tipo de unión. Me siento muy lejos de él, no sabemos qué es lo que necesitamos el uno del otro y eso lo pone todo mucho más difícil. Tampoco sabría definir qué es lo que quiero, pero me acordé del libro *Las voces del desierto*, de Marlo Morgan, y rememoré la parte en la que el hombre se rompe el tobillo y los otros se turnan durante toda la noche para acariciarle la cabeza. Me parece que debe ser una sensación maravillosa y desde luego pienso que es lo que necesito en los momentos de tristeza. No obstante, reconozco que estoy muy sensible y a Edwin le pido cosas que no puede entender. Es como vivir en un mismo planeta en alturas diferentes.

Ya le dije claramente que su trabajo me importa un pepino. Aunque no sólo su trabajo, es como si todo hubiera perdido interés para mí. No me puedo permitir el lujo de malgastar energía como lo estoy haciendo en lo que no me interesa. ¡No quiero!

Es cierto que Edwin tiene muchas obligaciones: sus padres, hacer la comida, los niños, la compra, el trabajo... Pero seguro que vendrán tiempos mejores. No queda más remedio que hacerlo, pero todo resultaría mucho más fácil si lo hiciera relajado.

Estoy diferente, noto y veo cosas, es como si deseara regresar a la naturaleza porque casi todo está relacionado con ella. No sé qué me sucede, pero es algo que siento dentro de mí; ya no soy la misma persona que era en el mes de julio. Nunca más lo volveré a ser, estoy aprendiendo mucho en estos últimos meses y tengo que digerirlo muy bien.

La relación con mi hermana me encanta. Por ello también estoy muy agradecida. Ella no es mi hermana por casualidad. Estamos aquí porque nos necesitamos y, aunque no nos han enseñado a demostrar amor, creo que nos lo estamos demostrando mutuamente de un modo que nunca me hubiera imaginado. ¡Gracias por ser así, Angie! Te lo dije una vez y lo sigo pensando. Desearía que no hubieras sufrido tanto, pero es el camino que nos ha tocado. Eres perfecta, igual que yo y ahora somos conscientes de que hemos aprendido a cambiar y a sentirnos a gusto en nuestra nueva piel, aunque no siempre hemos pensado de este modo.

Gracias, de verdad. Yo no soy mi cuerpo, soy un milagro, soy mágica.

Estuve hablando con Edwin de lo que siento por él. Me resulta complicado describirlo, pues realmente no sé qué siento. Le quiero pero ¿con qué clase de amor? No es como el que le tengo a otras personas. Es un amor que quiero que se convierta en algo diferente, pero no lo consigo. Con él siempre quiero más, algo especial, y puede que parte del problema es que hay que construir la casa comenzando por los cimientos. Durante estos veinte años juntos todo ha sido un sueño, pero hemos empezado a construir la casa por el tejado y ahora la estructura es débil, casi no se sostiene.

Es un tema que considero muy delicado porque tengo muchos sentimientos por él, así que he de meditar profundamente sobre ello porque no quiero volver a equivocarme. Graciela me aconsejó que empezara por mostrar amor y que lo demás vendría solo.

Le expuse mis dudas a Edwin, pues con tan poca energía me siento fatal y me pregunto si todo esto merece la pena. No hablábamos sobre esto desde hacía mucho tiempo, puede que en realidad no lo hubiéramos hecho nunca.

—Me siento obligado a cambiar por ti —me confesó. Y es verdad.

—Ya he aprendido —repuse—, y no quiero obligarte a nada. Las cosas hay que hacerlas si realmente quieres, de otro modo no sirven de nada.

Entonces me preguntó por esa necesidad de que cambie.

—Tampoco tienes que pensar que toda tu vida anterior ha estado mal —dijo.

—Cuando no conoces otra cosa —objeté—, no te puedes plantear si está bien o mal. Pero de repente un día descubres otro camino y ves que las cosas pueden conducirse de otra manera.

Es imposible escribir toda la conversación, pero nos desahogamos los dos exponiendo lo que pensamos. Me sentó de maravilla.

Cuando después me estaba limpiando la cara en el baño, Edwin entró y le dije que se fuera porque no me gusta que me mire. Me contestó que es duro oírme hablar así, ya que él y los nenes se comportan con toda naturalidad y me ven como lo que soy. Tiene razón, es un problema que tengo que superar.

También hablamos del día en que llegó del trabajo y se quedó dormido y me contó un secreto. Me confesó que cuando me escuchó llorar diciendo que me dolía hubo un momento en el que se planteó si sería el principio del final, pues yo hablaba de dolores. Pero enseguida pensó que no porque está seguro de que me recuperaré y que al día siguiente estaría otra vez a su lado. Entiendo que también debe ser muy duro sentirse así.

La verdad es que le quiero y que nuestra lucha también va a ser complicada pero merecerá la pena.

Deseo volver a soñar, quiero ver mis pechos como en la foto en la que le estaba dando de mamar a Ferran.

VIII

Una guerra en el cuerpo

Sara me hizo reiki en los pechos y Ferran en la barriga. Me encanta ver a mis niños haciendo esto. Ferran se quedó un rato más haciéndomelo en el pecho. Con esta energía de amor seguro que me curo. Ferran me contó que había pedido que me entrara una energía muy fuerte a través de sus manos y me las colocó como si fueran una garra.

—Mañana estarás curada, mamá.

Me preguntó si eso es posible y le contesté que sí.

—Si te imaginas que de tus manos sale luz podrás curar mucho mejor.

No le sorprende nada. Es un niño muy especial, estoy muy contenta de que todo esto me esté enseñando tantas cosas buenas. Estuve tentada de decirle que le pidiera a su ángel de la guarda que me ponga bien, pero no quise darles la impresión de que estoy enferma. A Ferran le apeteció quedarse en mi cama a dormir hasta que llegara su padre y se lo permití porque a mí también me hacía mucha ilusión.

Cuando llegó Edwin se quedó en el comedor a cenar. Le llamé un momento para decirle que le quiero y me confesó que le gusta mucho que le llame sólo para decirle eso. ¡Qué fácil es hacer que los demás estén felices y qué poco pienso en ello! He de hacerlo más a menudo, pues a mí también me satisface.

Me apetece mucho caminar. Cuando me encuentro bien físicamente al desaparecer los efectos de la quimio disfruto muchísimo del mar, del paseo marítimo y de todo en general. ¡Qué importante es la salud y qué poco la tenemos en cuenta cuando estamos bien! Mientras paseaba me planteaba que lo importante es pensar que el día que vivimos puede ser el último de nuestra vida. ¡Imagínate vivir siempre con esta sensación! Desde luego cuando me haya recuperado quiero vivir todos los días pensando así para aprovecharlo todo más intensamente.

Marcus me llevó a la consulta de una dietista en Barcelona, Carmen, que ya de antemano me daba miedo, porque Marcus me había avisado de lo dura y rigurosa que es su dieta. Una vez en su casa me quedé muy sorprendida porque al llegar tuvimos que esperar un poco sentados en un sofá y cuando salió nos dijo que ahí no nos sentáramos, pues no había buena radiación.

Cuando entramos en su consulta me preguntó si había tenido algún problema grave la primera vez que me diagnosticaron el cáncer. Le hablé sobre la crisis con Edwin y me preguntó cómo estábamos ahora. Comenté que bien, pero me pidió que no le mintiera porque lo comprobaría.

Lo primero que me hizo fue quitarme todas las pulseras y los colgantes. Me explicó que las pulseras estaban bien, el rosario de Graciela también, pero el colgante con una imagen de una tara, una buda femenina, no. Lo limpió y ahora sí me lo puedo poner.

Después hizo que me tumbara en la camilla y comenzó a hacerme preguntas. Mi problema era emocional, me decía, pero no con otras personas, sino conmigo misma. Y lo cierto es que me quiero muy poco. Además tengo un problema que resolver con mi padre y me aconsejó que lo habláramos. Repuse que todavía no me siento preparada y me pidió que reforzara un poco más mi autoestima. Entonces me mandó hacer un ejercicio en el que me tocaba el lado izquierdo de la cabeza y y me decía a mí misma que me quiero mucho.

Lo más importante es que ella puede tratarme en visitas mensuales. El problema que hemos de resolver son las cándidas que debilitan el sistema inmunitario. Me dio una dieta estricta pero la había imaginado mucho peor porque Marcus me lo había pintado muy negro.

No sé qué me sucede, estoy rara conmigo misma. No tengo claro lo que quiero ni si tengo fuerzas. Mi deseo es entender qué me está pasando, pero a veces pienso que no hago suficiente por descubrirlo. ¿Qué es lo que debo hacer? Quiero curarme, estar bien conmigo misma y con los demás y sobre todo ayudar a otras personas, hacerles ver que hay otros caminos. Sin embargo, primero he de ayudarme a mí misma; me gustaría poder estar bien en los momentos en que la energía física no me responde por culpa de la quimioterapia. Un día la madre de Edwin me enseñó una revista con un reportaje sobre mujeres que han sido operadas y luego les han puesto un pecho nuevo. No dejo de pensar que agradecería despertarme y tenerlos puestos.

Adoro el silencio que hay en esta casa para meditar, pero me preocupa bastante quedarme sola, pues necesito mucha ayuda. Mi madre me está ayudando un montón. No sé qué haría sin ella. Tengo mucha suerte de tenerla porque hay gente en mis circunstancias que está mucho más sola. En estos momentos aprecio enormemente estos detalles.

Siempre me he considerado muy independiente y ahora soy más dependiente que nunca en mi vida. Está claro que no podemos afirmar que somos de cierta manera porque en un momento dado la vida cambia y no tienes más remedio que cambiar tú también. Cada día que pasa soy más consciente de cómo todo se puede transformar. A veces los cambios ocurren lentamente, pero en otras ocasiones acontecen en cuestión de horas.

Me gustaría que hiciera un poco de sol sin aire. Estos últimos días me agrada el mar como nunca, sobre todo las olas, pero con el viento que hace no me atrevo a pasear con la peluca. Tengo muchas ganas de que me crezcan el pelo, las pestañas y las cejas. ¡Cómo los echo de menos! Cuántas cosas voy a valorar cuando acabe todo esto.

En la televisión emitían un programa sobre el cáncer que padecían varias mujeres y que me proporcionó otra visión de la enfermedad. Comenzó con imágenes de la guerra de Vietnam, ya que el cáncer es una guerra en tu propio cuerpo. Comentaron que las personas que se guardan todo dentro tienen más probabilidades de desarrollar esta enfermedad. Hemos de exteriorizar nuestros sentimientos. De todas las mujeres que ofrecieron sus testimonios tan sólo una afirmó haberse curado la segunda vez que le diagnosticaron la enfermedad gracias a un método alternativo. Otra de las mujeres, que afirmaba haberse curado ella sola, explicó que no quería que la fueran cortando en trocitos. Precisamente en eso es en lo que yo estoy trabajando. Todas coincidían en que la vida les había cambiado gracias al cáncer. Suena duro decirlo pero es verdad.

Durante el reportaje se me saltaron las lágrimas, las comprendía a la perfección y me sentía totalmente identificada con ellas.

En el programa también se habló de lo que influye la mente en la curación. Según un médico colombiano, nuestro poder de curación reside en el interior de cada persona, en su fuerza. Argumentaron que la medicina oriental siempre ha dicho que la mente es lo importante. Después, médicos convencionales dieron su punto de vista, algunos de ellos afirmaron que nunca dirían a los pacientes que optaran por un método alternativo porque no lo consideran fiable. Otros sí creían en el poder de la mente.

Por último se habló del negocio de la industria farmacéutica con esta enfermedad y de los miles de millones que se mueven con los tratamientos. Pusieron el ejemplo de un médico que quería investigar con una medicina más natural, pero que no encontraba quien le financiara.

IX

Nunca más en biquini

El cirujano plástico, el doctor Serra, nos explicó que sólo había una opción: quitarme grasa y piel del abdomen y ponérmelo en el pecho izquierdo, que me quitarían por completo. Además añadió que después de la operación tendrían que ponerme más quimio. Me quedé sorprendida porque no lo esperaba, ya que Escobedo siempre me había hablado de una prótesis de silicona. Según el cirujano, me tienen que quitar toda la piel afectada del pecho, tomar piel del abdomen e insertarla porque la posibilidad de rechazo sería muy grande con una prótesis. Como me quitan piel del abdomen utilizarán la grasa de esa zona. No pude evitar pensar que los pechos me iban a quedar bastante feos. Además, será una operación complicada y tendré que estar ingresada unas dos semanas. En fin, no había mucho que discutir, puesto que era la única opción.

Al salir del hospital me sentía muy mal, y es que asimismo el médico me avisó de que me van a quedar un buen número de cicatrices. Tenía la esperanza de que, ya que me operaban, el pecho me quedara dentro de lo posible bonito. En el coche empecé a llorar; no me apetecía nada una operación tan complicada y estar tantos días en el hospital. Edwin me ayudó mucho al decirme que la parte que me van a operar me la podré tapar, ya que no es la cara, por ejemplo. Tengo la impresión de que está cambiando más rápido de lo que piensa porque se da cuenta de que no todo es como lo perciben los ojos. Así que creo que si logra unir su parte terrenal, que tiene un fondo muy positivo, con su parte espiritual va a ser muy feliz. Todo esto nos va a ayudar mucho en nuestra relación, estoy segura. Tenemos que aprender todavía mucho los dos.

Igualmente le confesé que me preocupaba no despertarme después de una operación tan larga. Les expliqué a los niños que me tienen que operar y estaré dos semanas en el hospital. Sara todavía se acuerda de hace tres años y el comentario que me hizo fue que entonces pasaba aún más tiempo en la cama. Como nunca habla de ello, pensaba que no se acordaba. Me preguntó por qué se ha vuelto a reproducir si ya me operaron y le contesté que ya no me va a pasar más veces porque yo no quiero.

Me doy cuenta de que últimamente Sara tiene cada vez más necesidad de contar cosas. No puedo forzarla, ha de ser cuando a ella le apetezca, pero me gusta mucho que haya más comunicación.

Mi hermana me contó que vio una mujer sin pelo tomando tapas en el chiringuito de la playa sin importarle para nada estar calva. Eso sí que es algo especial, pues hay poca gente que se atreva a hacer algo así. Tiene mucho coraje.

Cuando estaba limpiándome la cara, Edwin vino a abrazarme. Yo estaba sin pelo y en esa situación no puedo evitar sentirme incómoda. Sé que él me mira con naturalidad pero me siento insegura. Antes cuando me miraba siempre pensaba que veía algún defecto en mí.

—No lo hagas más —me pidió—, no me digas que no te mire cuando estás en la ducha. Nunca te he hecho sentir mal con tu cuerpo. Cuando te operen te quedarán muchas cicatrices, pero no te escondas de mí.

Aquello me hizo llorar porque ya sé que él no tiene problemas con mi cuerpo, soy yo la que los tiene, siempre he sido yo. He de afrontarlo pero sigo teniendo muchísimos complejos. Me sucedió lo mismo la primera vez que me operaron y me quitaron medio pecho. Posteriormente he conseguido más o menos acostumbrarme. De todas maneras siempre logra sorprenderme y a veces me siento insegura cuando me habla, pero si me demuestra que me quiere me derrito. No sé por qué no puedo aceptar que realmente mira mi interior. Ahora me doy cuenta de que antes no me podía quejar de mi atractivo y, sin embargo, muy pocas veces me sentía segura en ese sentido. Disfrutamos poco de lo que tenemos y es una pena valorarlo sólo cuando lo perdemos, pero el aprendizaje es así. Sin esta enfermedad nunca lo hubiera comprendido, seguiría quejándome y consideraría a todo el mundo mejor que a mí misma.

Antes de dormir ya me sucedió algo muy raro. Edwin se hallaba delante de la puerta de nuestra habitación y observé un círculo rojo a su lado que iba ascendiendo. Me preguntó qué miraba y al principio no se lo quise decir porque sabía que se reiría, pero insistió en que tenía que contarle todo. Se lo dije y efectivamente se rió. No estaba muy segura de si eran alucinaciones mías, en especial porque estaba muy cansada. Le pedí que se volviera a poner delante de la pared blanca y no vi nada. Al final llegué a la conclusión de que eran alucinaciones; sin embargo, después se situó nuevamente en la puerta y ahí estaba el círculo rojo detrás de su cabeza.

Aquella noche tuve un sueño muy bonito con ángeles. Creo que su mensaje era para tranquilizarme y hacerme entender que ellos están a mi lado. Fue una imagen hermosa que nunca voy a poder olvidar.

Estuve hablando con Marcus de Holanda y Amsterdam. Tenía la sensación de que si me fuese a vivir allí ahora, no con 20 años, todo sería de otra manera. En esta época poseo otra perspectiva de vida y la observo de una manera muy diferente. Seguro que disfrutaría. Incluso me gusta la idea de irnos a vivir allí con los niños o al menos marcharnos de vacaciones y recorrer todo el país. Seguro que los niños disfrutarían.

Otro cirujano plástico, un chico joven, me detalló un poco más la operación y fue aún más crudo. Me informó de que no me va a quedar casi nada del pecho, puesto que tampoco dispongo de mucha grasa en el abdomen. Me comentó que encontrará lo justo para rellenar el hueco. Igualmente tampoco se podrá salvar mucho del pecho derecho. Se lamentó porque era una operación complicada y no se podía hacer nada más. Sentí ganas de llorar al asegurarme que quedará muy feo y con muchas cicatrices. Cada vez me lo ponen peor.

Edwin le preguntó sobre la prueba del gen HER2 y nos informó de que ya la habían hecho y era positiva. La conclusión es que me podrían poner el medicamento nuevo, el trastuzumab, conjuntamente con la quimioterapia. Cuando salí de la consulta empecé a llorar como una loca. Es muy desagradable pensar que el cuerpo se me va a quedar destrozado a los 37 años. De la misma manera empecé a pensar en la playa y en que ya nunca podré ponerme biquini. Parecen cosas secundarias pero es difícil imaginar el cuerpo de una mujer sin pecho.

Al regresar del hospital en el coche estaba tan triste que Edwin me dijo unas palabras muy bellas al entrar por el último túnel del Garraf.

—Éste será tu último túnel. Después brillará el sol, tal y como ocurrirá ahora cuando salgamos de él.

Sus palabras me llenan pero sólo me las dice cuando estoy muy mal. Me gustaría poder oírlas más a menudo de su boca.

Espero poder digerir esta situación lentamente y he de comprender que mi cuerpo se va a convertir en un mapa de cicatrices al que tendré que ir acostumbrándome. ¡Dios mío! ¿Existen los milagros? Quiero mi cuerpo sano y completo. ¿Eso es posible?

Aseguré a Ferran que me daba mucha pena pensar que iba a estar dos semanas en el hospital sin verlos. Me respondió que cuando me fui dos semanas a Cuba no lloré. Es muy dulce y, aunque estas situaciones me ponen sensible, también me permiten recordar cuánto les quiero.

Supongo que es normal porque se acerca la hora de la operación y estoy mucho más sensible. Tengo miedo, miedo a sufrir y miedo del estado en el que quedará mi físico. Reconozco que esto no es lo más importante en la vida; sin embargo, como dice Edwin, soy muy espiritual pero no dejo de preocuparme por el físico. Tiene toda la razón, aunque no lo puedo evitar.

X

Luchar por los niños

¡Hola! Todavía estoy en el hospital de Bellvitge pero estoy contenta. Me voy a casa antes de lo que esperaba. La recuperación está yendo muy bien. Estoy muy agradecida porque todos me han ayudado mucho y me siento interiormente fuerte. Me estoy dando cuenta de que el ser humano es mucho más resistente de lo que cree, sólo nos tienen que poner a prueba y sacarnos todo lo que llevamos dentro.

En el hospital dispones de mucho tiempo para pensar y para ver el sufrimiento de otras personas. Es como si de repente estuvieras en otro mundo. Me recuerda un poco al libro que ha estado leyendo Sara de Sidharta, el príncipe que sale por fin de su lujoso palacio y descubre que en el mundo existen la pobreza y las enfermedades. Normalmente piensas que sólo eres tú el que estás mal. Sabes que a otras personas también les pasan cosas, pero no te compadeces. En un lugar como éste te enfrentas directamente a los sufrimientos de otros y entonces emerge tu parte compasiva. Dejas a un lado tus propios problemas. No los olvidas, pero los sitúas en el lugar que corresponde.

Edwin me envió un mensaje al móvil: «Buenos días, amor, eres la más valiente, te quiero». Estas pequeñas cosas hacen que aflore toda mi sensibilidad y se me llenaron los ojos de lágrimas.

¿Cómo fue la operación? Ese día vino el anestesista para valorar mi constipado, ya que seguía teniendo mucha tos. Más tarde se pasó el cirujano joven, el doctor Tintoré, y después llegó Escobedo, al que casi ni reconozco con la mascarilla puesta. El problema era que si no me operaban ese día la semana siguiente había un puente y entonces se retrasaría demasiado. O sea, ya vi que no me salvaba y me llevaron al quirófano.

Allí había dos anestesistas muy simpáticas y como yo no podía dejar de llorar me dijeron que me calmara, ya que normalmente después de la anestesia te despiertas como si te hubieras estado durmiendo.

Comenzaron su labor y empecé a sentirme mareada. Hubo un momento en el que de repente escuché a los médicos hablar y sentí todo lo que hacían en mi cuerpo. Noté cómo me colocaban grapas en el vientre y cómo me introducían el catéter. Asimismo les escuché comentar que estaba anémica, pues tenía muy mal color. Me empezó a entrar el pánico porque intenté hablar y no podía, traté mover los ojos y tampoco se produjo movimiento alguno. No quería escuchar nada más. Pensaba que no habían hecho más que empezar y no podría soportarlo. Rogué poder moverme para que ellos vieran que no estaba dormida. Finalmente Dios me escuchó y pude mover el brazo derecho y oí a alguien diciendo que me había movido y a partir de ahí todo fue muy rápido y ya no escuché nada más.

Cuando me desperté estaba en una sala de reanimación. Las enfermeras intentaban hacerme reír, pero les pedí que no lo hicieran porque me dolía mucho la barriga. Las dos me contaron sus dramas personales. La más joven estaba operada de las cervicales y la operación no había salido bien. Le habían introducido un tornillo que se había perdido y seguía padeciendo dolores. A la enfermera mayor, que ahora tenía 60 años, la vaciaron con 33 y como a su marido le gustaban mucho los niños lo dejó para que pudiera tenerlos con otra. Ahora se dedicaba a lo que le gustaba: ayudar a la gente. No había vuelto a estar con ningún otro hombre.

Cuando escuchas estas cosas te das cuenta de que todos llevamos nuestras cargas, pero tenemos que hacerlo de la mejor manera posible y hemos de sacar todo lo positivo de ellas. Esta señora me dio un buen ejemplo.

Graciela y Marcus coincidieron un día en el hospital. Les presenté y me hace feliz que los dos se hayan caído tan bien. Se notaba porque estuvieron bastante tiempo con las manos unidas. Veo con claridad que son energías que se complementan y por eso me siento mucho más segura. El trabajo que realizo conmigo misma puede funcionar mucho mejor si los ejemplos que tengo son de gente real que lo único que busca es sacar esa fuerza interior que todos poseemos.

Cuando vi las cicatrices por primera vez no me asusté. No me gustan y, aunque soy consciente de que tengo que encontrar una solución para ser capaz de llevar una vida normal, no me preocupo porque sé qué vendrá después. Edwin se ha portado estupendamente a este respecto. El primer día que me duché me ayudó, aunque un poco antes ya le había enseñado en la cama cómo había quedado. Me gusta esa parte de mí que es capaz de mostrárselo. Pero después surge la otra que teme que le voy a dar lástima. Sin embargo, estoy convencida de que no es así porque creo que lo nuestro es mucho más sólido, aunque todavía tengamos mucho que arreglar. En este sentido me satisface su manera de reaccionar, pero también quiero estar satisfecha conmigo misma, tomarme las cosas con naturalidad y aceptar mi cuerpo tal y como es ahora. Es verdad que todos somos mucho más que un cuerpo y ésta es mi manera de demostrármelo a mí misma y a los demás. Pero sobre todo a mí misma.

He vuelto a casa. Unos días antes estaba más positiva, pero los médicos han podido con mi ánimo. Sé que no debo dejarme influir pero aun así ha ocurrido.

En la primera visita tras la operación nos hicieron esperar mucho. Escobedo no estaba, sólo los cirujanos plásticos, Serra y Tintoré. Me quitaron los puntos y Serra comentó que más adelante, dentro de bastante tiempo, se podría hacer algo con mis pechos. Fueron a buscar el informe de la operación con el análisis de todo lo que me quitaron. Se habían confirmado sus sospechas. Edwin preguntó si consideraba que la quimioterapia era necesaria y se lo confirmó, ya que está demostrado que después de una operación hay mejores resultados al aplicarla. Otra doctora me comentó que regresara el lunes para hablar con Escobedo y que entonces podría empezar con el tratamiento; según creía, serían bastantes sesiones. Me asusté y les solicité un informe para pedir una segunda opinión.

En casa leí el informe y me di cuenta de lo grave que era lo que tenía. En el pecho derecho me quitaron un tumor de 67 milímetros, grado 3, y un carcinoma extendido de alto grado. En el izquierdo había un tumor de 60 milímetros con afectación de la piel, grado 3. La conclusión: pT3 en uno y pT4 (recidiva) en el otro. Lo peor.

Edwin le envió una copia por fax a Camilo, el médico homeópata, quien me aconsejó hacer una quimioterapia fuerte y tantas sesiones como me dijeran.

Esto ha sido lo que más me ha afectado, aunque ahora ya estoy mejor. No me voy a dejar hundir y seguiré luchando. Me encuentro bien y podré con el resto del tratamiento. Marcus también me aconsejó hacerla y una vez que me dejen en paz decidiremos por dónde seguir.

De todos modos en lo que debo de pensar es en lo rápido que me repongo cuando acabo con la quimio. Tengo que hacerme a la idea de que el tratamiento completo dura un año y luego se acaba. La doctora también me explicó que esta quimio se siente un poco menos que la otra, pero no me fío mucho porque cada cuerpo es diferente. Lo que sí me anima es que lo combinarán con el contragen, el trastuzumab.

A Edwin le reconocí que daría cualquier cosa por no tener que pasar por todo esto. Pero lo que no le dije es que por nada del mundo renunciaría a lo que he aprendido con esta enfermedad. Decir que volvería a repetirlo sería mentirme a mí misma, pero es verdad que no prescindiría de nada de mi aprendizaje. Me estoy haciendo un lío. Por lo menos tengo mucha suerte de tener a las personas que me rodean: mis padres, mi hermana, Edwin, mis niños... Estoy agradecida por eso.

Una mujer me aseguró que soy más fuerte por tener niños, ya que eso me motiva; sin embargo, creo que la principal motivación soy yo misma. Hay que ser sinceros, nadie es imprescindible, aunque sé lo importante que es una madre en los momentos difíciles de la vida, de hecho, no sé qué haría sin la mía. Así que he de estar ahí tanto por mí como por ellos. Me pone muy sensible hablar de los nenes, ahora mismo ya se me están saltando las lágrimas. Estos son mis miedos y mis dudas, pero mi voluntad tiene que ser más fuerte que todo eso.

Asimismo está comprobado que el cáncer se elimina del cuerpo. Todo es posible. Sé que lo mío ha sido más grave pero no importa porque nuestro cuerpo está dominado por la mente. Eso es lo que realmente debo sentir para acabar con las dudas.

Al hacerme las curas me di cuenta de que la zona roja del pecho derecho estaba alrededor del pezón y empecé a comerme el coco. Ya me lo había visto en el hospital y pensaba que era una alergia al esparadrapo. Casi no he podido dormir. Edwin me pidió que tuviera seguridad en mí misma, pero está comprobado que no la tengo. No sé qué me está pasando estos últimos días, pues poco después de la operación ha empezado a desmoronarse toda la seguridad que tenía.

Antes de dormirme hubo un momento en el que sentí que entraba luz en mí, pero sucedió muy rápido. Me parece que voy por el camino apropiado y por eso tengo tantos conflictos conmigo misma, porque mi interior está convulso. ¿Cuál es mi camino? ¿Qué he venido a hacer aquí? ¿Por qué tengo que sufrir tanto? ¿Quién puede contestarme estas preguntas?

Escobedo nos confirmó que serán seis sesiones de taxano combinado con trastuzumab, la medicación nueva. Me dijo que la quimio anterior no había tenido el efecto que ellos esperaban. Durante la operación lo comprobaron. Nos explicó que el resultado podría haber sido mejor, pero no es del todo negativo. Le enseñé la zona roja de la piel y me dijo que me la vigile. Me pidió que si cambia le llame o se lo comente a Rosina, la enfermera.

No hay vez que salga de su consulta que no me sienta mal. El médico siempre me dice que pregunte todo lo que quiera, pero la respuesta a lo que deseo saber él tampoco la conoce.

Me sentía angustiada.

Graciela me dijo que todas sus pacientes sufren un bajón anímico cuando hablan con el médico, es algo normal y no debería preocuparme ni dejarme influir en una decisión que ya haya tomado.

Camilo también nos explicó que mi cáncer es muy agresivo y por eso debo hacer la quimio, sobre todo, combinada con el trastuzumab. Percibo preocupación en Edwin y pienso que, como siempre digo, su papel tampoco es el más agradable.

Les di un beso a los nenes mientras dormían. Hacía tiempo que no lo hacía y no quiero perder la costumbre. Les he prometido que voy a luchar y les voy a ver crecer. Son preciosos, les quiero mucho y sé que me necesitan.

Después de la primera sesión de quimioterapia me pasé toda una noche llorando y con pensamientos muy negativos. Me preguntaba qué hago aquí si no soy más que una carga para todos. Además me dolía el cuerpo y sobre todo las piernas. Los niños se vinieron conmigo a la cama, pero me sentía mal por no poder disfrutar de ese momento. Incluso me molestaban y cuando llegó Edwin tuvo que llevarlos a cada uno a su propia cama. Cuando se acostó me dijo que le contara lo que me pasaba, pero no encontraba la forma de explicarlo. Quizá haya caído en una depresión de caballo, lo que es bastante comprensible en mi situación.

Celebrar el cumpleaños de Ferran fue lo más bonito del día. La noche anterior me preguntó si le había comprado algún regalo y le contesté que no, pero que su padre iría a buscarlo por la mañana cuando saliera a por el desayuno. Por la mañana vino a la cama, llamé a Sara y le dimos el regalo que no se esperaba. Era una Game Boy Color y un juego. Se puso muy contento y nos dio un abrazo y un beso a todos. A Sara también, y mira que eso es raro. Fue una escena preciosa. Como acabo de decir, lo mejor del día.

Cuando fui al lavabo vi de nuevo la bola roja sobre la pared y una parte del lavabo. Me pareció muy real y, aunque siempre me quedan algunas dudas, estaba bien despierta. Más tarde se lo comenté a Marcus, quien me aseguró que se trataba de un mensaje para mí. Creo que es un ángel y que aparece para que no me olvide de que están ahí apoyándome.

Poco antes de la cena de Nochebuena me encontraba bastante mal. Intenté dormirme para recuperarme un poco, pero no era capaz de relajarme. Me dolía la espalda. Al final me levanté porque me apetecía adornar la mesa, pero Edwin ya lo había hecho. Estaba muy bonita con una preciosa vela que me había regalado Marcus situada en el centro que emitía una luz muy agradable.

No tuve ganas de cambiarme de ropa. Sara me preguntó si se ponía guapa y le dije que hiciera lo que le apeteciera. Así que todos se cambiaron menos yo. Aun así Ferran me dijo que ya estaba guapa. Éstas son las cosas que me dan ganas de luchar. Aunque a veces me quejo de mis niños, en realidad llenan mi vida.

La cena estaba buenísima, a los niños les gustó mucho. Cuando Edwin me dijo que había cuatro platos pensé que no podría con todo porque no tenía tanta hambre; sin embargo, me lo comí todo. Salió perfecto. De primero había sopa de espárragos. Ferran no quería tomársela, enseguida dijo que no le gustaba, pero cuando la probó le encantó. De segundo había ensalada de tomate con parmesano y boquerones. De tercero, salmón en papillote con pesto. El postre estuvo delicioso: una *crêpe* con helado y nata. La verdad es que cené mejor que en un restaurante.

Edwin estaba fregando los platos y puso música española. La primera canción fue *Sevilla* de Miguel Bosé. Me entristecí y se me escaparon las lágrimas porque pensaba en si volvería a ver mi ciudad alguna vez. Los niños vinieron a consolarme.

En la cena de Nochevieja me encontraba igualmente feliz, así que puse las velas y adorné las servilletas. Me encontraba inspirada. Vinieron Angie, Rafa y los padres de Edwin. Tomamos sopa, escalibada, embutidos, *crêpes* con helado y melocotón y después turrón. Me puse hasta el culo.

Sara y Ferran escribieron en un papel los deseos para cada uva y a continuación los quemaron. No hice nada de eso, porque mi principal y único deseo que incluyo en casi todas las uvas es mi curación. Deseo que esta enfermedad salga totalmente de mi cuerpo y que nunca más vuelva a mí.

He estado pensando mucho en los niños porque me da mucha fuerza, realmente no puedo dejarlos solos. Me necesitan y estoy aquí para ayudarlos, por eso voy a sanar completamente y me voy a poner fuerte para estar con ellos porque también tienen mucho que enseñarme.

XI

El camino despejado

Una noche de madrugada empecé a ver una luz que se apagaba y se encendía, más o menos a la altura del espejo y de la calefacción. Pensé que podría tratarse de la luz de la calle, pero cerraba primero un ojo y luego otro y la seguía viendo. No sé qué significa todo esto.

Tengo la sensación de que me gusta esta batalla, parece que estoy tomando las riendas y encima aprendiendo muchas cosas. Me muestro mucho más abierta con Edwin, le cuento cosas y, aunque a lo mejor no las entiende del todo, tampoco me importa. Tengo la necesidad de compartir con él mis sentimientos y me siento muchísimo mejor así. Sé que poseo dentro de mí algo muy fuerte y tengo mucha más confianza. La recuperación avanza lentamente, pero lo importante es que lo haga.

He descubierto que me gusta pintar cada día un rato. Me ayuda a relajarme. El primer día me sentía insegura, pero ya estoy mejor. Además he comprobado que me gusta hacerlo en casa.

Nunca había utilizado mi enfermedad con los niños, pero les he dicho que necesito tranquilidad y ahora no la tengo porque se están gritando y peleando sin parar. Decirlo me hace llorar, no quiero culparles de nada, pero necesito cambiar el ambiente en esta casa. Edwin no puede, es blando y no tiene autoridad. Sara considera que me ayuda haciéndome a veces reiki o trayéndome la fruta. Le contesté que aquello estaba muy bien porque es lo que necesito.

Se me estaba haciendo insostenible la energía que se respira aquí.

Un precioso día de invierno salí a pasear por la orilla del mar mientras cogía almejas. Primero miraba todas las que me encontraba, pero después decidí que sólo quería las blancas, no sé por qué. Tomé todas las que me cabían en las manos. Además, me topé con una almeja entera muy bonita. Me encantó la caminata, el mar estaba precioso y me sentí a solas con él. Observé a un hombre que se metía en el agua y estoy convencida de que yo también me bañaré en cuanto pueda. Primero se me tiene que cerrar la herida de la axila, que sigue estando muy fea con carne muerta. Pero el mar y yo tenemos un pacto. Cuando estoy a su lado... siento algo que no puedo explicar. Y el mar es el principio de todo, es la madre.

Carmen, la dietista, afirmó que no veía tan mal mi sistema inmunológico. Me mandó recetas y pastillas nuevas, como el cartílago de tiburón que es bueno para muchas cosas. Según me comentó, el tiburón es el único animal que no puede tener cáncer. Me cambió, un poco la dieta, pero no demasiado. Por ejemplo, introdujo un pastel de berenjenas que tiene muy buena pinta. Creo que todo esto merece la pena. Pese a que de vez en cuando me salte alguna comida, tengo mucha fe en esta mujer. Considero que trabaja de corazón.

Edwin se quejó de que no le doy ninguna muestra de cariño e incluso a veces se pregunta si siento algo por él. Le dije que sé que ahora no le estoy dando mucho, pero le he asegurado que todo es pasajero. Sin embargo, tiene razón porque ahora paso tanto tiempo conmigo misma que no dispongo de tiempo ni de ganas para él. Espero que todo esto cambie, aunque en este momento no es lo que me preocupa. Cuando acabe con el tratamiento, que ya queda muy poco, quiero volver a enamorarme de él, desearlo y sentir de verdad que le quiero. Sin embargo, ahora deseo dedicar toda mi energía, sea poca o mucha, a que la enfermedad desaparezca de mi cuerpo. Sé que voy a conseguirlo, pero es una lucha muy dura. Mi mente duda y eso es lo que me hace estar tan inquieta. Sé que estoy a punto de dar el salto, pero aún no puedo y estoy impaciente. Sea como sea, estoy segura de que mi relación con Edwin va a continuar. Tuve un sueño que también me lo confirmó.

El Lama me explicó que queremos salir muy rápido de las situaciones malas y lo que tenemos que hacer es aprender todo lo que podamos de ellas, ya que después de esa situación, seguro que se presentará otra que nos preocupará nuevamente porque está en nuestra naturaleza.

Mi ego me da un poco de miedo. Quiero seguir con los pies en la tierra, pero siento que mi voluntad se encuentra entre mis pechos. Mientras Marcus me pinchaba vi claramente que nuestro cuerpo sólo es una envoltura. Notaba que estaba atrapada en mi pecho. Estas cosas que me están pasando y de las que me estoy dando cuenta me dan un poco de miedo. Bueno, no es miedo, pero no sé cómo describirlo. Es un intento por asimilar lo que me sucede y lo que me rodea porque sí que lo comprendo.

Una noche Ferran se acostó conmigo y le dije que me gustaría hablar con él. Me explicó que no sabía por qué era tan malo pero es que Sara le ponía muy nervioso. Le pregunté si tenía celos, aunque no sabía lo que significaba e intenté explicárselo, pero creo que no me entendió muy bien. Le dije que también me gustaría que hablara del colegio y de todo aquello que le apetezca contarme. Me habló del fútbol y de que a veces le salen chilenas. A continuación me dijo una cosa muy bonita. Cuando habíamos ido a pasear los dos, algo que casi nunca sucede, se sintió muy a gusto. Le prometí que cuando me ponga bien lo haremos más a menudo. Le pregunté si era feliz y me dijo que no demasiado.

Me gustó mucho este acercamiento con él a sus ocho años. Sé que le resulta difícil porque no está acostumbrado. Me voy a esforzar por estar más cerca de él y escucharle con más atención. Es bueno para ambos. Me hizo llorar porque me dijo que quería ver mis cicatrices, pero que a lo mejor le daba cosa y no podía dormir bien. Le aseguré que no soy un monstruo y que por tener cicatrices no me va a querer menos. Por último comentó que ya había estado dos veces malita, una vez no tanto y la segunda más. Tuve que llorar, apagué la luz y cuando él me preguntó si lloraba le dije que no. Se durmió abrazado a mí.

Aquella mañana me había planteado que por quien tenía que sanar era por mí, pero ahora sentía que también merecía la pena por los niños. Hay muchas cosas por las que luchar y vivir.

Cuando Edwin llegó me abrazó. Bien, pero tampoco puedo decir que le eche de menos. No me siento cerca de él, aunque tengo que reconocer que cada vez estoy más lejos de mucha gente. No puedo sentirlos de verdad. No obstante, me gustaría sentir complicidad con Edwin y esas caricias que te remueven por dentro. Quizás estoy pidiendo demasiado, no lo sé. Hace mucho tiempo que no siento nada y a veces me planteo si seré capaz de volver a sentir. Mis dedos ya no tienen prácticamente sensibilidad.

—¿Me quieres? —me preguntó.

—En este momento, no.

—Pero ¿aprenderás a volver a quererme?

—Eso espero.

Dijo que mis palabras le hacían mucho daño.

—Pero así es como me siento —contesté.

Empezó a llorar diciendo que era muy duro escuchar todo eso y que tiene que aguantar mucho.

—Si para ti es duro, para mí lo es mucho más Ya estoy harta de las quejas y las lágrimas de todo el mundo.

Por supuesto mis palabras también estaban llenas de llanto y encima escuchaba a mi madre llorar. Le pegué un grito y le dije que se callara.

Edwin sostenía que nunca se queja y que lo hace todo por mí: las compras, la comida, etcétera. Le entiendo perfectamente, pero ¿alguien puede entender lo que necesito yo? Todo el mundo me presta su apoyo y hace lo que puede, pero lo que preciso es algo más, aparte de comer y de que hagan tareas por mí. Necesito tranquilidad y pensaba que últimamente la había conseguido, por supuesto, permaneciendo encerrada en mi mundo. Pero en un segundo se estaba desmoronando todo. Edwin era de la opinión de que me cierro y soy un trozo de hielo. No sé dónde está el problema porque soy consciente de que también tengo parte de culpa y lo asumo, pero no puedo seguir así, aquí no encuentro la tranquilidad que necesito para asumir la responsabilidad que me corresponde. Me pongo histérica y gasto demasiada energía en problemas a los que tendré que enfrentarme más adelante, no ahora. Y él necesita cariño, siempre me lo pide, aunque sé que no puedo dárselo.

En realidad lo que me gustaría sería alejarme e irme a una granja a curarme y hacer una dieta macrobiótica. Necesito estar a solas conmigo misma y decidir lo que quiero. Aquí estoy metida en un embrollo del que no puedo salir.

—No podré estar sin ti —respondió cuando se lo sugerí.

—Si me muero tampoco estaré —le contesté.

Quiero vivir y luchar, pero no puedo hacerlo con tantos impedimentos. Sé que el problema es mío, pero necesito andar por un camino despejado. Con tantos obstáculos no puedo más. Cuando Edwin se fue a trabajar me dijo que era muy duro escucharme decir que no le quería; sin embargo, se le ha olvidado que él me rechazó dos veces, poco después de conocernos y luego cuando ya vivía con él en Holanda. Además, esto no tiene ni punto de comparación.

XII

He visto mucha luz

Tuve una sensación en un sueño que nunca antes había tenido. Fue algo maravilloso. No tenía ganas de regresar. Quiero volver a ese sueño, creo que puedo aprender mucho. Estaba en un sitio donde no había nada. En realidad sí, una red tendida en el aire de la carpa de un circo. Nada importaba. Me inundaba un sentimiento de paz, todo estaba bien, no había problemas. Era como si nada me interesara, pero al mismo tiempo sí porque podía verlo todo. Las cosas no volverán a ser como antes.

Según Graciela, el sueño podría haber sido un viaje astral porque eso es lo que sienten las llamadas personas iluminadas. ¡Qué envidia! ¡Me gustaría tanto vivir esa sensación de nuevo!

Le comenté a Graciela la pelea con Edwin y la vio como una manera de exteriorizar rabia acumulada que de esa manera ya se ha marchado. Es así.

Acerca de irme para estar sola me propuso que me fuera al monasterio. En la Plana Novella estoy cerca de Sitges y podría decidir si quiero estar toda la semana o bajar los fines de semana a casa. Me parece una idea tentadora.

Por último hablamos del tema del sexo y me confirmó que es normal en todas las pacientes de cáncer, que la recuperación de las ganas de sexo es gradual. Por lo visto, la quimioterapia provoca falta de libido.

La noche siguiente me desperté con la sensación de que estaba caliente y no precisamente por la fiebre. Dudaba si despertar a Edwin, me daba vergüenza, pero finalmente me armé de valor y lo desperté. Le dije que quería que me tocara. Me gustó mucho, aunque el orgasmo no fue demasiado intenso; me imagino que es un efecto normal a causa de toda la química que me meten en el cuerpo. Cuando terminamos percibí su satisfacción. A mí también me hizo feliz porque tenía dudas de si Edwin me seguía atrayendo sexualmente. Eso al menos ya ha quedado aclarado: no tiene nada que ver. Es sólo cuestión de que me suba la libido y eso sucederá cuando todo vuelva a la normalidad. También me alegro por él, ya que debe ser muy frustrante que nunca te hagan caso y que pienses que ya no atraes sexualmente a tu pareja.

Me asombró pensar que éste fue uno de los sueños que tuve la noche anterior, aunque ya no me voy a sorprender más, pues me ocurre prácticamente a diario.

En ese sueño no sé si estaba en un hotel o en un hospital. Tenía ganas de hacer el amor con Edwin, pero no encontrábamos un lugar donde nos dejaran tranquilos, siempre entraba alguien. Fui a mirar a otra habitación para ver si era posible, pero tampoco. Había una pareja, ella tenía un armario lleno de vestidos de estilo un tanto *hippy*. Empecé a echarles un vistazo, pero muchos tenían escote y no podía ponérmelos. Finalmente elegí uno amarillo sin mangas con el que no se me veía la herida. Llevaba el pelo recogido y caía hacia un lado. Me encontraba guapa. Vi a mi padre acercarse por el pasillo y me observaba con detenimiento como para asegurarse de que era yo.

Tuve una conversación con mi hermana sobre nuestros pechos. Nunca acepté esa parte de mi cuerpo porque me hubiera gustado tener más. Sin embargo, ahora me daba cuenta de lo importante y hermoso que es aceptarse uno mismo. Me gustaría aceptarme como soy, pero hay ocasiones en que se nos meten ideas en la cabeza que llegan a crearnos verdaderos problemas. Ahora no sé qué haré con mis pechos o lo que queda de ellos. A veces pienso en este tema, ya que me gustaría poder ponerme la ropa que me apeteciera. Sin embargo, en primer lugar no sé si será posible y en segundo, tengo que eliminar esta enfermedad y quedarme limpia del cáncer antes de pensar en esas cosas.

Por la tarde me puse una película que trajo Edwin, *El club de la lucha*, que me pareció muy dura pero con mensaje. Estuve pensando en ella incluso por la noche, en mensajes que no capté cuando la estaba viendo pero que ahora comprendía. Me impactó el principio, en el que aparece un grupo de apoyo al cáncer y una mujer con un pañuelo en la cabeza. Somos todas iguales. Ella, según contaba, estaba a punto de morir y lo único que pedía era hacer el amor.

Sara me habla sobre el colegio y de los juegos que hacen; también me hace muchas preguntas sobre lo que yo hacía cuando era pequeña.

Cada día soy más consciente de lo importante que es meditar y lo bello que es si consigues tener un poco de paz mientras lo haces. No entiendo por qué a veces me da tanta pereza. Qué difícil es todo, es una lucha continua, incluso con aquello que nos gusta.

Mañana me llevaré el *discman* para estar más relajada mientras me ponen la quimio. Ya he meditado y he pedido que los efectos secundarios sean los mínimos posibles. Principalmente he pedido paz y tranquilidad, pero ha habido otras peticiones y no las voy a escribir todas, ¿o sí?

Que mi herida se cure rápidamente.

Que la mancha roja del pecho vaya desapareciendo poco a poco porque sé que es benigna.

Que aprenda todo lo necesario y que no me deje cosas en el camino por culpa de mi impaciencia.

Por ahora sólo pido esto, porque si me pongo a pensar seguro que se me ocurriría mucho más, pero esto es lo básico, así luego podré hacer más peticiones.

Graciela me hizo una visualización de curación que me fascinó. Ella me guiaba con respiraciones y lo basaba todo en luz, una luz de curación. Pero de repente mientras me explicaba que la luz provenía de fuera vi el retrato de Jesús de casa de mi abuela con su corazón rojo del que salían rayos de luz. A continuación observé una figura rodeada de luz de pie en la habitación. Esa figura se metió en mi cuerpo, del que sólo quedaba la piel y por dentro estaba hueco. En mi mano derecha tenía una pistola con el mango de color azul oscuro y el resto de color negro muy frío. No entendía qué hacía un arma en mi mano.

Al principio de la visualización tenía ganas de llorar, pero cuando la figura brillante se incorporó sentí paz y se me pasaron las ganas.

Se lo comenté a Graciela y me explicó que había visto mucha luz. Consideró que el arma era una buena señal porque se trataba de algo que había sacado de mi interior.

Salí muy serena de la consulta, con mucha más paz.

Por la noche, antes de dormirme, se me apareció una imagen. No estaba totalmente dormida; es algo que me pasa a menudo. Era un hombre con traje negro, calvo y muy delgado que se sentó en la cama y me dijo: «Deme un ejemplo». Abrí los ojos un poco temerosa, aunque no demasiado, y desapareció.

Pienso mucho en el libro *Conversaciones con Dios*, de Neale Donald Walsch, en especial en la parte en que habla de que no existe ni el mal ni el bien. Es maravilloso poder leer eso, porque qué diferentes seríamos todos si confiáramos en nosotros mismos. Noto que mi interior está confundido, algo bulle dentro de mí. ¿Qué es? No lo sé. Y ya no sé qué es realidad y qué es sueño. Ayer escuché un rugido y después tuve la impresión de que alguien me movía la pierna. Edwin aún no se había acostado. Desconozco cómo escribir sobre todo esto, porque no sé qué pasa ni cómo explicarlo.

Puse la cinta de vídeo desde que nació Sara hasta que nació Ferran. Me resultó duro ver a mis abuelos, que han muerto, y mis pechos cuando le daba de mamar a Sara. Me preocupa el aspecto de mi cuerpo ahora. ¡Qué cosas suceden en la vida! Y cuántas me hacen daño todavía. Sara era guapísima. Cuando comenzaron las imágenes del parto de Ferran yo no quería que lo vieran, pero Edwin dijo que daba igual. Y tiene razón, aunque en realidad sólo lo vio Ferran porque Sara y mi madre no quisieron. Es impresionante observar el ser que se ha formado dentro de ti. Eso sí es un milagro.

Me emociono mientras escribo sobre esto y tengo ganas de llorar, no sólo por pena, sino también por todo lo bueno que he creado: estos dos preciosos niños que han salido de mi interior. Les quiero mucho, pero no entiendo la razón por la que no soy capaz de luchar por ellos, no sé qué me falta. Tengo miedo. Sin embargo, al mismo tiempo soy feliz, sólo preciso tener un poco más de paciencia. Estoy en la recta final de la curación.

Estuve llorando a causa de la mancha roja del pecho. Me resulta imposible no preocuparme por ella. Edwin tiene razón, he de pensar que estoy ante mi última sesión de quimio y que nunca más tendré que volver a pasar por ello. Ya veremos cómo reaccionará mi cuerpo cuando haya terminado el tratamiento. No sé por qué me pongo así, debería poder sentir las palabras «que sea tu voluntad» y «nada importa» pero ¿cuándo seré capaz? Ya no puedo esperar mucho más. Estoy muy inquieta, tengo miedo y un nudo en el estómago. Necesito relajarme ahora que todo va a terminar. Tengo que estar mucho más conmigo misma y escucharme. Quiero que todo pase deprisa, aunque soy consciente de que todo sale mejor manteniendo la calma.

Mi hermana me comentó que es normal todo lo que me pasa y que no me queda más remedio que aceptarlo, ya que somos seres humanos imperfectos. A veces parece que no puedes hacer más y hay que dejar la situación tal cual está, aceptando los altibajos y queriéndote mucho. Graciela me puso un ejemplo: si un niño está nervioso y le dices que se calme no lo va a hacer. Hay que dejar que pase ese nerviosismo y no ordenarle continuamente que se calme porque entonces le pones aún más nervioso.

En el libro *En busca del hogar interior*, de Melody Beattie, se habla sobre que es muy bueno tener un diario, una libreta de sueños y escribir poesía. Así que escribí un poema. Estoy asombrada y orgullosa de mí. Nunca había intentado escribir una, pensé que no sería capaz, pero lo hice. Esto también es voluntad. ¿Ves como la tengo?

La mancha roja del pecho sigue roja, ¿y qué? Tengo voluntad para hacerla desaparecer, ¿vale? Recuerdo estar en el jardín por la tarde, escuchando cantar a los pajaritos. Qué hermosa es la vida sobre todo cuando te detienes a escucharla. Gracias por hacerme descubrir cada día cosas nuevas, estoy contenta de poder disfrutar de todo aquello que antes era invisible para mí.

Última sesión de quimio. El médico me preguntó cómo estoy. Preocupada. Le enseñé la mancha roja del pecho y reconoció que estaba mal. Le pregunté qué pensaba y contestó que no descartaba ninguna opción. Como tenía que realizarme algunas pruebas, entre ellas un TAC, ahí aparecería. Me comentó que al principio se encontraba alrededor de la cicatriz, pero que ahora se había extendido. Estoy convencida de que es benigna, no es más que una reacción de la piel y dentro de tres semanas podré empezar con la vacuna del medicamento nuevo, el trastuzumab. La parte positiva del análisis es que tengo las defensas muy altas, es decir, que estoy perfecta, a pesar de todo lo que llevo dentro. Lo único que aparece es un poco de anemia por la quimio y aun así está mejor que antes.

Menos mal que me dieron el tratamiento en la cama, ya que es mucho mejor que en la sala de sillas donde es una pesadilla y el tiempo se hace eterno. La enfermera, que se llama Ángeles, vino a pincharme y me preguntó si meditaba y si tenía ayuda. Me aconsejó que cuando pasara todo me fuera con mi marido a Katmandú, a Nepal; ella había estado allí en su viaje de novios y había sido un viaje increíble. Es un lugar donde realmente se respira paz. Le conté mis planes de visitar Perú y que en diciembre queremos ir con los niños a la India.

También me contó que había pedido música relajante para la sala de quimioterapia, el problema era que la gente prefería ver la televisión, a María Teresa Campos. Le sugerí que habilitaran dos salas, una con TV y otra con música. Imposible.

Siempre descubres algo nuevo de la gente porque no se me hubiese ocurrido pensar que a ella le interesaban la meditación y cosas por el estilo.

Graciela intentó hacerme comprender que no se puede pensar siempre de forma negativa, ambas aptitudes forman parte de nosotros, pero no podemos dejar que lo negativo supere a lo positivo. Por lo menos que sea una lucha en igualdad de condiciones. Estuvimos asimismo tratando el miedo y me instó a defender la postura de por qué pensaba que la mancha roja era benigna.

A veces es difícil explicar lo que deseas con exactitud, pero descubrí que sigo amando aunque no sienta. Deseo con todas mis fuerzas dejar de sufrir y quiero sentirlo. Tengo la sensación de que voy a superar todo esto, aunque desconozco a dónde me va a llevar. No obstante, estoy convencida de que mi vida será muy, muy distinta. Todavía no he hecho lo que venía a hacer aquí.

SEGUNDA PARTE

LA MUERTE

XIII

Soy la tierra

Sant Pau de Pinós
Viernes, 6 de abril de 2001

Hemos llegado esta mañana a este conjunto de cinco casas rurales en Sant Pau de Pinós en el Berguedà para pasar los primeros días de Semana Santa. Antes de irnos estaba un poco nerviosa porque me hacía mucha ilusión marcharnos al campo.

Nada más llegar vino la señora a darnos las llaves. Seremos los únicos porque la gente que ha reservado las otras casas vendrá a partir del Jueves Santo, fecha en la que nosotros nos marcharemos. Menos mal, porque precisamente queríamos huir del turismo masivo de estos días.

Llevo pocas horas aquí y ya sé que me va a cautivar. Es un lugar muy especial, proporciona una gran sensación de libertad y paz. Ahora entiendo por qué tenía que venir, nunca he sentido la naturaleza y la soledad como en este sitio. Tengo la sensación de que algo me va a suceder en este paraje tan particular. No es normal que yo haya soñado dos veces con él. Estoy convencida de que me encuentro en el lugar en el que he de estar, seguro.

La casita es de un estilo más rústico de lo que pensaba y linda con las otras cuatro. Es ideal, me gustaría tener un sitio así para perderme los fines de semana. La masía de los dueños está a unos kilómetros de distancia por un camino de tierra.

Estaba muy cansada cuando llegamos, pero después de comer y dormir un poco la siesta me apetecía caminar. El paseo de Sitges ya lo tengo más visto que un tebeo, aunque sin duda me sigue encantando poder caminar por él.

La tarde era preciosa. Me hubiera gustado que Sara viniese conmigo, pero ha sido Ferran quien me ha acompañado y ahora me alegro de que lo haya hecho. No sé por qué no pienso más a menudo que con él también puedo pasármelo bien. Le dije que íbamos a buscar un sitio donde pudiéramos gritar muy fuerte. Encontramos un lugar entre los árboles en el que me dio la impresión de que existía una energía muy buena. Pero primero meditamos.

—Pide lo que quieras —le sugerí.

No es lo mismo que hacer la meditación sola, pero me gustó. Después realizamos una rueda de energía y entonces me puse a llorar. Tampoco sé exactamente la causa. Ferran me preguntó qué me pasaba.

—A veces me pongo triste, cariño, pero también se puede llorar de alegría y eso es lo que me ocurre ahora.

—Pues a mí eso nunca me ha pasado, mamá. Yo sólo lloro cuando me enfado o cuando me hago daño.

Muchas veces me ha contado que no cree en Dios y le respondo que todos somos un trocito de Dios y que juntos lo conformamos. No sé si me comprende, pero quiero que escuche cuál es mi punto de vista. Más adelante podrá sacar sus propias conclusiones. Lo que no quiero es que se preocupe excesivamente por las creencias y la religión, sino que prefiero que vaya escuchando y asimilando el tema poco a poco, con suavidad.

Gritamos unas cuantas veces, lo que a mí me vino muy bien. Ahora me noto más tranquila. Estoy mejor, porque incluso cuando estaba sentada meditando no podía evitar pensar en mi pecho. Tampoco es que lo afrontara de manera negativa. Simplemente está ahí, me dije, pero nada más.

Por la noche tenía muchas ganas de volver a caminar. No sé si hay luna llena o si la habrá mañana, pero tenía que salir. Sara se había puesto el pijama, así que Ferran volvió a acompañarme. Tengo la sensación de que lo hace porque no quiere dejarme sola, como si tuviese miedo de que ahí fuera en la oscuridad me pudiera pasar algo. No tiene ganas de caminar, pero disfruta de mi compañía. Estoy aprendiendo muchas cosas de él.

Al volver se metió rápidamente en casa, yo me quedé un rato sentada fuera. Me resultó muy agradable estar ahí sola, simplemente me daba un poco de miedo coger frío. Me arrodillé y solicité ayuda, necesito que esta enfermedad salga de mi cuerpo. Tal vez no rezo de la manera apropiada, pero deseo aprender a hacerlo bien.

Hoy todo es nuevo para mí y estoy alucinando. Vuelvo a estar en conexión conmigo misma y con mis sufrimientos y estoy plantándoles cara. Estoy muy agradecida por todo, me siento como parte del paisaje y es una sensación muy extraña. Es un estado mental en el que no importa nada. Dura sólo unos momentos, pero son muy importantes para mí.

Ferran me preguntó hoy por qué disfruto tanto estando aquí y si es que no me siento cómoda en nuestra casa. A él le gustaría que nuestra casa tuviera este bosque alrededor.

No diré que todo sea perfecto, pero sí que estoy esperanzada con la evolución de hoy. Aún me siento muy cansada debido a la quimioterapia, pero en absoluto me arrepiento de estar aquí. Acepto todos los inconvenientes y sé que tengo que aprender a vivir con ellos. Desde luego no bajo la guardia porque es una batalla que me concierne sólo a mí.

Sábado, 7

Salí a pasear con Sara, a quien le apetecía acompañarme. Fuimos al mismo sitio donde estuve ayer con Ferran. Meditamos y entonces surgieron emociones respecto a la niña. No a Sara, sino a la niña que llevo dentro de mí. Está muy triste porque nunca nadie le dijo lo guapa y buena que era.

—¿Por qué lloras, mamá? —me preguntó Sara cuando vio mis lágrimas.

—No sé. A veces también lloro porque me siento bien.

Esas emociones, ese complejo de inferioridad de mi infancia, esa tristeza por recibir más críticas que halagos me recordaron la bronca que le eché ayer en el coche a Sara, mientras veníamos de camino, porque no paraba de decir «jolines». Es su palabra favorita, la utiliza en todo momento. Le espeté que no quería volver a oírla. En realidad no era nada, pero una pelea entre ella y Ferran me había puesto muy nerviosa.

Al escuchar un trueno lejano, nos levantamos para regresar a la casita. En el camino de vuelta le pedí perdón por lo del coche.

—A veces yo también me equivoco, estaba nerviosa. Y si tú quieres decir «jolines», hazlo, no pasa nada.

Me están colmando las conversaciones con los niños.

Por la tarde Edwin fue a buscar a mi hermana a la parada de autobús de Navàs, un pueblo cercano. Ha venido desde Barcelona para pasar el fin de semana. Cuando llegó salí a caminar con ella y los niños al mismo lugar de siempre. Ferran insistía en que quería hacer una rueda de energía. Estuvimos haciéndola sólo un momento, pues los niños tenían ganas de reírse. Ferran comentó que él ve la energía de color azul.

De regreso me encontraba derrotada y hallamos a Edwin enfadadísimo y gritando. Los niños se habían dejado la llave dentro del coche y tuvo que romper un cristal para abrirlo. El responsable había sido Ferran, que se había dejado la llave al coger la chaqueta, y eso que Edwin no había dejado de insistir en que tuvieran cuidado con la llave. Pocas veces le he visto tan enfadado, aunque lo bueno que tiene es que se le pasa rápido.

Por la noche volví a caminar con mi hermana, pero noto que las subiditas, por pequeñas que sean, me cuestan un gran esfuerzo.

—Quieres eliminar la parte negativa de tu vida, pero primero has de aceptarla —comentó Angie—. Tu ego es tu parte negativa, no tendrías que intentar apartarlo, sino ponerlo a tu favor y tratar de comprenderlo. Tu ego es tu niña y tienes que cambiarlo para poder ser feliz. No siempre debes afrontarlo como una batalla.

Al volver ya olía desde lejos la leña de la chimenea encendida. El fuego da mucha paz, así que antes de acostarme estuve observando un buen rato las llamas y las chispas. Una vez en la cama me puse a llorar y le confesé a Edwin que lo que más miedo me da de mi enfermedad de cara al futuro son los niños. Le enseñé la mancha roja del pecho y tampoco le veo muy convencido de que no sea nada malo.

Supongo que todo este cúmulo de sentimientos y sensaciones y todas esas lágrimas provienen de que tengo más tiempo para estar conmigo misma. Mi hermana dice que aquí los días son más largos y es verdad; llevo sólo dos y parece que he nacido en este lugar. No paro de hacerme preguntas, pero es normal. He estado tanto tiempo dormida que ahora estoy impaciente por descubrirlo todo. Quiero conocer todas las respuestas, tal y como si fuera una niña pequeña. A pesar de mi tumulto interior, me encuentro mucho más tranquila.

Domingo, 8

Me da un placer inmenso tumbarme en la hierba. ¡Qué sensación maravillosa! Es una hierba muy alta, alcanza por lo menos el medio metro, y si te acuestas entre ella ya no ves nada más a tu alrededor, sólo el cielo, que hoy es de un azul muy bonito e intenso. Pero en medio del azul infinito hay pequeñas nubes que poco a poco van deshaciéndose. Son como mis células malignas que van desapareciendo.

Me apetece que Edwin haga una foto. Los sentimientos no se pueden percibir a través de una simple foto, pero cada vez que la vea me acordaré de lo que he sentido hoy. Mientras estuve tumbada recordé la frase que siempre dice Marcus: «Je suis la terre». Grité con todas mis fuerzas: «Je suis la terre!». Era agradable. Nunca me ha gustado el francés, pero esta frase sonaba divina.

Antes de regresar a Barcelona mi hermana me preguntó si pienso que voy a morir. No lo creo, de verdad. Pienso en lo que he venido a hacer aquí y voy a lograrlo. Tengo una meta y la alcanzaré. Para mí hay un antes y un después a partir de ahora. Angie me comenta que he sido siempre muy superficial porque me fijaba en el físico. Todavía soy así, pero por lo menos me doy cuenta de que hay muchas otras cosas dentro de las personas, aunque me siga atrayendo el exterior. Estoy convencida de que también en esto estoy cambiando.

Fui a caminar por el lugar de siempre, el único por donde todavía había un poco de sol, medité y volví a intentar recapitular mi vida, lo que me está resultando bastante complicado. La niña que hay en mí sigue muy necesitada de amor y me doy cuenta de que siempre ha estado demasiado influenciada por los demás y con problemas para tomar decisiones por mí misma. Todo el mundo me ve muy fuerte y en realidad soy harto débil.

En el camino de vuelta abracé a dos árboles y les pedí su energía.

Mientras Edwin acostaba a los niños salí fuera con una linterna. Sólo di una pequeña vuelta porque la noche me imponía y estaba bastante oscuro porque la luna se hallaba escondida detrás de las montañas. Me quedé un rato sentada en el banco. Hablo cada vez más con mi ego y me tranquiliza muchísimo. Nuevamente le rogué a Dios que me ayudara, por favor, y le pedí que si me había oído me enviara una señal. Enseguida pasó un pájaro volando muy bajo que me puso los pelos de punta. No sé si me estoy volviendo un poco loca, pero en todo caso para mí fue una señal.

Sentí un poco de miedo estando fuera, esta vez no por mi enfermedad, sino por la oscuridad. Escuché un ruido que provenía de mi izquierda; sin embargo, me gusta enfrentarme a este tipo de miedo, me noto mucho más fuerte que antes. Me apetece que alguna noche salgamos los cuatro con las linternas.

Lunes, 9

Esta mañana Edwin me ha pedido que le acaricie un poco pero estaba deseando que se levantara para poder escribir y estar con mis cosas. Le necesito porque están los niños aquí, para que se ocupe de ellos, pero en un buen número de ocasiones me resulta molesto. Cuando te sientes así prefieres estar sola para intentar sentir y comprender. Además, ya no tengo sensibilidad física y eso me aleja aún más de él. Ahora mismo podría ser monja porque mi único deseo es dedicar todo mi tiempo a mí misma, a mi curación y a todo lo relacionado con ella.

A veces no quiero escribir todo lo que pienso porque hay determinadas personas que, si algún día lo leyeran, podría hacerles daño, en especial, si no entienden de qué estoy hablando y no tienen en cuenta que ésta es una situación pasajera, o al menos, eso es lo que creo. Escribo estas páginas para justificarme a mí misma y deseo seguir haciéndolo. Es una terapia fantástica.

Sara y Ferran me están ayudando mucho con mi autoestima y me hacen sentir que soy importante para ellos. A pesar de encontrarme decaída y con ganas de estar sola, soy consciente de que están disfrutando mucho de estas vacaciones. Me satisface haber tomado la decisión de venir. Además, esta vez he sido yo quien ha elegido el lugar y todo lo relacionado con el viaje cuando normalmente lo dejo en manos de Edwin.

Hoy ha preparado en el mapa una ruta para ir todos caminando hasta el río, aunque yo era consciente de que no llegaría con ellos hasta el final. Empezamos por el mismo camino de siempre y a las dos y cuarto decidí volver. Me senté sobre una roca que había visto antes y desde donde se tiene una vista preciosa de toda la sierra hasta la montaña de Montserrat.

No tenía intención de pararme pero surgió. El paisaje es maravilloso. De repente vi que es un sitio perfecto para comenzar con la recapitulación. Me acordé en ese momento de la escena del aeropuerto de Amsterdam, hace ya quince años, cuando Edwin me sugirió que regresara a España. Después me acordé de cuando murió mi abuela en el hospital de la Cruz Roja y también del féretro en el velatorio. Me ha resultado muy duro recordar estos dos momentos. En el aeropuerto de Amsterdam me sentí sola, como una mierda, como si me echaran a patadas de Holanda porque no valiera para nada. De nuevo he sentido un inmenso dolor.

Recordar a mi abuela ha sido agradable y al tiempo me ha hecho sentirme apenada. Creo que en aquella ocasión cuando ella murió no lloré; sin embargo, ahora el recuerdo me ha provocado un llanto desconsolado. Me he despedido de ella. Recuerdo que en la caja me pareció diminuta, a pesar de que nunca me había parecido una mujer pequeña. Entonces me vino a la cabeza una frase de un libro en el que se decía que las mujeres tauro son muy grandes, pero que aplicarles este calificativo no tiene nada que ver con el físico. Es una sensación que he tenido con mi abuela. Le he dado un abrazo y lo cierto es que me gustaría estar en sus brazos porque la echo de menos. Es la única persona por la que nunca me he sentido juzgada.

Estos pensamientos me están provocando múltiples sentimientos y me están haciendo ser consciente de mi soledad. Es la primera vez que me estoy enfrentando a mí misma. Tal y como dice el libro que estoy leyendo, mi vida ha sido una máscara. Con esto me doy cuenta de que tengo muchísimas cosas escondidas que ni yo sabía. Pero es un dolor que quiero sentir porque sé que me ayuda. La sensación que tengo cuando acabo una recapitulación es de bienestar, de reconocer que así fue y punto. Ha habido un momento durante el que he notado que esto es lo que debo hacer, más allá de pensar en la vida o la muerte. Por un instante nada me importó.

Volví a la casita mucho más relajada y en el camino vi muchas mariposas. Los abejorros no me dan miedo, las abejas tampoco, siguen su camino y yo el mío. Reconozco en esta actitud un cambio porque siempre les he tenido pánico.

Una vez en la casa comprobé que Edwin y los niños aún no habían llegado. Observé que se acercaba una furgoneta, entré en la casa y mi primera reacción fue querer ponerme la peluca. Al final no lo hice porque pensé que no había razón alguna para ello, ya que esto es lo que hay: estoy en el campo, nadie me conoce y no puedo estar escondiéndome siempre. Tengo que aceptarme como soy.

Todo lo que sucedió fue que de la furgoneta bajó un hombre que venía a arreglar algo de la chimenea.

Por la tarde volví a la roca a meditar. De regreso recordé cómo ayer me había abrazado a un árbol. Fue como si el mismo árbol de ayer me hubiera llamado y he vuelto a hacerlo y un poco más adelante al otro. Supongo que algo así ha de ser normal para personas que están más evolucionadas, pero yo todavía lo siento como algo especial.

Cuando volví Edwin estaba fuera y me preguntó por lo que hago cuando estoy sola.

—Sentarme —contesté.

—Te está gustando el campo cuando antes no te atraía nada. Eras una chica de ciudad.

—Es verdad, en estos momentos me podría quedar aquí a vivir una temporada.

La noche fue muy divertida. Fuimos con los niños al bosque, donde Edwin había escondido una Barbie y una pelota. Por el día había puesto señales que los niños tenían que descubrir y seguir con las linternas. Al adentrarnos en el bosque me empezó a entrar un poco de miedo porque había muchos árboles y una oscuridad casi total. Edwin dijo que no sabía muy bien dónde había puesto los papeles; esta mañana los había dejado bastante separados porque de día parecía todo muy fácil.

—¿Conoces el camino de regreso? —le pregunté. Yo miraba hacia atrás y estaba todo muy oscuro, no se distinguía nada. Intenté mirar hacia el cielo, lo que tampoco me sirvió de mucho porque tengo un sentido de la orientación terrible.

—¿Has diseñado una ruta de vuelta? —insistí.

—No, qué va —dijo.

—Entonces no entiendo por qué has quitado los papeles que hemos ido descubriendo, ahora no encontraremos el camino de vuelta.

Por fin llegamos a una explanada y, según él, ahí estaban escondidas las sorpresas. Tras encontrar la muñeca y la pelota, seguimos algunas señales más y cuando salimos del bosque estábamos situados justo detrás de la casa. Lo tenía todo planificado, es decir, que Edwin consiguió engañarme y asustarme porque ya me veía en el bosque pasando la noche y deseando que las pilas de las linternas fueran nuevas. Al menos no hacía una noche fría. En fin, que me había montado mi propia película por si teníamos que quedarnos a pasar la noche allí. Incluso había calculado a qué hora amanecería.

En el lugar al que habíamos ido a parar había una roca muy grande. El cielo estaba lleno de estrellas, así que nos tumbamos y estuvimos los cuatro mirándolas un rato, aunque con los niños era imposible que el momento fuera silencioso.

Por eso, después de la cena, mientras Edwin les estaba leyendo un libro antes de dormir, volví a salir con una manta y me tumbé a mirar las estrellas. Me gustaba la sensación de tener los ojos cerrados y que al abrirlos pareciera como si el universo me hubiera tragado. Un día leí que algunas de las estrellas que vemos ya no existen. Recuerdo que cuando lo leí lo entendí perfectamente, pero ahora no lograba comprender cómo algunas de esas estrellas se habían apagado hacía años y ya no existían.

Martes, 10

Esta mañana en la cama le expliqué a Edwin todo lo que estoy haciendo y muchas de las cosas que siento. Me alegro de poder expresarlo y hablar de los complejos físicos que me han acompañado durante toda mi vida. Siempre me ha resultado difícil hablar de este tema y me satisface hacerlo ahora.

Noto que tiene cierto temor por lo que haré después cuando esté mejor y me aconseja que todo lo que estoy haciendo me tiene que servir para superar la enfermedad. Le confesé que creo que estamos juntos debido a mi enfermedad, pero que cada día parece que nuestros intereses están más alejados. Claro, puede deberse a la situación actual, pero es que no soy nada flexible...

Por la tarde, camino de una masía que nos apetecía ver, he observado la puesta de sol más hermosa que he visto nunca. La luz era dorada, como si se tratara de algo sagrado y estuviera en una película sobre Jesús. Ha sido lo más parecido a lo que me parece que ha de ser la LUZ.

MIÉRCOLES, 11

Regresé hoy a mi mirador particular y me di cuenta de que durante mi ausencia había recibido otra visita: había una caquita de animal en la roca. Me puse al sol y comencé a recapitular, esforzándome en recordar temas que me hicieron daño con la pretensión de que me salieran espontáneamente. Pensé en la muerte de mi tío Fernando y le di las gracias, pues sigo creyendo que él fue quien me ayudó a volver a España y siempre fue mi enlace para encontrar trabajos. Después recordé que mi padre no quiso ni despedirse de mí cuando me fui a vivir a Holanda con Edwin porque no estaba conforme. Hasta que no nos casamos cuatro años más tarde no vino a visitarme a Holanda. Recordar ambas situaciones me ha hecho mucho daño.

A continuación se produjo un suceso muy especial en la roca. Sé que si alguien lo lee pensará que estoy loca. Es más, incluso a mí misma me daba vergüenza el pensar que iba a escribirlo. Pero sé que tengo que hacerlo porque ha sido muy importante para mí.

Mientras estaba sentada con los ojos cerrados, le pregunté a Dios por qué no me contestaba más preguntas. Entonces empecé a sentir unos picores en el pie izquierdo. Simplemente como prueba le pedí que se me fueran... y desaparecieron. Suena a locura, ¿no? La verdad es que me parecía un juego.

A continuación empecé a plantearle preguntas a Dios y ahora al escribirlo dudo, pero creo que fue real. Le pregunté por supuesto sobre mi enfermedad y su respuesta fue que el cáncer ya no representaba un problema y que sólo había venido para enseñarme algo que ya he comprendido: todo lo que me queda es benigno.

Asimismo me explicó que la quimioterapia ha servido porque la necesitaba, pero me dijo que a partir de ahora no me ponga más.

Me hizo ver que Edwin está conmigo porque está aprendiendo y poco a poco cambiará. Me quiere y todo esto nos está sirviendo.

Me ayudó a comprender que he de dedicarme a ayudar a que la gente encuentre a su Dios y a que hable con Él.

Tendré que regresar a este lugar y trabajaré con Marcus y Graciela.

Me explicó que Ferran es como es y le conviene que Edwin sea mucho más blando que yo. No es aconsejable para él tener dos personas tan estrictas en su vida como yo.

He comprendido que los niños van a tener un camino mucho más fácil y les resultará ventajoso que aprendan poco a poco. Ése será su camino y lo encontrarán en el momento oportuno.

Éstas fueron las respuestas. No se me ocurrió qué más preguntar. Aún ahora siento vergüenza y me pregunto si todo ha sido real. Recelo porque todas las respuestas han sido positivas, pero por otro lado es extraño que sea tan positiva. Sea como sea sentí que no había interrupciones de una respuesta a otra, lo que me ha dado mucha seguridad. Mi ego no participó y eso es algo muy difícil en mí.

Por la noche Edwin me preparó mi cena, una crema de puerros y verduras a la plancha. Después nos sentamos todos delante de la chimenea y empezamos a hacernos cosquillas. Una imagen muy familiar a la que Edwin añadió dos de mis canciones favoritas, *La flaca* y *Virgen del Pino*.

Jueves, 12

Ya estamos en casa.

Esta mañana, todavía en el Berguedà, me levanté a las seis, me duché y a las siete con la primera luz del día salí a pasear. Hacía mucho frío, de lejos se veía el Pirineo nevado, así que no me detuve a meditar y fui a despedirme de los árboles y de los lugares que he frecuentado estos días. El mirador en la roca... qué hermoso. Una de las cosas que más me han fascinado de este lugar es la cantidad de pájaros que se oyen por la mañana.

Cuando regresamos la diferencia entre un lugar y otro me pareció abismal. La entrada en Sitges estaba colapsada, aunque una vez en casa se estaba mucho más tranquilo. Aquí también escucho a los pájaros cantar e incluso parece que hay más que en la montaña. Me gusta estar en mi casa, pero me siento un poco frustrada porque hace buen día y no puedo ir a la playa. Me gustaría ponerme morena por mi complejo de piel excesivamente blanca, ya que con esta palidez parezco más enferma. En la montaña, por estas fechas la gente no tiene tan buen color y paso más inadvertida.

XIV

Todo es benigno porque así lo he decidido

SITGES
VIERNES, 13 DE ABRIL DE 2001

Estoy preocupada, porque me he visto más manchas rojas en el cuerpo. Por un lado pienso que es una alergia, ya que hay muchas y me llegan hasta la espalda y también me han aparecido por el pecho derecho. Pero hay que ser realista y no descartar la otra opción.

Al verlo me puse tan nerviosa que estuve meditando para calmarme. En el fondo no siento que sea maligno. Al contrario, me siento bien pero tengo mis miedos, ya que esta enfermedad te puede atacar también por la piel. Cuando llegó Edwin de comprar se lo comenté y se nota que está preocupado.

Fuimos a caminar y le conté lo que pensaba porque si esto es benigno no hay problema, pero si es maligno seguro que se extiende muy rápido. No quiero que hagan nada para mantenerme con vida, no deseo estar enganchada a una máquina ni sufrir dolor. Podría incluso consultar si se puede acelerar el proceso.

Antes era de la opinión de que es mejor no hablar de estos temas, pero ahora pienso lo contrario y considero que debo hablar de ello con claridad. Es absurdo que cuando no estés enfermo se puedan tratar libremente temas como la eutanasia y cuando estás muy mal sea un tema tabú. Me alegro de haberlo hecho.

Edwin me dice que intente estar tranquila hasta que me den los resultados de las pruebas. No estoy durmiendo mal, como si tampoco tuviese demasiado miedo. Aunque no voy a engañarme, tengo miedo, pero menos del que pensaba. O quizás es porque aún no me han confirmado nada. Es difícil dar una explicación a todas estas subidas y bajadas emocionales en un mismo día.

Más tarde salí a caminar con Sara, quien no paró de hablar durante todo el camino del cumpleaños de su amiga, Natalia, que fue ayer y que celebró en la playa. Dijo que el paseo se le había hecho corto.

Al llegar a casa, Edwin y Ferran estaban viendo la película *Jesucristo Superstar* en la televisión, típica de estas fechas de Semana Santa. Ferran estaba alucinado porque la figura de Jesús es importante para él, incluso dice que si hubiera nacido el día 25 de diciembre, en lugar del 23, habría sido tan bueno como él.

SÁBADO, 14

Subimos al monasterio. Estaba un poco nerviosa antes de ir porque tenía miedo de lo que me pudiera decir el Lama. Siempre recuerdo que Graciela me comentó que él no puede mentir. Le conté que estaba preocupada porque me están saliendo más puntos rojos en el pecho. Tiró unos dados; yo estaba realmente inquieta. Negaba con la cabeza, pero no podía descifrar qué pensaba. Al final me explicó que no veía nada alarmante, aunque añadió que al parecer la enfermedad está en la piel. Tal vez se trate de algo que se quedó dentro y por algún sitio debía salir.

—Es mejor que todo salga ahora y que dentro de unos años no vuelvas a tener problemas —fueron sus palabras. Me aconsejó una tienda naturista en Barcelona donde es posible que me pueden dar alguna especie de emplaste para que todo salga de mi cuerpo con más rapidez.

Quise saber por qué tuvo que cancelar todas las visitas la semana pasada y me dijo que cuando se empieza a construir una estupa muchos Lamas mueren porque hay espíritus que no quieren que ese símbolo se levante. La semana pasada fue una de las más difíciles para él; se le hicieron cortes en las manos, los pies le sangraban, tuvo dos cólicos nefríticos y un pinzamiento. Todo en una misma semana. Cuando lo estaba contando me daba cuenta de que estas cosas son difíciles de comprender, pero es increíble lo que hay más allá.

En la estupa que se está construyendo pondré un molinillo con el nombre de la familia. Me agradaría poder hacer en este lugar el retiro de un mes.

Salí de la visita mucho más contenta. Me apunté a un cursillo del Buda de la Medicina. El Lama me había dicho que me iría muy bien, ya que está orientado a personas enfermas, así como a aquellas otras que les pueden ayudar.

VIERNES, 20

Estoy de vuelta en el hospital oncológico Duran i Reynals en Bellvitge. Me acaban de hacer un análisis y luego me harán la radiografía. He pasado unos días con muchos nervios y miedo por las manchas rojas. Me habrá pasado porque se acercaba la visita al médico. Aukje, la madre de Edwin, me preguntó ayer si quería saberlo, aunque fueran malas noticias y se lo confirmé. A veces pienso que es mejor no saberlo todo, pero ya me encuentro demasiado lejos en este proceso e intuiría que algo sucede si intentasen escondérmelo. Puede que al principio sea bueno que no te lo cuenten todo, pero considero que es mejor que seamos conscientes de la situación en la que nos hallamos.

Marcus también vino a visitarme, después de sus vacaciones de Semana Santa en Holanda (me contó que no dejó de llover ni un día) y me trajo un libro sobre el oráculo chino. Según ese libro, tenía que hacer una pregunta mentalmente, sin decirla en voz alta, así que pregunté si lo que tengo es benigno. La respuesta no fue del todo positiva, ya que decía que había que esperar y ser muy fuerte.

Le estuve contando a Marcus muchas cosas de las que había sentido en la montaña. Afirmó que me encontraba cambiada pero que yo no era consciente de ello. Como la montaña me ha resultado gratificante, me habló de una chica que vive pasada la ciudad de Berga y se le había ocurrido que podía preguntarle si no le importaría que me fuera unos días a su masía, en medio del bosque. Me gustaría irme a un lugar como ése con gente que no conozco.

SÁBADO, 21

Me he desahogado un poco llorando para eliminar la tensión de estos días, tras tantas pruebas médicas. Fui a caminar con Edwin y le pedí su opinión sincera sobre las manchas rojas.

—No creo que sea malo. De todos modos tampoco tiene sentido que nos preocupemos antes de tiempo, es mejor que esperemos primero a ver los resultados. Y sea lo que sea, la voluntad para cambiar esta situación la posees tú.

—¿Y qué sientes cuando ves a otras chicas? —le pregunté, ya que anoche fue a una fiesta de un compañero en Barcelona y sentía curiosidad.

—Nada, de verdad. Además, estaría mal si precisamente ahora me pusiera a tontear con otras mujeres. Y tampoco me apetece, no estoy de humor para eso ahora. Lo que sí me gustaría es que pudiésemos hacer el amor alguna vez. Hace ya mucho tiempo.

—No tengo ganas, ya lo sabes. Ya sé que hay que dar y recibir, pero ahora no es el momento para eso. Lo siento.

Lunes, 23

He dormido muy poco y tengo un nudo en el estómago. Me toco el pecho y noto zonas duras; no tiene buen aspecto. Estoy pensando en cómo reaccionaré si me dicen o leo en el informe de las pruebas que lo que tengo es malo. Estoy muy nerviosa. A veces, cuando recito el mantra «sé que todo es benigno porque lo he decidido así» obtengo la palabra maligno y me asusto. Aunque sí tengo claro que, me digan lo que me digan, no me voy poner más quimioterapia. Con sólo escuchar la palabra se me ponen los pelos de punta.

Antes de ir al hospital fuimos a una tienda a comprar una tortuga para el cumpleaños de Sara. Es muy pequeñita, no medirá más de 10 centímetros. Ya he decidido cómo se llamará: si es macho será Jordi y si es hembra, Fátima. Esto tiene una explicación: hoy es el día de Sant Jordi y por la tarde he ido a la catedral a ponerle una vela a la Virgen de Fátima. Estoy convencida de que a Sara le hará muchísima ilusión. Por mi parte estar en la tienda de animales me sirvió para no pensar en el hospital.

Después fuimos a recoger el resultado del TAC. Estaba nerviosísima y nada más salir de allí saqué el informe del sobre en el que decía que no había recidiva. La única noticia negativa era que había una pequeña mancha en el pulmón que había que seguir controlando. De los nervios me puse a llorar. Nos tocaba entrar enseguida a la consulta del médico, pero le pedí a Edwin que saliéramos un momento para calmarme. Me pidió que me tranquilizara, pero en realidad estaba llorando de alegría y le daba las gracias a todo el mundo. Pensaba levemente en la mancha del pulmón, pero no me importaba.

Cuando entré el médico estaba muy sonriente. Creía que era porque había visto los resultados de todas las pruebas, pero dijo que aún no. Al final, tras revisarlas, me confirmó que todo estaba bien. Fue muy tranquilizador, aunque el TAC ya me había calmado.

Me reconoció la piel y dijo que no sabe qué son las manchas, así que tengo que volver dentro de tres semanas para que el doctor Serra, el cirujano plástico, y él mismo lo vean. Si tras el reconocimiento siguieran albergando dudas me harían una biopsia y después me informarían de si podían ponerme la vacuna experimental.

Pienso que todo es benigno porque así lo he decidido.

Por la tarde fui a poner la vela a la Virgen de Fátima y me arrodillé ante ella para darle las gracias. Me siento muy agradecida. Lo que deseas se puede conseguir y todo ayuda. Después fuimos a la herboristería Manantial de Salud, situada detrás de la vía Laietana, que me había aconsejado el Lama, quien ya me había avisado de que allí debía ir sin prisas. Me atendió una mujer; menos mal, porque no me apetecía explicarle el problema del pecho al chico. Le enseñé la parte que se encuentra debajo del hombro donde había alguna mancha roja.

—Seguramente serán toxinas —comentó.

Aproveché para contarle que estoy siguiendo una dieta purificadora.

—Entonces eso me confirma que tu cuerpo está intentando eliminar lo negativo por donde puede.

Me dio una mezcla de hierbas con arcilla. Me explicó algo que no sabía y es que la arcilla debía quitármela de la piel en cuanto se secara porque absorbe las toxinas, pero si la dejas mucho tiempo esas toxinas vuelven a la piel. Es decir, que siempre lo he hecho mal, porque me dejaba la arcilla bastante tiempo.

La señora tenía una forma de hablar que parecía una monja, no se alteraba por nada. Es tan extraño ver a alguien tan absolutamente calmado que incluso al principio pensé que no estaba bien. Aunque en realidad creo que debe ser una mujer muy especial. El auténtico problema es que estamos tan poco acostumbrados a gente que tenga y transmita paz que nos parece extraño.

MARTES, 24

Aquellos que sabían que estaba preocupada ya conocen que las pruebas han salido bien. Don, nuestro vecino, dijo que había que celebrarlo. No obstante, todavía no quiero airearlo demasiado, pues aún no sé que me van a decir dentro de tres semanas, aunque seguro que no será nada malo.

Marcus me llamó para informarme de que puedo ir a la masía de sus amigos en Cercs. Me aseguró que el paisaje es precioso y le dije que seguramente lo haría dentro de un mes, fecha en la que mis vecinos del piso de arriba comienzan las obras de su casa y yo estaría más recuperada. Insistió en que me iría bien marcharme en ese momento, ya que es gente muy maja y me ve un poco depresiva. Pero primero me gustaría estar un poco más fuerte y conectar conmigo misma. Creo que mi estado anímico es bajo por la impaciencia que muestro siempre al querer saber demasiado rápido qué debo hacer. He cambiado el mantra ligeramente: «Las manchas rojas que tengo son benignas y antes del 17 de mayo de 2001 desaparecerán totalmente porque así lo he decidido».

JUEVES, 26

Me acabo de mirar el pecho y sigue estando muy rojo. ¿Por qué me preocupo si sé que es una reacción de la arcilla? ¿Es verdad que siempre voy a vivir preocupándome de algo? Quiero salir de esta dinámica. Sólo deseo vivir bien y sin preocuparme, intentando escuchar cuál es mi labor aquí y hacia dónde tengo que dirigir mis pasos.

Hace mucho calor estos días. He vuelto a pasear por la playa, sintiendo la sensación agradable de la arena caliente en los pies. La gente se tumba al sol y ya está muy morena. Me da envidia no poder sentir ese calorcito en la piel, pero estoy segura de que pronto podré hacerlo. Eso sí, me da lástima que con el buen tiempo haya cada vez más gente porque no tengo ganas de encontrarme con nadie.

Me senté un rato en las escaleras escuchando el sonido del mar y en verdad es una experiencia que te calma mucho, tal y como me dijo la señora que vende helados en el bar Kansas.

Hoy he hecho una tortilla para Edwin. No recuerdo cuándo fue la última vez que cociné para él.

Viernes, 27

Estuve con mi hermana en la herboristería. La señora le comentó que me veía muy agotada y realmente me sentía así. Me miró las manos, como si las estuviera leyendo, y me aseguró que me preocupaba demasiado por las cosas y por los demás. Repitió una frase que ya había dicho anteriormente: «hay que ocuparse de las cosas, no preocuparse».

Durante todo el día tuve un nudo en el estómago y ganas de llorar. Debería sentirme feliz con la situación, pero no era así porque siempre he de estar preocupada por algo. Al hablar con mi hermana le aseguré que, a pesar de todo, lo que me diferencia con mi forma de actuar de antes es que ahora digo lo que siento, aunque la mayoría de las veces sea negativo. Por ejemplo, cuando Edwin me comentó que había estado media hora con Judith, quien se encontraba en Barcelona y en aquel momento estaba sola porque sus amigas habían ido a comprar. Me siento celosa, pues físicamente me siento fea y cuando ve a chicas interesantes siempre me obligo a comparar, aunque sea la mujer de su amigo. Supongo que son situaciones que se me plantean para enfrentarme a ellas, pero a veces no sé qué hacer.

Lunes, 30

Nos hemos levantado a las ocho para darle el regalo a Sara, que hoy ha cumplido 11 años. Le hizo mucha ilusión. Ferran preguntó si la tortuga era de verdad y por qué se llamaba Fátima, pero no se puso celoso. Incluso comentó que le parecía muy poco regalo para Sara. Edwin estuvo buscando información en Internet y averiguó que se trata de una especie protegida, por lo que no se debería ni vender ni comprar. Prometo que vamos a cuidarla muy bien, la quiero mucho.

Edwin llevó a Sara y a sus amigas al SportsBar y todas comieron mucho. Pidieron una hamburguesa con patatas y no el menú de niños. Fue especial el momento en el que aparecieron algunos jugadores de fútbol americano del equipo de los Dragons de dos metros de alto y dos de ancho con el pastel y le cantaron el cumpleaños feliz.

Jueves, 3 de mayo

Me he puesto la arcilla y otra vez me entró miedo. Está cada vez más rojo y me han salido unos bultitos. Dios mío, no sé qué voy a hacer. He estado llorando un poco y ahora, escribiendo esto, me he calmado pero me preocupa... Tengo cada vez más manchas. Me gustaría mantener la confianza, pero las dudas me corroen. Dios mío, Señor, ayúdame a confiar en mí misma. ¿Qué es lo que he de aprender de todo esto?

De madrugada me pasó una cosa extraña. Me desperté, me toqué el pecho y lo noté duro. Pero no me importaba, ya que tenía la sensación de estar haciendo todo lo que puedo. Me sentía tranquila.

Viernes, 4

Fuimos a Barcelona para conocer a los amigos de Marcus, los dueños de la masía de Cercs. Parecen majos y son bastante jóvenes. No hablamos mucho, pero me cayeron bien. Viven en la masía desde agosto y su niño parece tranquilo. Es difícil sacar conclusiones en sólo media hora, pero la impresión ha sido positiva. Le pregunté al chico si quería que le pagara por la estancia pero me dijo que no. Llevaré algo de comida o puede que se me ocurra otra cosa. Quedamos en que el jueves, cuando salga de la visita a Graciela, Edwin me llevará hasta allí.

Estoy intranquila por irme sola con gente que no conozco, pero sé que he de hacerlo y me va a venir muy bien. Además, si quiero volver antes, pues llamo a Edwin y que venga a buscarme.

Me llamó Marcus para decirme que yo también le había parecido muy simpática a la chica. Me parece muy guapa, es una de esas personas que van sin maquillar, muy sencilla, pero me gusta este tipo de gente tan natural.

He estado llorando porque los cambios son complicados y me siento un poco insegura pensando en qué voy a hacer allí. Considero que son pruebas que debo pasar y he de enfrentarme a situaciones nuevas completamente sola.

Sábado, 5

A medianoche Edwin me trajo mi regalo de cumpleaños. No es lo que yo quería porque le había pedido una planta que se llama pata de elefante y me ha comprado una que se llama pie de elefante, muy diferente, que tiene que estar en la sombra.

Por la mañana Ferran fue el primero en venir a felicitarme. Me trajo un álbum familiar que había hecho en inglés y un CD de La Oreja de Van Gogh. Después me cantaron el cumpleaños feliz. Sara me regaló un bolígrafo y una pulsera, también me ha dibujado una postal en la que al final hay un dibujo y unas palabras en las que dice que no quiere que esté triste. Me ha emocionado mucho.

Además Edwin me ha comprado unas botas de montaña para poder salir a caminar por el campo cuando esté en la masía y que asimismo me pueden servir para las vacaciones de verano en los Picos de Europa. Cuando habla así no puedo evitar pensar en si voy a poder ir...

Estuve hablando un rato con Edwin para contarle el miedo que siento y que tal vez esté huyendo al marcharme una semana a la montaña. Aun así cada día que pasa tengo más claro que debo hacerlo. Me satisfacen las conversaciones que tengo con él porque es muy lúcido e intenta que exprese todo lo que deseo de mí misma, de él y de nuestra relación. El problema es que ni yo lo sé, sólo tengo claro lo que no quiero (tal como dice Andrés Calamaro en su canción). Pero en algunas ocasiones me beneficia hablar con él. Sigo pensando que cuando me aclare todo será más fácil, pero para eso necesito estar sola y recapacitar.

Esta noche Edwin ha preparado una zarzuela buenísima. Era plato único, así que no comimos en exceso y a los niños también les gustó. Antes y después de la cena estuvimos jugando al uno, un juego de cartas que hace poco me enseñó Esther y al que desde entonces no he parado de jugar. Me divierte y al final nos acostamos tardísimo.

Martes, 8

Preparé la mochila de Ferran, que se irá unos días de colonias con el colegio. Según él, debo estar contenta de que se vaya porque cuando el otro día me enfadé y me dijo que se iba a vivir con los yayos, le contesté que no me importaba. Muchas veces estoy tentada de pensarlo y no quiero, pero realmente necesito una tregua y estar unos días sin niños. Soy consciente de que no los veo mucho, pero es que me alteran en extremo. La historia no varía: peleas y gritos, y siempre cuando estoy hablando por teléfono.

Hoy he oído llegar a la señora del piso de arriba. Decidí poner la música muy fuerte para que se dé cuenta de que aquí no hay tanta paz como ellos piensan. Lo cierto es que no me apetece nada que vayan a hacer obras durante seis meses. Preferiría que vinieran a vivir otras personas.

XV

El olor a tierra mojada

CERCS
JUEVES, 10 DE MAYO DE 2001

Son las nueve de la noche y estoy fuera escribiendo en la montaña, disfrutando de un paisaje precioso y del sonido de los pájaros. Supongo que pronto tendré que entrar en la casa, pero mientras haya luz y no tenga frío me quedo aquí.

Hoy al mediodía, antes de que Edwin me trajera, estuvimos en la consulta de Graciela y mientras íbamos en el coche hablamos un poco de la semana que voy a pasar aquí.

—Espero que no te guste demasiado vivir en una masía alejada en la montaña porque luego querrás vivir así —bromeó.

—Ya te he dicho otras veces que esa forma de vida no va conmigo —le contesté.

—No sé, nunca se puede descartar nada. Si después te entusiasmas...

Le dije a Graciela que últimamente me siento mejor hablando con Edwin y que de este modo me siento más unida a él. Es como si nos comprendiéramos un poquito más o al menos yo me siento más comprendida. Me aseguró que veía un poco de luz en nuestra relación.

El lugar donde me encuentro ahora es precioso, situado en medio del bosque, con un pequeño río junto a la casa y donde se respira un silencio impagable. Es una pareja encantadora, muy natural, y me siento muy cómoda con ellos. Se llaman Marie, alemana, y Yorgos, griego. Tienen una perra que se llama Bruixa y que me ha caído muy bien, pese a que al llegar pensaba que no tenía ganas de perros.

Cuando se fue Edwin, me fumé un porro con Yorgos y estuvimos hablando un poco de Marcus. Es también de la opinión de que es un hombre muy especial y de que toda la gente que conoce a Marcus es igualmente especial.

Me fui a pasear y Bruixa me acompañó durante todo el camino. Me resulta agradable su presencia.

Por la noche Yorgos estuvo trabajando con unos dibujos. Marie le estuvo ayudando y me sentía un poco rara, aunque me gustó la experiencia, ya que utilizó parte de una idea mía. No sé por qué me siento tan inferior. Me gusta que me haya pasado esto, es una manera de enfrentarme a mí misma y a mi inseguridad.

Me puse a fregar los platos y Marie no paraba de darme las gracias.

—No me lo digas más porque soy yo quien debo estaros agradecida por acogerme.

Hablamos mucho del cáncer, lo que por otra parte es lógico. El padre de Yorgos murió de esta enfermedad y a la madre de Marie se la diagnosticaron dos veces y en las dos ocasiones se equivocaron.

Hoy he tenido todo el día la peluca puesta, pero espero tener mañana el valor de salir con el pañuelo. Las manchas continúan muy rojas, pero sé que es benigno y que antes del 17 de mayo de 2001 habrán desaparecido completamente porque así lo he decidido.

Me alegra sentirme tan a gusto aquí, aunque sólo de pensarlo me entran ganas de llorar. Llamé a Edwin porque tenía ganas de darle las buenas noches.

Todo esto está siendo tan complicado para él, para mí y para nuestra relación que seguro que vamos a salir beneficiados, aunque los frutos todavía no se vean.

VIERNES, 11

Lo he decidido, no me voy a poner la peluca.

Esta noche he pasado mucho frío, me he estado poniendo y quitando calcetines y una chaqueta para dormir y me he despertado con la nariz helada. Cambiaré de habitación. Mi reflexión de esta mañana ha sido que ir a vivir a la montaña significa pasar mucho más frío y no me gusta. Yorgos me contó ayer que aquí en septiembre ya empieza a hacer frío, mientras en la costa tenemos muchos más meses de calor. Está bien comprobar este tipo de cosas. No obstante, me encantaría tener una masía para venir de vez en cuando o pasar fines de semana.

Di un paseo por el mismo camino de ayer, aunque esta vez llegué más lejos. Bruixa volvió a acompañarme. Me notaba cansada, tuve que descansar varias veces y al final me tumbé. Vi volar un pájaro y me entraron ganas de llorar. Releí por enésima vez el libro de Carlos Castaneda *Viaje a Ixtlán* y siempre descubro cosas nuevas. Todo lo que leo me está pasando a mí en estos momentos. Estoy rara, quería hacer la recapitulación pero no pude. No quiero forzarme. Ya estoy impaciente y sólo llevo un día aquí. Quiero aprovechar al máximo el tiempo y lo primero que tengo que hacer es trabajar con mi paciencia.

Yorgos me propuso acompañarme. Empezamos a hablar un poco de las familias y me confesó que durante mucho tiempo se había sentido furioso con su padre. En la actualidad hay mucha más gente en mi vida y casi todas las personas que conozco tienen problemas derivados de la infancia. ¿Qué pasa con los padres? Debe de ser muy difícil ser padres.

Yorgos es un chico muy sensible, me gusta mucho. Me parece que hacen muy buena pareja. No les conozco profundamente, pero me dan buen rollo.

Me llevó por un camino que va hacia el pueblo y es mucho más bonito que por el que yo estuve paseando, pero no sé si seré capaz de encontrarlo sola.

Domingo, 13

Me preguntaron si quería ir con ellos a comer a casa de un amigo que vive en un pueblo abandonado. Rehusé su invitación. Por una parte es que prefiero seguir con mi dieta, pero también es porque no me apetece, ya que no he venido aquí a hacer vida social, sólo a estar tranquila.

Hoy me he dado cuenta de que echo mucho de menos a Edwin. Estoy muy bien sola, pero sentir que alguien te da amor es realmente muy hermoso. He tenido suerte con él porque estoy segura de que me quiere muchísimo. Tengo ganas de poder complacerle en todos los sentidos. Cuando Marie y Yorgos se fueron volví a llamarlo para decirle que le echaba de menos. La respuesta que me dio es que algo bueno tiene que me haya ido.

Esta mañana he estado tumbada mirando las nubes, el verde que me rodeaba, los insectos, todo lo que alcanzaba mi vista. Me fui al río, donde me encantó escuchar el sonido del agua. Es un lugar muy especial en el que noto como si todo mi cuerpo se limpiara con esa agua. Abracé a un árbol que sentí que me llamaba y a la vuelta volví a hacerlo. Me gusta la sensación que me produce encontrar un árbol: a la ida y a la vuelta siempre le pido energía y funciona.

El paseo de hoy ha sido muy agradable. Hay algo en las montañas que me atrae. Y después están los pájaros. A mi regreso pensaba que no los vería y justo entonces apareció uno, lo que me dio mucha alegría. Estuve observando cómo vuelan, me gusta esa tranquilidad que tienen en el aire, transmiten paz y tienen tiempo para observar.

Veía que el cielo se estaba oscureciendo y al volver a casa empezó a llover. Se desató una tormenta muy fuerte con rayos y truenos que me dieron un poco de miedo. Era la primera vez que vivía una tormenta en la montaña y estaba completamente sola. Incluso pensé en llamar a Edwin, pero decidí que no lo haría porque si estaba sola sería por algo. Se levantó un aire fuerte y mientras llovía salió el sol. Los colores de la montaña eran increíbles, podía observar toda la gama de verdes. Y además olía a tierra mojada. Un espectáculo maravilloso.

Lunes, 14

Yorgos me propuso llevarme arriba en coche a un lugar situado en la montaña donde hay un castillo y desde el que podía regresar caminando. Al subir me enseñó una vieja masía que necesitaba casi una reconstrucción completa porque está toda derrumbada, pero que se encuentra en un enclave encantador frente a una montaña de roca. Ya me imaginaba ahí. Me contó que es de un hombre del pueblo que no la quiere vender. Me explicó que estas casas suelen ser herencias a repartir entre varios hermanos y siempre surgen problemas. Por lo visto, si ellos no la pueden disfrutar, tampoco quieren que lo haga nadie más. Espero que no sea verdad, porque diría muy poco a favor del ser humano.

Nos detuvimos y pude ver que habíamos llegado a una explanada muy grande donde había caballos sueltos. Fuimos a verlos aunque me dan mucho respeto. Yorgos me dejó allí con Bruixa, que ha vivido mucho tiempo por aquí, y bajó en el coche con Miltos, su hijo. Cuando empecé a caminar llamé a Bruixa, pero no apareció. Me sentía un poco responsable, pero pensé que todos estos días me había seguido, aunque a veces llegase media hora más tarde. Y efectivamente al poco tiempo apareció.

Me parece que Edwin se asustó cuando le dije por teléfono que había visto esa masía. Le expliqué bien que no sería para vivir, pero que me encantaría tener un lugar como ése para aislarme de vez en cuando y venir los fines de semana.

Por la tarde fui caminando a ver la casa, aunque sólo llegué a una más pequeña situada cerca. Lo cierto es que me conformaría con esta, que tiene una planta baja y otra superior. Arriba pondría el comedor con cocina y abajo las habitaciones. Como casa para fines de semana sería más que suficiente. Seguro que no piden mucho dinero. Un nuevo objetivo a conseguir en mi vida...

Estuve sentada escuchando el atardecer. Me pasa como a Castaneda, me siento mejor a última hora, me gusta cómo huele a esa hora y el color que se apodera del paisaje. Me encanta también andar por donde la tierra está un poco blanda, incluso me metería en los charcos. Estoy empezando a entender a los niños.

Martes, 15

Anoche, antes de dormirme, hice la meditación del Buda de la Medicina, pero todo lo relacionado con la religión me cuesta un poco. Soy creyente pero, como no estoy acostumbrada, me es difícil asimilar que de verdad me puede ayudar y eso que confío muchísimo en el Lama. Supongo que tienes que estar inmersa en el ambiente y vivirlo, por eso me cuesta hacer la meditación estando sola. También puede ser porque es algo nuevo para mí.

Me hace ilusión volver a casa y ver a mis niños, aunque aquí estoy de maravilla. Aparte del paisaje voy a echar de menos el silencio. Cada día lo necesito más. Hoy ha sido mi último día aquí y estoy convencida de que voy a añorar estas vistas. Agradecí a Marie y Yorgos su hospitalidad, ya que me he sentido muy cómoda con ellos y les invité a venir a casa en Sitges si les apetecía. Quedamos en que volveríamos algún día con los niños porque quiero que vean lo bonito que es este lugar. Estoy segura de que podría vivir en un sitio como éste, pero a los niños les haría una putada. Lo mejor es disponer de una casita para venir de vez en cuando.

Tengo la impresión de que el pecho está muy tenso. Anhelo que toda esta porquería salga y poder así recuperar toda mi energía para utilizarla en mi misión. Marie me ha asegurado que me ve más fuerte que el día que llegué y yo también lo pienso. Me siento menos cansada, mis piernas aguantan mucho más, aunque hoy me dolía un poco la derecha. Abracé a mi árbol y le pedí que me dejara de doler. Al poco tiempo ya no me dolía. He aprendido que cada día respeto, quiero y disfruto mucho más de la naturaleza.

Miércoles, 16

Cuando esta mañana fui a dar mi último paseo, Bruixa no estaba fuera. Me fui sola, pero cuando ya estaba en el bosque apareció. Me dio mucha alegría porque quería hacer esa última caminata con la perra. Esta vez no he visto a las aves rapaces. Ojalá hubieran aparecido.

Me hizo mucha ilusión ver a Edwin, aunque no fui demasiado espontánea.

Antes de marcharnos me acerqué con él a ver la vieja masía y esta vez sí la encontré. El camino empezaba detrás de la casa pequeña, pero hasta ahora no había sido capaz de dar con él. Es una masía construida en la roca, mucho más grande que la casita, pero está en ruinas, como si se hubiera quemado. Creo que la pequeña ya sería suficiente y la explanada es mucho mejor.

Seguro que regresaré a este sitio. También me alegro de haber conocido a esta pareja.

Estoy preocupada por el pecho, tengo miedo, esta tarde me pareció encontrar un ganglio hinchado y me puse histérica. No paraba de tocarme. De todas maneras, mañana saldré de dudas. No deseo escribir todo el tiempo sobre este tema porque en realidad tampoco sé qué decir. Todo se resume en una sola palabra: miedo.

Necesito ayuda, mucha ayuda, mucha fe y mucha confianza y así eliminaré todo lo malo de mi cuerpo. Voy a vivir, voy a disfrutar y voy a ayudar a otras personas. Necesito hacerlo porque también me servirá a mí.

Edwin está convencido de que con todo lo que estoy haciendo no puede ser malo, ya que si las manchas rojas fueran malignas, con todas las que tengo, sería imposible que me encontrara tan bien.

SÉ QUE TODO ES BENIGNO PORQUE LO HE DECIDIDO ASÍ.

XVI

¿Qué hago en un pueblo de playa?

SITGES
JUEVES, 17 DE MAYO DE 2001

En estos momentos me encuentro bastante tranquila, pero hoy mis emociones se han disparado y es como si hubieran estado montada en una montaña rusa que no se detenía. ¿Qué ha pasado? Pues lo que temía, los médicos me han confirmado que la enfermedad se ha vuelto a reactivar. Creo que fue la primera vez que no tuvimos que esperar para entrar. No estaba Escobedo, el oncólogo, sino el doctor Serra con otros dos médicos más, un hombre y una mujer. En cuanto me miró ya sabía lo que pensaba. Realmente no es muy esperanzador porque comentaron que tendría que hacer más tratamiento. Le pedí a la chica que llamara a Escobedo, quien poco después vino y nos explicó que en tres semanas había cambiado mucho y estaba bastante peor.

Nos sentamos e intentó hacer bromas sobre mi collar y mis pantalones, pero yo no estaba de humor. Mientras me proponía el tratamiento, se escuchó un trueno fortísimo. Era un día muy oscuro en todos los sentidos y al escribir ahora pienso que fue una señal para indicarme que todo esto es una tormenta pasajera.

No fui capaz de preguntar nada, Edwin era el que hacía todas las preguntas. Escobedo expuso que ya me habían hecho dos tratamientos muy fuertes y no habían funcionado. Según el médico, la posibilidad de la que disponíamos ahora era el trastuzumab, el cual tiene efectos secundarios, pero menores que la quimioterapia. Provoca reacciones en la piel y cansancio. Yo sólo decía que no quería nada más, que estoy harta de tratamientos.

—Piénsatelo —sugirió Escobedo—. Pide cita para dentro de dos semanas y piensa en lo que quieres hacer.

Pero lo único en lo que podía pensar era en salir de allí y le pedí a Edwin que nos fuéramos. Estaba llorando, me sentía fatal y deseaba huir. Edwin y Escobedo estaban hablando, los demás miraban y yo no podía más que llorar. Todo un cuadro.

Cuando salí la enfermera me preguntó qué pasaba.

—Lo siento —me dijo. Fue como si me hubiera dado el pésame. En aquel momento no pensé nada porque no podía, pero ahora mientras lo escribo me dio esa impresión. Podrían tener un poco más de delicadeza.

Nos metimos en el coche y no podía dejar de llorar. Me sentía como si me hubieran anunciado mi sentencia.

Quise que Edwin llamara a Rafa para pedirle el teléfono de una señora que había seguido un método alternativo. Me habló del tratamiento de un médico italiano bastante caro. Al principio no lo quiso hacer, pero sus hijos le insistieron. Empezó hace dos años y medio y ahora ya casi no tiene células cancerígenas. Por último, me dio el número de una naturista que es quien le puso sobre la pista.

Más tarde la naturista me explicó que el tratamiento es para todo tipo de cáncer y en cualquier estado porque además mejora la calidad de vida y quita el dolor. Es el tratamiento más alternativo que existe y suele durar dos años y medio y cuesta entre 125.000 y 150.000 pesetas al mes. Me parece mucho dinero, pero no me importa y a Edwin menos. En principio la naturista hace una dieta y te proporciona algunas hierbas. Dice que todos los tipos de cáncer son emocionales. El del pecho está relacionado con problemas de pareja o de hijos. Desde luego conmigo dio en el clavo. Me aconsejó que sería mejor ir a Italia para seguirlo. Me parece interesante y quiero más información, así que Edwin la buscará en Internet.

Más tarde Edwin llamó a Graciela. Tenía muchas ganas de verla. Al recibirme no se sorprendió y de su boca no salieron palabras como «pobrecita» ni nada por el estilo. Yo seguía llorando y me aconsejó que lo viera como un obstáculo más, una puerta por la que tengo que pasar. Me preguntó lo que me sugerían los médicos y le expliqué lo del tratamiento con trastuzumab. Está bastante a favor y comenta que es una herramienta más. Le hablé del médico italiano y le pareció mejor que me informara primero. Pero ante todo me pidió que meditara y pidiera ayuda para tomar esa decisión; opina que decida lo que decida será la opción correcta para mí, pero que no lo haga en caliente.

Me hizo sacar unas cartas.

Creatividad.

Compasión.

Deleite.

Me dijo que agrupara estas palabras. La creatividad es algo nuevo que tengo que probar. Compasión no es pena como se suele entender, sino que quiere decir amor. Y deleite significa diversión, aprovechar el presente.

Me fue muy bien estar con ella porque me situaba de nuevo en el camino, aunque eso ya me pasó cuando salí del médico y me metí en el coche. Tenía la sensación de que no iba a morir, tengo mucha fuerza y voy a sacarla toda. Es una lucha durísima que ahora mismo no entiendo porque estoy en plena batalla, pero sé que cuando venza todo esto va a tener un significado.

Graciela me aconsejó no decirle nada a mi madre porque la voy a hundir y necesito su ayuda. Añadió que no se lo cuente a nadie, sólo a los más allegados, ni siquiera a los amigos. Piensa que la energía no se tiene que dispersar.

Al salir de la consulta fuimos a comer a la Buena Tierra, un restaurante vegetariano de Gracia. De primero tomé sopa de manzana y curry, de segundo, una ensalada y, de tercero, coliflor con ajos tiernos. Desde luego el hambre no se me ha quitado. Además, me sentía más animada. Es cierto que tengo momentos, pero ahora no estoy tan apagada porque veo un camino, una luz. Considero que tengo fuerzas, aunque ahora sigo en un estado de *shock* y no sé cómo reaccionaré.

No sé cómo se siente Edwin. Él ya sabía lo que tenía pero confía en mi fuerza. Sigo pensando lo que ya he dicho anteriormente, que su situación no es fácil. Acaba de darme unas hojas con información de Internet y no dice nada positivo sobre el tratamiento del médico italiano. En realidad se trata de un personaje muy polémico.

Por la noche vino Marcus, quien me recordó que el sitio de la montaña es muy especial para mí y que no me olvide del amor que sentía por la perra. Me aconsejó que me tranquilice y que piense en qué quiero hacer, aunque opina que me iría muy bien volver otra vez allí. No puedo evitar pensar que me parece un abuso.

—Veo mucha fuerza en ti —aseguró.

Aunque Edwin dice que pese a todo, he estado bastante bien durante todo el día, me siento más débil. Marcus me habló sobre Edwin y opina que tiene muy buen corazón. Es verdad, me siento orgullosa de él, a veces se queja pero tiene muy buen fondo.

Por la noche pusimos *Around the bend*, una canción de Pearl Jam que nos gusta a los dos y en la que se dice que tras la curva luce el sol. Nos abrazamos y estuve llorando. Supongo que estos derrames de lágrimas serán habituales a partir de ahora.

Llamé también a Carmen para preguntarle sobre el médico italiano. Dijo que le da mala espina. Me aconsejó que sobre todo no tome el sol porque lo que me han diagnosticado es una metástasis en la piel. Era lo último que me faltaba, no poder tomar el sol viviendo al lado de la playa.

Le pregunté por qué cree que me ha vuelto a salir y piensa que puede ser un efecto secundario de la quimioterapia. Aunque los médicos no lo digan, es un tratamiento que baja la inmunidad y eso puede dar pie a la enfermedad. Me aconsejó que siguiera poniéndome avena en la piel y me comprara un aceite de germen de trigo.

Le pregunté a Edwin cuándo habló con el médico. Me dijo que después de la operación una doctora le llamó y le dijo que lo mío no tenía buen aspecto. Posteriormente Escobedo le comentó que, cuando yo iba por la cuarta sesión de quimioterapia, sospechaba de las manchas rojas pero que el tratamiento, tal como indicaban los marcadores, no iba mal.

Tras un día tan largo y lleno de emociones tengo mucho sueño. Me apetece que Edwin me abrace para dormirme. ¡Buenas noches! Os pido ayuda, ya que es la mejor solución a mi problema. De todas maneras sigo pensando que lo que tengo es benigno porque así lo he decidido.

¡Un beso!

VIERNES, 18

¡Vaya nochecita! He dormido bien hasta las dos de la madrugada, pero me desperté con molestias en el pecho que a veces llegaban hasta la espalda. Puede que sea psíquico, pero desde ayer tengo la impresión de que todo ha aumentado. Me puse ungüento de própolis en el pecho para ver si mejoraba.

Estoy muy asustada y se me pasan muchas cosas por la cabeza como, por ejemplo, que voy a empeorar muy rápido. Esta noche necesitaba que Edwin me abrazara, le quiero mucho. Antes de dormirnos me dijo que le despertara si lo necesitaba. Realmente está soportando bastante presión y me confesó que espera que me porte tan bien como ayer porque me vio muy fuerte. Hoy tiene que trabajar, aunque le hubiera gustado quedarse, pero procuraré estar acompañada.

Llamé al monasterio y me explicaron que en principio el Lama no va a recibir visitas durante las próximas semanas. Insistí mucho y le expliqué a Andreu la razón. Al final accedió a que fuera por la tarde y me sugirió que les ayudara a enrollar mantras para la estupa porque tal vez en algún momento el Lama pudiera atenderme.

Cuando llegué quedaba todavía bastante trabajo, ya que el proceso de enrollar mantras comienza por mojarlos en agua azafranada, luego se tienden y por último se enrollan. Es un trabajo que tendré que hacer cada vez que vaya, pero me gusta, me parece entretenido. Cuando terminé eran casi las seis de la tarde y Andreu me comentó que el Lama no me podría ver. Le esperaban unos tibetanos y debía irse. Esperé a que bajara, le saludé y me dijo que el sábado hablaríamos.

Sábado, 19

Hoy me encontraba en la cama con la sensación de que ya no sé qué más hacer. He de concentrarme en mis cosas pero me siento muy perdida. De repente se me ocurrió que quiero irme de aquí. ¿Qué hago en un pueblo de playa si no puedo tomar el sol? Tengo ganas de irme al campo, de no tener horarios y de cambiar muchas costumbres. Edwin me comentó ayer que había pensado coger una excedencia; eso significaría que trabajaría desde casa y le pagarían por reportaje, pero ya no dispondríamos de las 300.000 pesetas fijas de ahora. A mí me parece que sin este dinero no podremos pagar mis tratamientos, las pastillas de Carmen, etcétera. Me comentó que quería hacerlo porque a mí me apetece marcharme durante bastantes semanas a otros sitios como el monasterio y así mi madre no tendría que venir cada vez que yo estuviese fuera a quedarse con los niños.

—Si quieres hacer algo así será porque piensas que mi situación es bastante grave —le dije.

Mi contestación no le gustó.

—Si vas a pensar eso no cogeré la excedencia —me aseguró.

Sin embargo, sigo pensando que ése es el motivo porque anteriormente nunca he escuchado a Edwin proponer algo semejante.

Es muy grave lo que tengo, pero sigo pensando que voy a vivir y me voy a curar totalmente.

Le comenté a Edwin lo que opino sobre ir a vivir al campo. Ahora mismo no lo veo viable porque primero quiero ver cómo evoluciona la enfermedad y si mejora mi deseo es marcharme.

—Está bien que pienses en estas cosas y en especial que lo afrontes de manera positiva.

—Lo que pasa —confesé— es que me daría pena dejar esta casa. Es el sitio con el que siempre había soñado para vivir.

—Pero en otro lugar también podremos encontrar una casa muy bonita —me contestó.

Además, si vendemos ésta por un buen precio, ya que ahora todo está muy caro aquí, y encontramos una vivienda mucho más barata en la montaña, nos ahorraríamos la hipoteca. Él podría trabajar por su cuenta y viviríamos todos juntos allí.

Me alegró la reacción que tuvo. Enseguida ve el lado positivo de todo, nada le parece imposible.

Domingo, 20

Las noches siguen siendo un poco duras para mí. Quiero sacar fuerzas, pero tengo mucho miedo y no sé qué hacer. He visto que tenía el brazo un poco rojo. Yo ya no sé qué es pero cualquier indicio me hace sospechar. Dios mío, ¿cómo paro esto? Estoy pidiendo respuestas y no sé si estoy tan bloqueada que no las escucho. Hoy al despertarme tuve de nuevo la sensación de no saber qué hacer. Pienso que lo mejor es luchar y ponerme metas.

Por favor, necesito que me ayudéis a sacar fuerzas. Estoy fuerte, es sólo mi mente la que se está debilitando y precisamente es de ella de donde he de obtener la fuerza. Sé que tengo que hacerlo sola pero dadme un empujón, ponedme en el camino y continuaré sin más compañía. En este momento no veo cuál es la senda a seguir.

Lo que me provoca más pánico es sufrir. Siempre pienso que si tiene que llegar el fin que sea rápido, que me pille de sorpresa, por ejemplo que me dé un ataque al corazón. Sé que no debería planteármelo pero no lo puedo evitar. Sin embargo, es importante para mí vivir y escribir sobre estas cosas que me dan miedo. Aquello que nosotros mismos creamos se puede eliminar. Tú lo creas y tú lo haces desaparecer. ¡Joder! ¿Por qué no lo siento así?

Ha sido un día durillo en el que hemos pasado mucho calor. Me pregunto qué he de hacer porque esta mañana me sentía muy triste, y de nuevo le expliqué a Edwin que quiero marcharme de aquí. Ya no hay nada que me atraiga del pueblo: ni los bares ni la playa y tampoco me apetece pasear por temor a encontrarme con alguien. Quiero ir a un sitio donde no me conozca nadie ni me puedan hacer preguntas. Edwin me sugirió que para cuando los niños tengan vacaciones podemos buscar una casa y marcharnos allí a pasar las vacaciones.

Me complace en todo lo que digo y cosas como ésta me hacen sospechar que la situación es muy crítica. Hace poco estuve leyendo sobre el cáncer de piel en el periódico y después se lo comenté, pero su respuesta fue que lo mío no es cáncer de piel, ya que su origen está en el cáncer de mama. Prosiguió explicándome que el médico no le había dado muchos detalles, pero que tiene que ver con la linfa. Ayer escuché por primera vez la palabra a la que tenía tanto miedo: metástasis. Ahora la padezco yo, ni lo había pensado pero es así, la enfermedad se ha extendido a otras zonas.

Reflexionando sobre ayer, soy aún más consciente de que viví un día horrible porque cuando el médico te desahucia tienes muy pocas posibilidades y eso provoca que mis fuerzas flaqueen y que dude mucho de mí misma. No veía ningún camino despejado.

A los niños les comenté que cabía la posibilidad de que nos fuéramos a vivir al campo. Ninguno está de acuerdo, pero Sara está especialmente disconforme y no quiere ni oír hablar de irse de su colegio.

Edwin me dijo ayer que no le agrada que me retire sola en una masía o en el monasterio y quiere estar a mi lado. Todo esto me hace sospechar mucho. A pesar de lo que me dijo Edwin, tengo muchas ganas de irme una semana al monasterio porque necesito alejarme y pensar, no sé en qué, pero he de sentirme libre para oír qué voy a hacer y para ello hace falte que esté sola.

LUNES, 21

Ha sido muy especial lo que me ha sucedido hoy en casa de Carmen, la dietista. Ahora entiendo qué es sentir amor porque allí lo he percibido.

Debía encontrarme con María Rosa, una señora que me iba a contar su historia, pero antes entró un matrimonio joven. Seguro que no fue casualidad, estaba previsto que escuchara también su historia. Carmen les contó lo que me pasaba y la chica empezó a exponer que ellos habían perdido su hijo por culpa del cáncer. Carmen les había ayudado enormemente y habían aprendido muchísimo de la experiencia con su hijo. Gracias a él encontraron otros caminos. Ahora son vegetarianos y tienen otra filosofía de vida. Yo no podía parar de llorar, era la primera vez en mucho tiempo que no lloraba por mí, sino por otros. Además, me di cuenta de que tengo suerte porque ellos lo están pasando realmente mal. Finalmente el chico no aguantó más y también se echó a llorar.

Estoy muy agradecida por haber conocido a estas personas. Cuando entraron ya sentí que eran especiales.

María Rosa es una señora que exteriormente no tiene nada que ver conmigo, pero por la que siento un gran respeto, ya que es una mujer con mucha fuerza. Estuvo hablando un poco de su caso, hace trece años le detectaron el primer cáncer. La operaron de los pechos, la vaciaron y estuvo tres años con quimioterapia. Posteriormente sufrió de varias metástasis en el pulmón. Una de las veces le pusieron una dosis de quimio tan fuerte que su corazón se quedó al 20 por ciento de su funcionamiento. Ya no daban ni un duro por ella.

Nos contó una historia del pueblo de su madre en el que vive una señora que ahora tiene ochenta y pico años. Cuando era joven le detectaron un cáncer de huesos y la mujer tuvo que estar en cama sin moverse. Tenía dos hijas pequeñas. Mientras ella permanecía en la cama su marido murió y entonces ella se convenció de que no podía morir. Ahora tiene incluso bisnietos.

Cuando a la propia María Rosa le diagnosticaron el cáncer su hija tenía 10 años y se propuso que tenía que vivir por lo menos hasta que cumpliera 20. Ha vivido toda su enfermedad siguiendo la dieta de Carmen y además va todos los meses a un centro donde hace terapia de grupo. Me dio el número de teléfono. Después de escucharla hablar de su hija me propuse como meta ver nacer a la hija de Sara y estar presente en el parto. Ya soy capaz de imaginármelo.

Carmen nos explicó que no se puede auxiliar a una persona si ésta no quiere y también nos habló de cómo se puede ayudar a alguien cuando va a morir. En concreto ella lo hizo con su hermana. Asimismo, un chico al que había instruido para asistir a su padre llegado el momento, le comentó que cuando él muriera le gustaría sentirse así de amado. Tal como lo explicaba, la muerte no parecía nada horrible. Dijo que no hay que tener miedo porque nacer y morir es algo que va implícito con la vida.

Igualmente comentó que nadie me puede ayudar salvo yo misma. Así que lo mejor es que me ponga metas y tenga muchas ganas e ilusión de vivir.

No sé si olvido algo del rato que pasé en su casa, sería una pena. No obstante, las sensaciones que tuve no se pueden expresar sólo con palabras.

Por la noche, cuando los niños ya estaban acostados, me fui a caminar con Edwin. Me confesó algo muy fuerte, pero me alegro de que me lo dijera hoy, ya que después de la visita a Carmen y de que Marcus viniera a casa a verme me sentía bastante protegida. La conversación surgió cuando le hablé de la explicación de Carmen sobre que a una persona que se va a morir no se le debe mentir porque entonces no puedes ayudarla. Acto seguido me confesó que desde que conozco mi situación real se siente mucho mejor. Poco después de la operación le explicaron que la situación era muy complicada. Le pregunté si había tenido sentido comenzar con la quimio y me aseguró que habló con mucha gente y todo el mundo, incluso Camilo, le dijo que debía ponérmela.

También me habló de la doctora que le dio la mala noticia en aquella ocasión y que cada vez que se encuentra con ella por los pasillos del hospital todavía le mira con cara de pena. He decidido que dentro de cinco años iré a ver a esa doctora con las pruebas de que todo ha desaparecido de mi cuerpo. No es por venganza, al contrario, es para que quizás así aprendan y puedan ayudar mejor a otras personas animándolas y no poniendo cara de que ya todo está perdido.

XVII

Los mensajes de los pájaros

PALAU NOVELLA
MARTES, 22 DE MAYO DE 2001

Estoy sentada en el lago junto al monasterio. No sé qué me pasa porque esta mañana cuando venía hacia aquí para hacer un pequeño retiro pensaba que sería mucho más fácil que haber ido a la masía, pero estaba muy equivocada, ya que desde que he entrado he notado un nudo en el estómago y una profunda sensación de soledad que no tiene nada que ver con la gente.

Al mediodía Edwin me dejó aquí e Inés, una de las monjas, me acompañó a la habitación. Tiene dos camitas y estoy muy contenta porque tiene baño. Después me ha explicado las reglas del monasterio. A las siete de la mañana es la oración y a las diez y media de la noche se ruega tener todas las luces apagadas. Es decir, que me toca irme a dormir pronto.

Fui a la cocina, donde coloqué todas las cosas para mis comidas. Alex, el cocinero, es un chico muy simpático.

Estoy muy contenta de no haberme traído la peluca. Edwin me da mucho ánimo en este sentido y siempre me dice que estoy más guapa con el pañuelo que con la peluca. Es verdad, pero mi problema era que si no la llevaba la gente se daría cuenta de que estoy enferma. Sin embargo, como ahora se ha puesto de moda llevar pañuelo parece que se disimula.

Me he traído marihuana para poder fumar algún porro, aunque la regla de aquí es no tomar ningún tipo de droga ni alcohol. Si puedo dormir sin maría no fumaré.

La primera oración me fue bastante bien y me noté muy relajada. Cerré los ojos y sólo escuché; los monjes tienen una voz muy especial. Supongo que es un timbre que se ha de adquirir con la práctica.

MIÉRCOLES, 23

He comprendido que todavía tengo que encontrar lo que es bueno para mi cuerpo. Estoy un poco desesperada y sólo llevo un día aquí. No sé por qué pienso que en este lugar todo va a ir más rápido y exijo que me pase algo. ¡Es absurdo! Quizás posea más posibilidades de escucharme porque estoy más tranquila, pero debo ser más paciente. Mi problema es que no puedo esperar, ya que me urge que se produzca algún acontecimiento ya. He de estar muy pendiente para que no se me escape nada.

JUEVES, 24

¿Qué me pasa con los pájaros? Cuando los veo creo que traen mensajes, aunque no sé cuál es su significado. Según cuentan, los pájaros no traen siempre buenas noticias, pero tengo la sensación de que a mí sí.

Aún no he visto al Lama. Andreu me comentó que sabe que estoy en el monasterio y que me tiene presente, pero que estos días no va a poder atender a nadie.

Pili, una de las monjas, me contó que durante los días en que ella ha estado enferma en cama todos preguntaban si el Lama había ido a ponerle las manos, pero ella dice que no hace falta, ya que desde su habitación ora por todos y ahora que no ve a gente tiene mucha más energía. Le he explicado que duermo bastante mal en el monasterio, pero me ha explicado que es por la energía del lugar. Hay gente que precisamente por eso duerme muy bien, pero otros no. Hay que acostumbrarse a ella. Lo extraño es que anoche me dormí a las cinco de la madrugada y a las seis y cuarto sonó el despertador; sin embargo, apenas he acusado el cansancio durante el día. Hoy me siento cómoda, como si llevara ya mucho tiempo aquí. Tranquilidad es precisamente lo que necesito. Podría quedarme una larga temporada.

Después de unos días de ir conociendo a la gente me di cuenta de que nada es lo que parece. Si te abres, los demás cambian y también te dejan ver más de sí mismos. Me gustan estas nuevas experiencias y que mis propios cambios también repercutan claramente en los demás.

Durante el ritual el Lama nos mandó hacer dos meditaciones. La segunda fue impresionante porque vi al Lama como una de las figuritas que ellos hacen para la estupa, sonriéndome y pellizcándome en un moflete. Fue muy extraño. Hubo momentos en los que tenía ganas de llorar e incluso se me escaparon algunas lágrimas, aunque nadie se dio cuenta.

Durante la oración sentí que amaba a todo el mundo. Todo esto es tan nuevo para mí que me sorprende.

Viernes, 25

Cuando estaba liando los mantras para la estupa vino Andreu a ejercer un poco de terapeuta. Le comenté que dormía mal y me confirmó que era por la energía del monasterio. Asimismo insistió en que debo tomar una determinación y plantearme qué es lo que tengo que aprender.

—Estas cosas pasan en la vida para que podamos escoger nuestro camino —dijo—. Tienes que ayudar a la gente, seguramente a otras personas que padezcan tu misma enfermedad porque quien ha sufrido lo mismo es quien mejor puede comprender.

Lo tengo cada vez más claro y me gusta que los budistas no obliguen a prestar esta ayuda en un monasterio, sino que puede ser como voluntaria en una ONG o cualquier otra cosa: lo importante es ayudar, sea donde sea. Ante todo es importante mantenerse en el presente porque nadie sabe cuándo nos va a llegar la muerte y hemos de ser conscientes de todo lo que hacemos.

Cuando Andreu se fue seguí enrollando los mantras y me di cuenta de la importancia de sus palabras. Estoy colaborando con los demás y contribuyo a que sea posible construir la estupa. Ese monumento siempre existirá y será una muestra de ayuda.

Aquel día apareció el Lama y se dispuso también a liar mantras. Se sentó en el suelo, casi no se podía mover por los dolores que padece, pero esa posición es la que le resulta más confortable. Tiene cara de felicidad. Un poco más tarde llegó un monje tibetano y ambos hablaron y se rieron. El tibetano me preguntó si yo era budista y le dije que no. Para pasar las hojas de los mantras las chupaba y el monje tibetano me pidió que no lo hiciera porque el proceso tenía que ser muy limpio; incluso comentó que sería mejor ponerse una mascarilla para no mancharlos con microbios.

Me gustó tener al Lama allí junto a mí. Supongo que tiene una energía especial que me puede beneficiar. Me preguntó cómo había pasado los días aquí.

—No han sido fáciles —respondí.

—Es normal —me contestó—. No son unas vacaciones y el monasterio tampoco es un hotel. Es normal que te sientas de ese modo. Además, mientras más sufrimiento de este tipo tengas, más te ayudará. Así es como sale todo lo malo. Y sobre todo, dedícate a ti misma.

Me puso como ejemplo a él mismo, quien esta semana había tenido que encerrarse en su habitación y no ver a nadie.

—¿De qué sirve si yo muero ahora? Hay que luchar. La vida es así. Vence o si no te vencerán.

Pese a la dureza he aprendido mucho estos días. Es buena gente y me voy con la sensación de que todo el mundo tiene un fondo bondadoso si lo buscamos. He comprendido que la vida podría ser idílica si nos esforzáramos. Después de estos días admiro aún más que antes el trabajo del Lama. Reconozco que es una persona que no te ayuda del modo en el que, supongo, los seres humanos buscamos, es decir, dándonos soluciones. Sólo nos incita a buscar dentro de nosotros mismos.

Tras volver a casa se lo comenté a Marcus. Dice que el budismo le parece interesante, pero tiene miedo de que me distraiga con esto y no obtenga todo lo posible de mí. Sin embargo, creo que a mí me funciona.

Sitges
Domingo, 27 de mayo de 2001

Me encuentro muy a gusto escribiendo en el jardín de casa, pero sé que necesito salir. Comenté con Edwin que seguramente me iré una temporada más larga al monasterio, no sólo cinco días, y he decidido hacerlo mucho antes de lo que me esperaba, esta misma noche. En casa mi mala leche está a flor de piel porque quiero las cosas de una manera y para conseguirlo tengo que luchar con los niños y lo cierto es que no tengo ni ganas ni energía. Entiendo que a Edwin le pueda sentar mal que me vaya, pero no me importa. Mi único deseo es ponerme bien y voy a aprender a pensar sólo en mí misma.

Desde hace mucho tiempo tengo la sensación de que Edwin está siempre de mal humor. Me habla de tal manera que no percibo lo que realmente le hace ilusión.

Esta tarde, sin embargo, me lo he pasado muy bien con él y los niños. Estuvimos jugando a las cartas y después les propuse que me llevaran todos al monasterio y que fuéramos a cenar al lago antes de que ellos regresaran a Sitges. Nos hicimos unos bocadillos y subimos, aunque no estuvimos mucho tiempo porque Edwin no quería volver de noche. Incluso los niños parecen estar mucho más relajados en el lago, ya que durante el tiempo que pasamos allí no se pelearon. Se respira mucha tranquilidad. Tendríamos que improvisar más a menudo actividades que puedan sorprender a nuestros hijos. Para empezar me gustaría llevarlos a casa de Marie y Yorgos. Sara se niega a vivir en la montaña, pero estoy convencida de que el lugar le va a encantar.

Este proyecto significa tener que cambiar radicalmente mi vida. Siempre he sido una persona de playa que se fijaba ante todo en el exterior y ahora la vida me ha colocado en un brete tal que se están derrumbando todos mis esquemas. Me estoy planteando la vida de una manera del todo diferente.

No estaría mal que nos fuéramos a vivir a la montaña, cerca de Granada. Es una ciudad maravillosa y está situada próxima a las playas de Cabo de Gata y el interior de Almería, zona que me encanta. No es más que una idea, pero de momento no descarto nada. Edwin está cambiando mucho, todo es posible. Lo que me daría pena es dejar a la gente que tanto me está ayudando en estos momentos como Graciela y Marcus, pero soy consciente de que si es preciso lo haré.

Sara tenía muchas ganas de ver dónde dormía en el monasterio. Coloqué todas mis cosas en la cocina y subimos a ver la habitación donde me quedaré otra semana. Me dio pena verles irse, aunque es lo que necesito.

Me veo menos rojo el pecho y tengo menos dolor. La herida, además, está cicatrizando muy bien. Estoy convencida de que me voy a curar, mis células me obedecen y esta vez va a ser un milagro.

Lunes, 28

¡Uf! Vaya día el de hoy. No me lo hubiera imaginado. Es bien cierto que no se pueden hacer planes, cada día es una sorpresa y hoy sin duda lo ha sido. Pero me siento bien al comprobar que puedo ser de ayuda pese a no estar al cien por cien. No recuerdo cuándo fue la última vez que me sentí así de cansada por trabajar...

A media mañana Pili me preguntó si quería ayudar en la cocina, ya que mañana vienen unas cincuenta personas a comer al monasterio para la celebración de la estupa. Me asusté porque no sé cocinar para tanta gente, pero me aseguró que sólo era para ayudar de pinche.

Me metí en la cocina a las once y media de la mañana y no salí hasta las diez y media de la noche e hicimos una única parada para comer. Estuve preparando tomates rellenos, después tuve que escurrir pan para un salmorejo, que acabó convirtiéndose en un gazpacho, y a continuación el segundo plato: patatas y berenjenas al horno. De postre, batido de plátano. Tenían previsto hacer comida para cincuenta personas, pero al final nos dijeron que hiciéramos para setenta y cinco.

Cuando hablé con Edwin, le conté todo lo que había hecho. Dijo que eso no era descansar, pero que le parecía bien porque entonces no tendré tantas ganas de volver al monasterio. En el fondo me gusta la sensación de haber colaborado.

Mañana es un día muy importante. Edwin ya ha hecho la donación para la estupa, de este modo mis niños, Edwin y yo estaremos siempre dentro de ella. Creo en los milagros.

Martes, 29

Edwin me trajo un par de cosas que me faltaban. Me hubiera gustado que se hubiera quedado porque hoy es un día muy importante para mí, pero tenía que ir a Vic a hacer un reportaje de unos niños que han fallecido estando de colonias con el colegio.

Poco después nos reunieron para explicarnos el encargo concreto de cada uno de nosotros. Habría una procesión y tendríamos que salir de dos en dos del palacio. Me tocó llevar las katas, unas telas de Budas que no pesan. Rafa tenía que llevar el árbol cortado, que es algo muy importante, y a mi hermana la apunté para llevar las estupas pequeñitas.

Fue un ritual muy largo, pero salió muy bien. El Lama está muy orgulloso de la estupa y no es para menos. Me gusta ver a alguien tan cabezón, tiene su parte positiva, ya que no paras hasta que no consigas una cosa, como en este caso la estupa. Hicimos un par de brindis por la estupa con Coca-Cola, hacía años que no la probaba, pero por algo así merece la pena, y además mucho más veneno tiene la quimioterapia.

Por la tarde, después de la comida, se me hizo más pesado porque hacía mucho calor y estaba sedienta de tanto recitar mantras. Después de acabar el ritual nos pusimos en fila para entregar las ofrendas.

Estuve sentada toda la tarde al lado de la abuela de una niña que no está bien y que también vino al ritual. Me contó que la niña nació normal y piensan que enfermó a causa de una vacuna de la polio. La niña ni habla ni anda sola pero sonríe. Me pareció feliz y la abuela la adora. Además, las palabras que me dijo sobre su nieta son muy hermosas, ya que la considera muy especial porque no hay muchas como ella.

Me explicó cómo conocieron al Lama. En una ocasión vinieron a dar un paseo por la montaña del Garraf; llegaron hasta el Palau Novella y en ese momento Andreu vio a la niña y les dijo que el Lama podría ayudarles. Éste no les ha dicho en ningún momento que vaya a curarla, pero sí que puede servirle de gran ayuda. La abuela me contó que normalmente es una niña muy nerviosa pero en cuanto llega al monasterio o ve al Lama se calma.

Es una bella historia. Aquel día la abuela estaba acompañada por dos personas; una de ellas se puso a bailar con la pequeña que tenía una cara de felicidad absoluta. Me pareció una historia muy tierna y toda una lección.

Por la noche fui a dar unas vueltas por la estupa recitando mi mantra «todo lo que tengo es benigno porque así lo he decidido». Me sorprende estar tan tranquila, no tengo miedo porque estoy segura de que todo va a salir bien. Sé que se trata de un aprendizaje y que aún tengo mucho que hacer en esta vida.

Hoy he estado pensando que podría irme de viaje sola sin ningún problema. ¡Vaya diferencia! Nunca entendía a la gente que viajaba sola. Imaginarme comiendo sin compañía no me gustaba, pero ahora sí lo entiendo. Estoy aprendiendo mucho de mí misma y me sorprende lo que descubro. Sin duda es bueno que todavía tenga capacidad de fascinación.

Mi hermana me comentó que ella nunca podría venir a vivir a un sitio como éste donde todo el tiempo te están diciendo lo que has de hacer. Para mí tampoco es una situación ideal, pero al mismo tiempo no me parece tan malo. Me siento como si tuviera una familia más grande y estuviera aprendiendo a convivir y a querer a mucha gente. Mi aprendizaje aquí tiene que ver con el amor porque es un lugar donde se ama a los demás y no se los juzga. Espero haber aprendido de verdad esta lección y que no se me olvide cuando salga fuera.

El Lama explicó que hoy tres personas más le habían pedido convertirse en monjes. Dos lo serán dentro de un año y la tercera en tres. Explicó que en el Tíbet eres monje desde el primer día, pero que en occidente las personas ignoran muchas cosas y por eso les exige más a los aspirantes.

Miércoles, 30

Me pasé la tarde en la sala de los mantras. Tenía la esperanza de que el Lama se pasara, pero se hizo muy tarde. Estaba enfadada porque pensaba que después de tantos días en el monasterio me hubiera gustado verle para que me orientara. Apareció cuando me estaba haciendo la cena y me preguntó qué decisión había tomado sobre si ponerme o no la vacuna de trastuzumab. Le expliqué que quería escuchar a los médicos.

Entonces me dijo que si estuviera en mi lugar él se iría a Katmandú para ver a Su Santidad. Me quedé parada y al principio incluso pensé que era una broma.

—Su Santidad podrá decirte qué es lo mejor para ti —aseguró.

—¿Y usted no puede? —le pregunté.

—Yo estoy mucho más abajo. Su Santidad ha evolucionado mucho más, podrá ver todos tus karmas y sabrá por qué te está pasando todo esto. Además, es una persona que ha viajado mucho por occidente y podrá decirte si la medicina te irá bien o no. No sé si te podrá curar, pero el viaje seguro que te beneficiará porque la energía que hay allí no tiene nada que ver con la de aquí. Donde se encuentra el monasterio, en Bodnath, hay una estupa inmensa que te hará mucho bien.

—Pero ¿no debe mirar primero si es aconsejable para mí?

—Lo será porque la idea me ha salido del corazón.

Fue una frase que me fascinó; no fui capaz de preguntarle nada más.

—Y es mejor ir esta noche que mañana. Si quieres saber algo de Su Santidad habla con los monjes que lo han conocido.

Quedé tan impactada que acabé llorando porque aquello no me lo esperaba. Alex, el chico que prepara las comidas, había escuchado la conversación y me aseguró que él también lo haría, ya que ver a Su Santidad es una experiencia muy fuerte.

Me contó que él también había ido allí por un problema de salud. No me lo esperaba porque se le ve una persona muy fuerte. Me explicó que desde los 12 años sufría unos ataques que le provocaban caerse al suelo. Había visitado todo tipo de médicos y psiquiatras, pero ninguno sabía lo que era. Cuando le sucedía los que estaban a su alrededor le preguntaban si era drogadicto, para él era muy doloroso, y lo pasaba fatal. En un momento dado pensaron que podría tratarse de ataques epilépticos pero todas las pruebas que le hicieron lo descartaron. Nunca han averiguado qué es. Desde que fue a ver a Su Santidad los ataques han disminuido. Antes le sucedía cada semana, ahora una vez al año y además se da cuenta cuándo le va a dar uno.

Me eché a llorar en la cocina y todo el mundo acudió a verme y decirme que si podía me fuera a Nepal. Cuando llegó Edwin a recogerme nos dejaron solos y le expliqué la situación. Se sorprendió mucho, pero enseguida me confirmó que haríamos lo que yo quisiera; también preguntó si podía ir conmigo. Lo cierto es que no lo sabía. El Lama me había comentado que Katmandú es un lugar muy seguro para ir sola y que él mismo se encargaría de ponerme un monje para cuando llegara al aeropuerto.

Cuando salimos del monasterio y bajábamos con el coche por la carretera, nos encontramos con una serpiente en el asfalto. Edwin me comentó que justo el día antes cerca de Vic también se había encontrado con una serpiente.

—¿Qué significará eso? —me preguntó.

—Ni idea.

Jueves, 31

Ya he decidido que mi deber es ir a Nepal. Mis padres podrán quedarse con los niños y Edwin me acompañará. Todos a quienes he consultado están de acuerdo con la decisión que he tomado. Según

Graciela es muy importante poder hablar con Su Santidad y Marcus me comentó que en Nepal hay una energía muy especial.

Ahora me he dado cuenta de que tenía que hacer algo tan radical como esto. Llamé al monasterio para pedir más información y averiguar si podía venir Edwin. Al Lama le pareció una idea excelente y además Edwin habla inglés. Sin embargo, insistió en que no me aseguraba que ir allí fuera mi curación. Eso ya lo había entendido.

Por la tarde tuvimos una visita con el doctor Baselga para pedir una segunda opinión. Me estuvo mirando y me explicó las opciones que él veía. Nos habló de acompañar el trastuzumab con la quimioterapia, ya que estaba comprobado que el porcentaje de respuesta era muy alto. Sobre el trastuzumab sólo comentó que tras haber pasado ya por la quimioterapia su respuesta disminuía mucho. Me preguntó la razón de que no me lo hubieran puesto antes.

—No querían porque la quimio me dejaba muy débil, así que decidieron no añadir nada más.

Me explicó que el trastuzumab no afectaba a las defensas y me aconsejó empezar con él lo antes posible.

—Es que en breve nos vamos de viaje.

—Pues que te lo pongan antes de marcharte porque si no todo lo que tienes puede empezar a darte problemas pronto.

Me hizo un informe para el doctor Escobedo y mientras esperábamos le aseguré a Edwin que el trato de este médico era mucho más humano. No estaba tan angustiada como siempre me pasaba con Escobedo. Este médico te daba mucha más seguridad sin decir tampoco nada maravilloso.

Viernes, 1 de junio de 2001

Estoy en la peluquería tiñéndome los primeros cabellos que me están saliendo. Me estoy preparando para poder irme de viaje sin la peluca. Tenía la idea de que con color el pelo se me vería un poco más tupido, pero no es así. Es todavía muy fino. Supongo que iré siempre con el pañuelo.

Fuimos al hospital de Bellvitge para hablar con Escobedo. Me aseguró que soy yo quien puede elegir y que además podemos empezar un tipo de tratamiento y después cambiarlo. Nos explicó que tengo una alteración muy alta en el gen que reconoce el trastuzumab y que los porcentajes que nos dio Baselga se multiplican con esta alteración. Pero añadió que no me puede garantizar nada. Nada nuevo, pues, en este sentido. Le pregunté por qué no me lo habían puesto antes. La conclusión que saqué, aunque no lo expresó con esas palabras, es que se trata de un medicamento muy caro y que no les resulta fácil pedirlo, antes deben estar muy seguros de que vaya a funcionar. Edwin me aclaró que cuesta unos siete millones de pesetas al año. Ya disponen del permiso para tratarme con él, así que lo pedirá y lo tendrá dentro de dos semanas cuando volvamos del viaje. Tengo la sensación de que llegamos siempre tarde, pero no me voy a preocupar por estas cosas. Tendría que ser así, el pasado está olvidado.

Hablé con el Lama y me dijo que Su Santidad sale de un retiro el día 6 y que estará en Katmandú hasta el día 15, así que podemos encargar el viaje.

Me recomendó llevar las preguntas apuntadas, ya que las visitas con Su Santidad no duran más de diez minutos y que el tiempo pasa muy rápido. Tendré que ser muy sincera y no mostrarme desesperada y sólo he de pedirle ayuda, no una solución definitiva. Quedamos en que el domingo subiré al monasterio y me ayudará a redactar las preguntas. Se está portando de maravilla y por ello le estoy muy agradecida.

Sábado, 2

Esta mañana han asesinado a los reyes de Nepal y a buena parte de su familia. La chica de la agencia de viajes nos había reservado vuelos con una compañía paquistaní e iba a informarse de si había problemas para llegar a Katmandú. No creo que los haya porque estoy convencida de que allí hay algo especial esperándome.

Edwin me acaba de traer datos de Internet donde se explica quién es Su Santidad Sakya Trizin. Es el líder de la escuela Sakya del budismo y le consideran el segundo después del Dalai Lama. No sabía que era alguien tan importante. En su cara he visto la de Graciela, además podría ser tanto hombre como mujer.

Mientras fregaba los platos, tenía en mi mente la filosofía de que hay que hacer todo con placer y por supuesto repetía mi mantra: «todo lo que tengo es benigno porque así lo he decidido». De repente en mi mente se dibujó la imagen del instante en que los médicos me avisaron de que tal vez no hubiera nada que pudieran hacer. Recuerdo que ese mismo día recogí la ropa y disfruté de ello porque pensaba en el presente. Sin embargo, después lo olvidé y empecé con mis quejas. En este momento he comprendido que era precisamente esto lo que tenía que aprender: para permanecer en el presente es necesario hacer las cosas con placer.

Marcus me trajo unos libros sobre Nepal y me impresionó la foto que vi de la estupa de Bodnath. Es preciosa. La del Garraf parece sencillísima al lado de la de Katmandú. Desde luego aún no está terminada, pero la de allí posee mucha fuerza. Marcus también mencionó que en Katmandú hay otra a la que llaman la estupa de los monos porque por la zona son muy numerosos y las águilas la sobrevuelan. ¡Qué ganas tengo de verlo!

DOMINGO, 3

El Lama nos dio algunos detalles del proceso de nuestro viaje a Katmandú. En el aeropuerto habría un monje esperándonos. Nos hizo un mapa de la zona, Bodnath, donde estaremos alojados. Éste es el lugar donde se concentran todos los monasterios y la comunidad tibetana. Aún no se sabe el día que nos recibirá Su Santidad, una vez allí ya nos informará un monje.

Puede que a la vuelta tengamos que traer unas cosas para el monasterio de aquí. Le hemos dejado nuestro correo electrónico a Andreu por si quieren enviarnos un mensaje.

Me apetece mucho marcharme con Edwin a otro entorno porque Ferran no deja de reclamar atención. No sé qué me pasa con Ferran, me pone furiosa y deseo que cambie; además, seguramente él también está sufriendo con toda esta situación.

LUNES, 4

Hay disturbios en Nepal por la matanza de los reyes. Hoy leí que han decretado 13 días de luto y que todo el mundo se rapará el pelo en señal de duelo. Así pasaré desapercibida con mi *look*.

Esperaba a que llegara Mercé, la mujer de la agencia que me traía los billetes, y Sara se quedó a comer conmigo en la cocina. No para de hablar y me agrada que tenga tantas ganas de contarme cosas. Parece realmente una niña feliz.

Me llamó Edwin desde el periódico para hablarme de los teletipos sobre Nepal que está leyendo. Hay mucho follón, la situación es caótica, incluso hay toque de queda a partir de las tres y media de la tarde. Han cerrado el aeropuerto y no sale ni aterriza ningún avión de Katmandú. En Inglaterra aconsejan no viajar a la zona a no ser que sea imprescindible. Llamé a Andreu y me ha comentado que acaba de contactar con los monjes por e-mail y no le han advertido sobre ningún problema. Mercé me contó que hasta mañana por la noche tenemos tiempo para renunciar al viaje. Me preguntó si podíamos esperar una semana y le dije que no porque entonces Su Santidad ya no estará allí.

No tengo intención de preocuparme, incluso pienso que puede tratarse de un intento de poner a prueba mi fe. Si he de ir sé que lo haré.

Nunca había visto a Mercé, pero después de unos minutos ya nos sentíamos muy cómodas. Ha ido muchas veces a Nepal y tiene amigos allí. Le pregunté si quería que les llevara algo y me dará una carta para una niña que se encuentra en un hospital. Me advirtió de que tal vez no era un lugar agradable de ver y al principio pensé que no me apetecía ser testigo de nada que me deprimiera. No obstante, le estaba planteando tantas preguntas acerca de la niña, que ya sabía que debía ir a verla.

La historia me pareció muy hermosa y me entraron ganas de llorar. Fue abandonada de pequeña y adoptada por un americano, un hombre que padecía cáncer, aunque murió bastante mayor. En su testamento legó todo su dinero para la construcción de hospitales en Nepal y la niña estaba en uno de ellos. Opinaba que se pondría muy contenta si nos acercábamos a verla. Hace tres años le dieron dos años más de vida porque el tórax se le está cerrando, pero todavía sigue viva. Otro hecho que me llamó la atención fue que cuando su tutor se puso enfermo, ella, que va en silla de ruedas, cogió un taxi para ir a verlo. Ha de ser una persona muy especial.

Cuando le comuniqué a Edwin que tenemos que ir a un hospital me dijo que no será la única visita que hagamos, ya que una mujer de su trabajo adoptará a un niño de Katmandú y le ha pedido que llevemos algunas cosas al orfanato donde está el pequeño.

XVIII

El descubrimiento de Bodnath

De Barcelona a Londres
Miércoles, 6 de junio

Son las cinco de la tarde y nos encontramos en el avión de camino a Londres. Estos últimos días han sido imprevisibles. A última hora cambiamos de compañía, en vez de ir con la paquistaní y tener que pasar una noche en Karachi, volaremos desde Londres con Qatar Airways, que en teoría hará una escala de tan sólo una hora en Doha y enseguida proseguirá nuestro viaje hasta Katmandú.

Cuando fui a la farmacia a comprar los medicamentos la chica se sorprendió del lugar al que viajábamos por el caos en el que está sumido la zona. Pero, tal y como dice Edwin y yo misma pienso, nosotros no vamos a realizar un viaje turístico, lo consideramos un deber y por eso ni se nos ha ocurrido anularlo.

Mercé vino al aeropuerto a entregarnos los billetes, nos trajo mochilas y camisetas de su agencia, Indoriente, y finalmente nos comunicó un cambio de última hora, ya que al llegar a Doha tendremos que pasar todo el día en Qatar. La razón es que si partiéramos a la hora estipulada llegaríamos a Katmandú por la tarde después del toque de queda, cuando ya no hay actividad y sólo militares por las calles. La compañía no quiere arriesgarse, prefiere esperar y que lleguemos a buena hora al día siguiente. Seguramente reservarán habitación en un hotel en Doha para pasar ese día y hacia medianoche partiremos para llegar a Nepal a las siete de la mañana.

Desde luego no había realizado un viaje similar en mi vida y lo sorprendente es que no estoy nerviosa, sencillamente, porque sé que tengo que ir y porque veré a Su Santidad. Ayer, hablando con Marcus, le comenté que en el libro sobre Nepal que ha comprado Edwin se explica cómo en el origen del budismo y del hinduismo se encuentra el chamanismo. Me quedé impresionada, pues siempre me ha atraído ese tipo de creencias y los chamanes han sido personas que despiertan mi curiosidad. Por último, Marcus me aclaró que el budismo y el hinduismo han copiado muchas cosas del chamanismo.

Ya hemos llegado a Heathrow y estamos esperando a que nos llamen para embarcar. En el mostrador nos acaban de decir que sólo viajamos unas ochenta personas y que quedarán alrededor de unos doscientos asientos libres, así que podremos tumbarnos y dormir un poco por la noche. Alrededor veo que casi todos los pasajeros son árabes, parece que hay poca gente que prosiga viaje hasta Katmandú. No veo a casi nadie con aspecto de turista.

Me quedé sola un momento en un sofá de la terminal y me invadió una sensación muy extraña. Me di cuenta de que voy al otro lado del mundo, donde se vive de una manera totalmente distinta y me pregunté qué sería lo que sentiría allí. Estoy inquieta e intento hacer mis ejercicios para meditar pero no puedo, siento como si necesitara llegar ya para relajarme. La vida normal que he llevado estos últimos meses me agobia un poco.

A veces me siento un poco negativa, en especial cuando me noto el pecho tan duro. Se me plantean dudas sobre si me será posible eliminar todo lo que llevo ahí dentro. Sé que puedo pero es un pensamiento que tengo en la cabeza y no en el corazón, es decir, que no lo considero un sentimiento profundo porque estoy convencida de que voy a salir, aunque no sé cómo. Al expresar estos pensamientos, la inseguridad me atenaza el estómago. Sin embargo, no me importa porque soy consciente de que es la niña que hay en mí la que no se lo cree. Estoy convencida de que poseo en mi interior una fuerza más intensa que la propia enfermedad, esa misma que está demostrando que ya no soy la persona carente de sentimientos y egoísta que era antes. Me he convertido en una persona muy sensible a quien le emocionan muchísimas cosas y que está descubriendo el mundo y a la gente, que está aprendiendo a mirar a su alrededor y a disfrutar de la vida.

En esta parte del aeropuerto están todas las compañías aéreas de otros países, hay un mundo entero en un pañuelo, una mezcla de gente de muchas razas y procedencias diferentes. Me siento bien. Además, con el pañuelo estoy bastante camuflada y es difícil saber de dónde soy. En el aeropuerto de El Prat me asusté cuando me vi en la foto que me hice para el visado para Nepal. Mi imagen con el pañuelo y la tez tan blanca me recordó que estoy enferma. Hubiera roto la foto, pero Edwin se la guardó.

No entiendo por qué reacciono de esa manera y me cuesta tanto aceptar la degradación del físico, aun cuando la vida me está demostrando la otra cara de la moneda, la que realmente importa. En aquel instante me acordé de un libro que me han prestado en el que la escritora habla de una amiga suya que padecía cáncer de piel. Era una mujer muy rubia y llamativa y siempre se ponía muy morena. Tuvo que cambiar todos sus hábitos porque le prohibieron tomar el sol. Incluso tuvo que cambiar el tono de su pelo para protegerse más. Tardó un año en aceptar su nuevo aspecto. Eso nos pasa a las personas que vivimos sólo con nuestro exterior, precisamente la parte que he de olvidar para dedicarme sólo a mi interior, al que he tenido toda mi vida olvidado porque en realidad ni sabía que existía.

Doha (Qatar)
Jueves, 7

Otra vez en un aeropuerto. Estamos en Doha esperando a que nos devuelvan los pasaportes y nos lleven a un hotel. Son las ocho de la mañana y el avión a Nepal no saldrá hasta medianoche.

Mientras descendíamos del avión sólo se veía desierto, arena y más arena, dunas enormes, en ocasiones interrumpidas únicamente por el agua azul del mar. Una vez se abrieron las puertas y bajamos por las escaleras, la bofetada de calor que recibimos en tierra fue tremenda. Eran sólo las siete y media de la mañana pero ya hacía un calor asfixiante e increíble que no había vivido ni en los veranos más calurosos de Sevilla. Parecía que recibías directamente aire caliente de una estufa y al principio pensamos que procedía de los motores del avión. El piloto ya había anunciado que la temperatura era de 35 ºC ya a primera hora de la mañana y que durante el día se superarían los 50 ºC. Cuando Mercé nos dijo ayer que aquí no se puede salir a la calle como mínimo hasta las seis de la tarde me parecía una exageración, pero ahora la entiendo, ya que debe ser imposible moverse con este calor.

Finalmente he podido comprobar que el grupo que proseguirá viaje con nosotros hasta Katmandú es bastante grande, unas quince personas.

Acabo de terminar de leer por enésima vez *Viaje a Ixtlán* y tuve que reprimirme para no llorar. Castaneda cita un poema precioso de Juan Ramón Jiménez que le enseñé a Edwin. Se llama «El viaje definitivo»:

> ... Y yo me iré. Y se quedarán los pájaros cantando;
> y se quedará mi huerto con su verde árbol,
> y con su pozo blanco.
>
> Todas las tardes el cielo será azul y plácido;
> y tocarán, como esta tarde están tocando,
> las campanas del campanario.
>
> Se morirán aquellos que me amaron;
> Y el pueblo se hará nuevo cada año;
> Y en el rincón aquel de mi huerto florido y encalado,
> Mi espíritu errará, nostálgico...
>
> Y yo me iré; y estaré solo, sin hogar, sin árbol
> verde, sin pozo blanco,
> sin cielo azul y plácido...
> Y se quedarán los pájaros cantando.

Estoy contentísima de que Edwin haya venido conmigo, me hace sentir más segura, en especial con tantos imprevistos. Dice que no me hubiera dejado sola, aunque habría venido igualmente sin él. En las noticias hemos visto que retrasan cada vez más el horario del toque de queda en Nepal y que el país recobra un poco la tranquilidad. Tengo muchas ganas de llegar.

Acabamos de dejar atrás Doha, donde hemos pasado más horas en la fresca habitación del hotel que en el horno de la calle. Tan sólo salimos a pasear un rato a las seis de la tarde.

Qatar es un país de lo más extraño, sólo se ven hombres por la calle y en muy contadas ocasiones una mujer. Nada más salir ya quería volver porque pensaba que el calor me impedía respirar. Ya había anochecido, pero el aire seguía soplando como si procediera de un horno. Al principio incluso me asustó, no quería jugarme aquí aún más la salud, aunque luego vi que caminando lento podía aguantarlo. Los hombres me miraban y desde luego no será por lo guapa que estoy. Seguro que es un lugar donde no me adaptaría a vivir. Puestos a elegir preferiría Holanda.

Primero nos acercamos a una mezquita que tenía interés por ver. Observé cómo los hombres entraban por un lado y las mujeres por otro. Pregunté a unas mujeres si yo podría acceder al interior, pero no lo sabían. Entonces se acercó un hombre que me aseguró que sí podía, pero antes debía quitarme los zapatos. Justo cuando iba a entrar salió una mujer que, como todas las demás, iba con el velo negro y sólo se le veían los ojos. Objetó que si no era musulmana no podía entrar. Poseía una voz desagradable, como si estuviera muy enfadada, y desistí de entrar.

A continuación dimos una vuelta por unas calles que no me parecieron nada especial. Hombres de blanco y las pocas mujeres que había de negro, tiendas, coches grandes y muchos trabajadores asiáticos. No nos perdemos nada al marcharnos de aquí, aunque la revista del avión promocionaba la ciudad como nuevo destino turístico. La principal atracción, además del tenis y el golf, era practicar surf en las dunas de arena.

La cena que tomamos en el hotel fue tan buena como la comida. La compañía nos había proporcionado tíquets para que no tuviéramos que pagar nada; estaba muy bien organizado. Finalmente nos llevaron al aeropuerto, donde estuvimos hablando con una mujer a la que ya habíamos visto por la mañana. Es nepalí y vive entre Londres y Katmandú. Me dio su teléfono por si queríamos quedar con ella algún día. Nos contó que había sido un año difícil y que por eso el único camino que quería seguir era el espiritual. Vuelve a Nepal porque es familia de los reyes asesinados. Edwin conversó un rato con ella porque quizás haga un reportaje para *El Periódico de Catalunya* sobre la situación de Nepal cuando lleguemos a Katmandú.

En el avión, que seguía estando medio vacío, buscamos una fila de tres asientos para poder dormir un poco. Somos muy pocos extranjeros y el resto son hombres nepalíes que trabajan en Qatar.

Katmandú (Nepal)
Viernes, 8

Estoy sentada frente a la ventana desde donde se ve la maravillosa estupa de Bodnath. Es grandiosa, enorme. Puedo observar unos ojos muy infantiles, los ojos de Buda que tienen todas las estupas.

Me había imaginado un monumento mucho más ornamental, pero es una construcción grande y redonda de cemento, pintada de blanco y con grandes terrazas distribuidas en tres niveles a las cuales se puede subir, caminar por ellas, sentarse y descansar.

Me gusta mucho la habitación que nos han dado en el monasterio. Me siento muy a gusto, mejor que en un hotel de cuatro estrellas. Tiene incluso lavabo, una comodidad que no me esperaba. La única pega es que las camas están separadas, pero por la noche intentaremos juntarlas. La vista desde la habitación no podía ser mejor, ni siquiera en el hotel de lujo más caro del mundo.

Edwin se ha ido a enviar un e-mail, aprovechando que hay varios locutorios con Internet, mientras yo estoy descansando un poco. Me duelen las piernas de tanto caminar.

Por la mañana cuando llegamos no vimos a ningún monje en el aeropuerto. Nos subimos a un taxi y aluciné con cómo conducen aquí. No hay reglas, todas las carreteras son de doble sentido, no dejan de pitar y de esquivarse los unos a los otros, constantemente a punto de chocar o de atropellar a peatones o motoristas. Mientras tanto, las vacas permanecen sentadas tan tranquilas en medio de la carretera. Hay muchas bicicletas y motos. Me recordaba a cuando me subía a los autos de choque. Madre mía, ¡qué caos!

Todo el mundo me había dicho que me podría sorprender cuando llegara a un país tan diferente de occidente, aunque tampoco es para tanto. Me siento muy cómoda en este tipo de países donde parece que no haya reglas, al igual que en Cuba.

El taxi nos dejó en Bodnath, en la puerta que da acceso a una plaza situada alrededor de la estupa. Pensaba que sería de otra manera porque no es un barrio de las afueras o por lo menos no da esa impresión. Salieron a recibirnos dos monjes cuyos nombres teníamos apuntados. Uno de ellos había ido al aeropuerto, pero seguramente llegó tarde. No pensaba que vivían tan bien. Me imaginaba un monasterio mucho más austero. La fachada del monasterio propiamente dicho da a la plaza de la estupa y detrás de él, cruzando un callejón, hay un pequeño patio rodeado de edificios que son las viviendas. Hay dos bloques para los monjes y uno para los visitantes. Creo que ahora somos los únicos.

Pensaba que en Katmandú, al encontrarse en un valle, se verían las montañas del Himalaya por todos los lados, pero es un valle muy amplio y las montañas casi no se distinguen. Ya nos había explicado Mercé que sólo en invierno se aprecia el Himalaya y que no tiene sentido ir en agosto, en plena época del monzón. Solamente pude divisar las montañas mientras el avión descendía. Cuando aterrizó tenía ganas de llorar porque tenía una sensación extraña, como si desconociera la causa por la que estoy aquí, pero al mismo tiempo era una sensación agradable.

Después de echar una siesta, estábamos los dos rendidos, nos fuimos al centro de Katmandú, al barrio de Tamel, para cambiar los dólares por rupias. Se trata de una zona repleta de puestos con ropa de estilo *hippy* y muchas cosas más. Estaba todo muy barato y además debes regatear. A Edwin se le veía agobiado porque eso de ir de tiendas no le gusta mucho, aunque yo seguro que me compraré de todo: cojines, alfombras, una cubierta para la cama, incienso, cosas para mi pequeño altar en casa, un buda para mi hermana, regalos para Lisa, Esther, Graciela, Marcus, Amalia, Carmen... Detallitos pequeños. Lo haré antes de marcharnos.

Después de comer en una pizzería pequeña seguimos caminando un buen rato por pequeñas callejuelas de tiendas y mercadillos en las que no vimos prácticamente a ningún extranjero. Uno de los vendedores nos dijo que la mayoría se había marchado del país porque estaban asustados por la matanza. Mejor así.

Me encanta observar a la gente, ver cómo se mueve. Podría estar horas... Los niños son monísimos, muchos van descalzos pero se les ve felices. Me parece que no tienen nada que envidiarnos. Edwin opinaba que había niñas muy guapas, pero que en poco tiempo su físico se estropea. Lo que más me gusta de ellos son sus grandes ojos negros con los que no sientes que te miran como un extraño, no te observan, parecen muy permisivos. Me siento muy bien porque ni con el pañuelo en la cabeza me siento observada. Además, hay mucha gente que lo lleva como yo.

Fuimos a la plaza Durbar, en la que hay unas pagodas impresionantes. Vimos agentes con fusiles pero está todo muy tranquilo, se aprecia bastante paz. Nos sentamos en una de las pagodas para poder observar cómo se comporta la gente de una cultura diferente.

Regresamos tan tarde a Bodnath que apenas nos dio tiempo de dar unas vueltas a la estupa, ya que el monasterio cierra las puertas a las nueve. A las ocho y media de la tarde ya no había casi nadie en la calle. Aunque, por cierto, hoy era el primer día sin toque de queda.

Esta mañana cuando llegamos a Bodnath, mientras esperábamos a los monjes, estuve examinando a todas las personas que veía y observé la fe que tiene este pueblo. Ya me gustaría tenerla yo. Hay muchas personas mayores dando vueltas a la estupa y eso es una manera de seguir adelante. Así siempre tienen algo que hacer. No conozco mucho esta cultura, pero la gente no me parece amargada pese a la pobreza que hay en Nepal. En Cuba, por ejemplo, la gente se quejaba mucho, aunque no digo que no tengan motivos. Aquí también son muy pobres, pero es algo que no percibes. Creo que podría adaptarme a este país o al menos a pasar temporadas largas. Para Edwin lo más hermoso es que los monumentos religiosos tienen mucho color.

Mientras escribo he vuelto a sentir parte de la tristeza que ya noté esta tarde. Supongo que siento pánico de mi propio miedo. Dios, muchísimas gracias por esta experiencia porque, suceda lo que suceda, estoy muy contenta de haber llegado a este lugar. ¿Por qué me habéis traído hasta aquí?

Sábado, 9

Hoy, durante el desayuno, le he explicado a Edwin lo que siento por la noche cuando me entra la inquietud. Me hace recordar a mi tío Fernando, que murió de cáncer, cuando decía que tenía algo en su interior que no sabía lo que era. Edwin me asegura que es miedo, pero sé que no se trata de eso porque tengo sensaciones que no puedo explicar, como si en mi cuerpo hubiera algo que no perteneciera a él, algo ajeno. Por eso les digo a mis células que hay que eliminar de nuestro cuerpo ese elemento extraño que no puede convivir con ellas. Hemos de tener todos el mismo objetivo; sin embargo, las células malas no lo comparten, no escuchan ni me hacen caso.

Edwin se había marchado para recorrer el centro de la ciudad y el palacio real para así recabar información y respirar el ambiente para su reportaje. Durante el tiempo que él estuvo fuera di bastantes vueltas a la estupa. Había muchos cuervos, uno me rozó por la izquierda, lo que me provocó escalofríos. Me parece increíble poder subir a ella por unas escaleras y sentarse en el hormigón. Dispone de un espacio muy amplio y según qué hora sea se encuentra llena de gente.

En una de las muchas tiendas que hay alrededor compré unos plátanos y media sandía. Menos mal que hay fruta porque eso es lo que necesito comer. Además, varias veces al día me preparo un té verde del Himalaya que es muy bueno. Empecé el libro *Relatos de poder*, de Castaneda, y ¿qué me encontré? Pues justo en la primera página un poema precioso de San Juan de la Cruz.

Las condiciones del pájaro solitario son cinco.
La primera, que se va a lo más alto;
la segunda, que no sufre compañía aunque sea de su naturaleza;
la tercera, que pone el pico al aire;
la cuarta, que no tiene determinado color;
la quinta, que canta suavemente.

¿Soy yo un pájaro solitario? Precisamente hoy he estado muy pendiente de los pájaros porque nunca había visto un cuervo tan de cerca. Ahora, tras dormir un rato, he pensado en que me gustaría entender los mensajes que envían los cuervos. ¿Es esto un mensaje? Seguro que sí. Estas cosas me emocionan tanto que las lágrimas se me escapan.

Voy a copiar otras frases del libro que también me han hecho llorar: «¿Sabes que en este mismo instante estás rodeado por la eternidad?». «¿Y sabes que puedes utilizar esa eternidad si así lo deseas?».

¡Qué libros! Cada vez los entiendo mejor y, aunque ya lo había leído, me parece que lo hago por primera vez.

Hoy a mediodía estábamos comiendo en la terraza de un hotel, con vistas a la estupa, mientras aprovechaba para explicarle a Edwin que estoy muy sensible. Nuevamente me entraron ganas de llorar al ver el lugar tan maravilloso donde estábamos. Había llovido, el cielo estaba muy despejado y a lo lejos se veían las montañas. Le hablé sobre lo que había pensado de los pájaros. Entonces me contó que había oído que la gente, cuando más cerca está de Dios, de cualquier dios, más se emociona. El caso es que opina que estoy buscando algo y que éste es un lugar donde esos temas se toman muy en serio y tienen mucha importancia.

Me gusta cuando le oigo hablar así, aunque a veces me parece como si fueran frases hechas; tal vez sea porque no le resulta fácil expresar sus emociones. Me queda la duda de si lo hace porque sabe que es lo que yo quiero oír.

Más tarde, mientras me ponía el aceite de avena en el pecho, notaba que tenía más bultitos. Le confesé a Edwin que tengo miedo y me ha pedido que tenga fe. Considero que la tengo, pero todavía he de recorrer mucho camino.

Domingo, 10

Me levanté a las cinco para acudir a la oración de los monjes de la mañana en la sala principal del monasterio, aunque lo cierto es que todavía no entiendo cómo funciona. Al principio no había monjes, sólo había mujeres que entraban para dar la vuelta a un molinillo gigante. Después, una vez que los monjes ya estaban dentro, las mujeres abandonaron el interior. No me atrevía a entrar, por si la razón fuera que las mujeres no podían estar presentes. Como no entiendo el mecanismo lo volveré a preguntar.

Lo curioso es que aquí a las cinco de la madrugada ya es completamente de día y las calles están repletas de gente. Ya que estábamos levantados, fuimos a dar unas vueltas a la estupa, que parecía estar en hora punta. Me llamó la atención la cantidad de personas que estaban mendigando a esas horas y supongo que es normal hacer ofrendas. Mañana llevaré dinero.

La estupa es impresionante y su cúpula está repleta de palomas. En el suelo hay unos monjes sentados con unos niños budistas haciendo oraciones. Los niños son preciosos. Ayer le comenté a Edwin que si pudiera me llevaría uno. Irradian mucha paz. Aunque, claro, no sé si para ellos sería bueno sacarlos de aquí.

Es extraño. Siempre había asociado la fe con el fanatismo y aquí en cambio se respira una paz increíble y las personas no se incordian unas a otras; sin embargo, dudo de si es porque no soy más que una mera observadora y no los conozco. Pero siento que no hacen falta palabras, incluso la gente que pide no parece tan infeliz.

Cuando escribo esto me extraño al pensar en cómo vivimos nosotros. Esta gente no tiene bares ni va a discotecas. Me complace comprobar que se puede vivir de otra manera. Quizás los estoy idealizando porque lo diferente siempre nos llama la atención. Pero en las calles no se respira competencia entre unos y otros, sobre todo en cuanto al aspecto físico, tal vez porque aquí tienen otras prioridades. Es posible que si tuvieran más dinero a lo mejor serían como nosotros. Estoy muy contenta de ser testigo de este contraste dentro de nuestro mundo. Me percato de que la pobreza existe en este lugar, pero no es una pobreza insana.

Estoy angustiada. Cuando esta mañana fui a desayunar me encontré con un monje que me anunció que a las diez teníamos la audiencia con Su Santidad. Le pedí a Edwin que trajera la libreta y tradujera a inglés lo que el Lama nos explicó para poder hacer las preguntas sin dudar ni perder tiempo.

A las nueve nos fuimos al monasterio donde reside Su Santidad, que estaba al otro lado de la estupa, apenas a cinco minutos de camino. Los dos llevábamos una kata como ofrenda. Había muchísima gente y un buen número de ellos con imágenes para bendecir. Yo llevaba la kata desenrollada, pero vi que la gente la llevaba enrollada. Me ayudaron a ponerla bien.

Desde luego aquí no había tranquilidad. Su Santidad estaba sentado un poco más arriba y por delante de nosotros veía cómo la cola de gente salía fuera de la habitación. Lo primero que hizo cuando llegó nuestro turno fue decir una bendición muy larga para mí; el Lama ya me avisó sobre que esto era muy importante. Edwin le entregó la carta que nos había dado el Lama y casi ni la miró, aunque confirmó que ya sabía que íbamos a venir. Edwin le fue haciendo las preguntas en inglés, pero todas sus contestaciones fueron muy generales como, por ejemplo, que el mejor camino es el espiritual. Edwin me preguntó si quería decir algo más y le contesté que todo estaba en el papel.

Al salir me sentía derrotada porque Edwin ni siquiera había sacado el papel para preguntarle lo que yo quería. Necesitaba que Su Santidad me diera un mantra y Edwin tampoco le preguntó por los medicamentos. Sí que habló de la quimio, pero no de la vacuna. El Lama ya nos había advertido sobre que había que insistir bastante, ya que ellos nunca suelen decir nada concreto, pero tuve la sensación de haber hecho el tonto. Teníamos que haber insistido, creo que podríamos haberlo hecho, venimos de muy lejos, con una carta de recomendación, pero no hemos estado ni tres minutos dentro.

Tenía ganas de llorar y sentía rabia. Estaba muy nerviosa y al principio pensaba que me ayudaría mucho venir con Edwin, para empezar porque sabe inglés, pero la conclusión a la que he llegado, o por lo menos como lo veo ahora, es que sola hubiera estado mejor y así hubiera podido preguntar lo que yo quería.

Necesito un mantra de Su Santidad. No contestó a nada de lo que Edwin le iba preguntando. Edwin me asegura que ya le habían tocado tres veces al hombro para que nos fuéramos. Pero a mí todo eso me da igual. Aunque la realidad es que tenía que ser así y está muy claro que el camino lo tengo que buscar yo.

Son sólo las diez y media de la mañana, estoy en la cama y no tengo ganas de nada. ¿Qué es la soledad? Como yo me siento ahora. Según Edwin él hace mucho por mí y yo le contesté que esté tranquilo, ya que tal vez no tenga que seguir haciendo cosas por mí demasiado tiempo... Estoy muy deprimida, no sé qué esperaba exactamente, pero me siento mal. Edwin dice que al menos me ha dado una bendición muy grande y eso debería bastarme, pero yo estoy segura de que podría haber sacado algo más.

¡Dios mío! Me siento muy perdida y sola. Necesito calmarme y digerir todo esto.

Edwin acaba de irse. Hemos discutido y le he dicho palabras muy duras. Dudo entre si es eso lo que realmente siento o si sólo es rabia. Este día se está convirtiendo en una pesadilla. Volví a recriminarle que el Lama dijo que insistiéramos, pero él ni siquiera sacó el papel.

—Si hubieras venido sola no te hubiera dado tiempo ni de hablar —me dijo—. Me tocaron tres veces en el hombro para que me fuera. Tú no te has enterado de nada, pero aquello estaba lleno de gente. No me gustan este tipo de cosas, pero lo he hecho todo por ti.

—Pues ojalá hubiera venido sola. Y si te quieres largar, vete —le espeté.

—Pero si yo me esfuerzo por comprenderte. Incluso cuando sugeriste que hiciéramos turismo te dije que pensaba que habíamos venido para otra cosa. ¿Te quieres ir a casa?

Por supuesto que no me voy a ir a casa, aunque me tenga que pasar todos los días en la habitación. De aquí no me muevo.

—Es que parecía que le estabas haciendo una entrevista a Su Santidad —le recriminé—. Como no me entiendes, no sabes lo que necesito.

Se ha marchado muy triste. Podría haber ido tras él, pero no tengo ganas. No sé qué hacer, necesito calmarme. Todo había ido muy bien hasta hoy. Tengo miedo, quiero luchar y ahora me siento sin ilusión. Espero que todo sea por culpa del *shock* porque no quiero tirar la toalla.

No puedo dejar de llorar.

Cuando estaba delante de Su Santidad tenía la sensación de que no nos hacía mucho caso. Me hubiera gustado que me dedicara los diez minutos que el Lama me aseguró que tendría para mí. Claro, el resto de las personas también lo desearían. Creo que voy a tener que volver a verlo, no me voy a ir sin intentar aclarar algunas cosas o por lo menos que me dé un mantra. ¡Quiero que me ayude! Me acercaré al monasterio para preguntar si sería posible tener otra audiencia con él.

Ya estoy arrepentida de todo lo de esta mañana. He dejado a Edwin hecho polvo y sin energía. Una vez abajo vi al monje y le expliqué que me faltaron por hacer unas preguntas muy importantes. Me dijo que llamaría y que seguramente mañana podríamos repetir la visita. Ya me diría algo.

Después de escuchar sus palabras me quedé mucho más tranquila, de modo que me marché a la tienda donde había visto el tapete. Un niño me seguía pidiéndome leche. Me encontré con Edwin mientras el niño insistía que quería leche para su hermana pequeña. Finalmente logró llevarnos a un supermercado. Eligió leche en polvo para niños pequeños que costaba doscientas cinco rupias, lo que aquí es una suma bastante elevada, y se la compré. Aprovechamos para llevarnos alimentos para prepararnos el desayuno en la habitación los próximos días.

A Edwin le comenté que si no quería venir a la nueva visita con Su Santidad que no lo hiciese. Pero si decide acompañarme quiero ser yo quien haga las preguntas y si no entiendo algo, pues ya se lo preguntaré, aunque todavía no tengo claro si prefiero que venga o no. Por un lado considero que debería estar conmigo en una ocasión como ésta. Ya lo pensaré.

Le expliqué que cabía la posibilidad de que él no hubiera transmitido lo que siento en realidad, porque yo tengo mucha más fe. Repetí mis palabras del día anterior al decirle que parecía que le estuviera haciendo una entrevista. Edwin se enfadó mucho con este último comentario y me aseguró que no es fácil estar a mi lado cuando me pongo de esta manera. Es cierto, pero entonces le dije que si todo lo hace sólo por mí y sin fe la situación se vuelve mucho más difícil.

—Si hubieras venido con tu hermana o con Rafa te hubieran entendido mejor —me dijo.

—Pero deseaba venir contigo. Quiero que nos entendamos y poder compartir estos momentos.

Mis reacciones son producto de la pura desesperación. Tengo que poner los pies en la tierra, calmarme y entender qué es lo que quiero. Sin desesperos todo llegará a su debido tiempo. Los días pasan poco a poco y no se puede acelerar el tiempo.

Son las diez y media de la noche en este momento. Hemos estado casi todo el día fuera y al final ha sido un día muy intenso e interesante. La mañana empezó *heavy*, menos mal que ahora, al final del día, me siento mejor. Le propuse a Edwin que fuéramos a ver a la niña del hospital y aprovechó para llamar también a su contacto, un traductor y guía nepalí que habla castellano, para ver al niño que va a adoptar su compañera. Igualmente le anunció que fuéramos hoy.

Salimos a la una para ir a ver a Maina, que es como se llama la chica. Fuimos andando, porque el contacto de Edwin le había dicho que el hospital estaba a un kilómetro de Bodnath. Cuanto más atrás dejábamos la ciudad, más maltrechas estaban las calles y más basura había esparcida al aire libre. Además, hacía mucho calor y en algunos lugares había un hedor insoportable. Llevábamos bastante tiempo caminado pero no divisábamos el hospital, así que decidimos parar un taxi. Pactamos un precio para que nos llevara hasta allí y nos esperara para después llevarnos de vuelta al hotel, donde habíamos quedado con el guía para ir al orfanato.

Nada más entrar en el hospital vi a Maina. Sólo la había visto una vez en una foto que me enseñó Mercé, pero sabía que era ella. Se puso muy contenta de vernos y nos llevó a su habitación. Le acompañaba un chico que trabaja en el hospital y es muy dulce. Me cautivó, y no porque fuera guapo, sino porque se notaba que tenía mucha sensibilidad. Le había comprado a Maina un pequeño collar y me regaló una cosita de plástico hecha por ella misma. Escribió una carta cortita para que se la entregara a Mercé cuando volvamos. También la grabamos en vídeo, lo que por aquí despierta mucha curiosidad porque se pueden ver a sí mismos en la pantalla.

El hospital no me pareció deprimente. Hay muchas zonas verdes y me dio la impresión de que la gente estaba bastante bien cuidada. Las dos chicas que compartían la habitación con Maina parecían un poco retrasadas. A una de ellas le regalé un pantalón que me había traído al viaje.

Maina está en una silla de ruedas y creo que no tiene piernas. Cuando ves estas cosas te das cuenta de la suerte que tienes. Parece muy inteligente y sincera. Nos contó que hacía unos días estaba deprimida, pero que ahora se sentía muy contenta porque habíamos ido a verla. Creo que pasaremos una vez más antes de marcharnos. Se puede hacer muy feliz a los demás con tan poco...

Después de nuestra visita al hospital nos dirigimos al barrio donde habíamos quedado con el guía. Comimos frente a un hotel en un restaurante muy bueno y barato, no costó ni quinientas pesetas entre los dos. El hotel era de lujo, pero estoy contenta de no estar en un sitio así. Me encuentro mucho mejor donde estamos, al lado de la estupa. Así puedo mezclarme con la gente del pueblo y no con turistas extranjeros.

Cuando llegó el guía, que habla muy bien español, fuimos en un taxi al orfanato. Se encuentra ubicado en un encantador y viejo chalet de dos plantas. La única pega es que no está muy arreglado. Hay un montón de niños, en aquel momento sólo había 12, pero normalmente son 26. Son todos muy cariñosos y se pusieron muy contentos al vernos. Tampoco me pareció un sitio deprimente, aunque me di cuenta de que, a pesar de que a los niños se les ve felices, creo que tienen falta de cariño porque se acercaban mucho para que los abrazáramos. Estaban un poco sucios, pero pronto me olvidé de mi lado práctico. Si lo permites te llenan mucho porque se sienten a gusto con tus caricias y tú te sientes feliz proporcionándoles lo que ellos necesitan. Ha sido una experiencia muy enriquecedora.

El director del orfanato es un chico de 26 años que desde hace siete se ocupa de los hijos de gente que está en la cárcel. Me parece hermoso que gente tan joven tenga un corazón tan grande. Había también mujeres y muchas chicas jóvenes ayudando.

En este lugar estoy aprendiendo mucho. El niño que ha adoptado Xelo, la que trabaja con Edwin, es un poco tímido, pero muy guapo. En el paquete que ella nos dio había un álbum de fotos para él, al que casi ni prestó atención, pero cuyas fotos no dejaron de mirar los otros niños. La cámara de vídeo sí que fue un éxito porque todos querían verse en la tele.

No todos los niños que viven en este lugar pueden ser adoptados, ya que algunos residen aquí porque no pueden estar con su familia, bien porque sus padres estén en la cárcel o porque son alcohólicos, entre otras situaciones.

A nuestro regreso me encontraba tan cansada que en el taxi me quedé dormida. No se podían cerrar las ventanillas y creo que me he constipado un poco. Al llegar al monasterio, el monje me comunicó que mañana sobre las ocho podré ver a Su Santidad. Estoy pensando preguntarle si al menos podría disponer de 10 minutos para hablar con él porque de lo contrario me resultará difícil explicar lo que quiero. Mañana se lo preguntaré.

Hoy hemos estado hablando con nuestros hijos. Edwin les llamó a casa para que después pudieran llamarnos ellos al monasterio. Parecían estar contentos. Ferran ha ganado con su equipo de fútbol una copa y estaba contentísimo, y Sara ha quedado en tercera posición con su equipo de gimnasia rítmica en una competición que se celebró en Sitges y cuarta en la prueba individual. Me alegro de haber hablado con ellos y saber que están tan bien.

Cenamos rápido en un restaurante que nos aconsejó el monje y que nos gustó tanto que nos apetecería repetir. A la vuelta jugamos a las cartas en la habitación. Pero al final, al acostarnos, Edwin acabó enfadándose porque no soy capaz de desnudarme con naturalidad delante de él cuando me quiero lavar. No entiende que no me encuentro a gusto con mi cuerpo, menos aún si alguien me mira, incluido él.

LUNES, 11

¡Dios, qué contenta estoy! Son las once de la mañana y me encuentro masticando una medicina tibetana que está malísima. Me estoy dando cuenta de que cada día tengo más fuerzas porque todo lo que estoy pidiendo aquí se me está concediendo. No es fácil, pero de esta manera me están obligando a sacar mis armas de guerrera. Significa que estoy en el buen camino y que no será fácil.

El despertador sonó a las cinco y estaba diluviando porque se acerca la época de los monzones. Además, hacía un poco de frío. Me daba mucha pereza levantarme y, aunque sabía que si no lo hacía me iba a sentir culpable, opté por quedarme en la cama. Ayer acabé muy cansada y llevaba varias noches sin dormir bien. La primera vez que miré el reloj esta noche eran las tres, lo que significaba que había dormido bastante. Al final me levanté a las siete y media, cuando el cielo ya estaba azul.

Me parece que es una combinación perfecta: lluvia por la noche y sol y calor durante el día. Me imagino lo aburrido que debe resultar el monzón, sin parar de llover todo el día.

Le expliqué al monje que quería ver a Su Santidad más tiempo. Nos aconsejó que nos acercáramos allí a preguntarlo y me llevé un papel sin traducir que tenía preparado. Realizamos el mismo camino que el otro día por callejuelas abarrotadas de gente y muchos monjes. Cuando llegamos había menos cola que ayer y nos recibió prácticamente al instante. Edwin me pidió que participara un poco más para que Su Santidad viera que podía entenderle. Así que lo primero que quise hacer es que Edwin pidiera disculpas por haber vuelto. Argumentó que el día anterior estábamos muy nerviosos y que había preguntas que no habíamos hecho y por eso estábamos de nuevo en su presencia.

La audiencia de hoy ha sido muy diferente y hasta el propio Sakya Trizin estaba más abierto. No sabemos la razón, pero supongo que ayer ni siquiera le dio tiempo a leer la carta del Lama del Garraf. Tal vez la leyó después, el caso es que hoy hemos hecho todas las preguntas que queríamos. Además, me volvió a bendecir.

Formulamos varias preguntas y una petición:

Como el Lama me aconsejó que le solicitara un mantra, así lo hice y fue el siguiente: *Om am hum varja guru padma sidhi hum.*

Quise que me diera consejo sobre la vacuna y me dijo que me iría bien, mucho mejor que la quimioterapia.

Le pedí que me ayudara en el camino de la sanación. Me aseguró que así lo haría, pero que yo debía poner el otro 50 por ciento.

Le solicité guía para la meditación. Me aconsejó que siga con lo que estoy haciendo y que poco a poco iré mejorando.

Le pregunté si, tal y como me había dicho el Lama, me podía dar algún tipo de hierba. Me habló de uno de sus médicos y le pregunté si podía verlo.

Después de un buen rato hablando, concluyó diciendo que tengo que aprender, tener compasión y amabilidad.

Si no recuerdo mal más o menos fue así. Edwin traducía y de vez en cuando yo decía algo. Cuando finalizó la visita, un hombre que hablaba inglés muy bien y estuvo todo el rato hablando con Edwin, nos llevó a una habitación donde estaba el médico. Se llama doctor Tashi y es el médico personal de Su Santidad, a quien acompaña en todos los viajes y que combina la medicina natural con la convencional. El médico nos explicó que consideraba muy importante el *feeling* entre el paciente y el médico, y creo que, pese al problema del idioma, lo hemos logrado. Me recuerda a un chamán.

Primero estuvo tocándome la muñeca como me suele hacer Marcus. Observó mi brazo izquierdo, que lleva varios días hinchado, y me tocó en ciertos puntos. A continuación hizo presión en el omoplato. La parte izquierda me dolía mucho más que la derecha. Nos pidió que fuéramos a su consulta, así que salimos y fuimos caminando por algunos pasillos en el interior de la residencia de los monjes hasta llegar a otra habitación. Había dos camas y una de ellas estaba llena de hierbas, por lo que olía muy bien. Quería que le enseñara lo que tengo en el cuerpo. Nos acompañó el señor que hablaba inglés, un hombre muy simpático que transmitía mucha paz y ternura. En España no veo que haya tanta gente que tenga la capacidad de hacernos sentir de este modo. Hay que predicar que seríamos mucho más felices si todos tuviéramos más paz y confianza en nosotros mismos. Igualmente sufriríamos, pero aceptaríamos mejor las desdichas.

El médico me preguntó si comía bien. Le dije que hago una dieta muy estricta, importante para combatir la medicación agresiva. Me comentó que el interior de los pechos está muy duro. Es posible que la quimioterapia lo ablande; asimismo me aseguró que no tenía más remedio que ponerme la vacuna de trastuzumab. Por último me explicó que dispone de un preparado para la piel que podría ablandar las partes duras. El problema es que no lo tiene aquí, sino en la India, y hasta agosto no regresa. Es una combinación de hierbas, caca de paloma y orina de un niño de ocho años. No suena muy bien pero tengo plena confianza en este tipo de tratamientos. Me aseguró que intentará localizar la hierba aquí, en lugar de traerla de la India. Hablé con Edwin de que si no la hubiera conseguido antes del jueves, que es cuando tenemos que volver, le propondré pagarle el viaje a India para que vaya a buscarla y si me tengo que quedar más tiempo, así lo haré. Finalmente me dio unas medicinas para los próximos tres días y el jueves volverá a visitarme.

Además, otro de mis deseos al venir aquí era conocer un chamán y estoy segura de que el doctor Tashi lo es. No me ha dicho nada sobre el futuro, sé que es difícil, pero tengo mucha esperanza. Sin embargo, tanto él como Su Santidad me han aconsejado la medicina tradicional. Si no hubiera ninguna esperanza pienso que no me lo dirían. Tengo mucha fe en que esto me va a servir de mucha ayuda.

El hombre que traducía le estuvo contando a Edwin la historia de un señor que tenía cáncer de garganta y estuvo seis meses tomando orina de Su Santidad. Cuando volvió a la India el cáncer había desaparecido.

Me cuesta mucho hablar bien de mí misma y he de aprender a hacerlo. También me alegro de haber sido insistente y poder volver a ver a Su Santidad para preguntarle lo que precisaba. Tengo la sensación de que he conseguido aquello para lo que he venido. El libro de Castaneda habla mucho de un guerrero y sus hazañas. Me siento muy identificada con él, es el libro que necesitaba, ya que al igual que el guerrero estoy buscando poder.

Después de todas las emociones de esta mañana me quedé descansando en la habitación. Edwin salió y acordamos vernos más tarde en la estupa. Cuando llegué se encontraba con un niño pequeño, debía tener unos diez años, que hablaba un poco de inglés. El día anterior ya le había acompañado dando vueltas y hablando un poco. Estuvo un rato sentado con nosotros y me enseñó la postura del loto; también le pidió a Edwin que la hiciera. Desconocía esa capacidad en Edwin porque fue capaz de adoptar la postura. De repente el niño vio al que dijo era su gurú y se fue con él. Mientras seguíamos dando vueltas a la estupa vimos que el gurú le enseñaba al niño posturas para concentrarse. Los saludamos y el gurú invitó a Edwin a subir. Estuvieron probando posturas con las piernas cruzadas y los pies en la ingle y he de decir que lo hacía muy bien y además tenían público observándoles.

Me hubiera gustado recibir alguna clase de este gurú, un hombre de Taiwan, pero menos mal que no subí porque no soy capaz de hacer la postura del loto.

No puedo dormir y he pensado en escribir unas reflexiones.

Hoy ha sido un día muy especial y mi cuerpo lo debe notar. Cada día estoy más segura de que esta enfermedad es sólo una ayuda para que cambie mi vida y me dedique a ser compasiva.

Cuando le pregunté a Su Santidad qué debo aprender me respondió «a ser amable», y eso es lo que voy a hacer.

Es muy bonito ayudar a la gente, es un placer desconocido hasta ahora para mí que me está proporcionando una perspectiva completamente distinta de lo que se puede hacer en esta vida. No se trata de dinero, ni de ropa, ni de joyas, ya que se puede ser muy feliz con sólo ver a otras personas sonreír.

¿Qué hacemos en esta vida? Vivir día a día, no hay pasado, ni futuro, sólo presente y fe en este mundo.

La lucha es sobrevivir e intentar dar lo mejor de uno mismo y yo he tardado mucho en descubrir este nuevo aliciente para vivir. Más vale tarde que nunca, como dice el refrán, todo lo que me llene ahora otra vida me lo recompensará.

Hay que despejar el camino para llegar lo más limpios posible al final del camino y eso se consigue luchando y con cariño. Cada día me sorprendo de la fuerza que tengo y es maravilloso saber que puedo aprender a serlo todavía más.

No sé cómo voy a hacerlo, pero sé que lograré que otras personas saquen de igual manera sus fuerzas para luchar.

Es una misión que tengo, cada día lo veo más claro, sólo me falta descubrir qué camino seguir. Aunque no he de preocuparme, porque todo llega sin necesidad de forzarlo. Siento que no voy a tardar mucho tiempo en aplicar mi aprendizaje.

Este viaje a Nepal me está enseñando a quererme más. Aquí puedo ir como quiero sin preocuparme realmente por mi aspecto. No es casualidad que haya venido hasta este lugar porque estoy descubriendo cosas y aprendiendo mucho.

Martes, 12

Hoy hemos subido a la estupa de Swayambunath. Hacía mucho calor y me he tenido que parar varias veces, ya que has de subir muchas escaleras para llegar. Me sorprendió que tanta gente mayor hubiera llegado hasta arriba. Por mi parte, di algunas vueltas pero me faltaba el aire.

Alrededor de la estupa hay imágenes de Budas y Taras encerradas en pequeñas jaulas que estaban limpiando y pudimos grabarlas en vídeo y hacerles fotos. Además, había un hombre que nos explicaba cuál era cada uno. Nos dijo que hay cinco Budas y cuatro diosas, entre ellas Tara Blanca y Tara Verde. La limpieza de las imágenes la realizan una vez a la semana, debido a que la gente va dejando cosas y tirando arroz. Me alegro de que nuestra visita haya coincidido justo con esa limpieza.

Me senté a contemplar las impresionantes vistas del valle de Katmandú. Fue muy relajante, en especial, cuando empezaron a caer unas enormes gotas de lluvia. Lástima que sólo fuera una nube y algo de tormenta lejana.

La estupa que se halla rodeada de monos que intentan cogerte la comida de las manos es fascinante. En una capilla situada junto a ella hay una imagen grandiosa de Buda. El lugar está plagado de tiendas con recuerdos e imágenes y me imagino que los vendedores regresan a casa cada día, aunque debe ser un trabajo pesadísimo al verse obligados a subir tantas escaleras a diario.

Estoy convencida de que ésta es una experiencia que no te puedes perder, no importa lo que cueste subir, hay que verlo. En mi interior noté sobre todo paz, como si el mundo se hubiese detenido y nada importara. Vi un águila, sólo una, pero es mi pájaro y además fue una buena señal porque apareció por mi derecha.

Miércoles, 13

Hoy hemos ido en taxi a Nagarkot y ha resultado ser una excursión encantadora. Es un sitio precioso situado en las primeras montañas que rodean el valle de Katmandú, que se encuentra a poco más de una hora de Bodnath. Debido a lo cansada que me siento por no dormir muy bien las últimas noches, dudaba si ir; sin embargo, reconozco que me ha dado muchísima energía. Es un lugar impresionante y que transmite mucha fuerza. La próxima vez estaré varios días más, ya que sólo estuvimos un par de horas y se me ha hecho muy corto.

Caminando por allí estuve hablando con Edwin sobre mi necesidad de irme a la montaña a vivir. Opina que lo que siento es algo temporal y que más tarde puedo cambiar y querer volver a Sitges. Pero mi cambio no tiene nada que ver con un capricho porque se trata de algo más profundo.

De todas maneras, es normal que se sorprenda conmigo porque a mí también me pasa. Cosas que antes me encantaban ahora me dan igual. Aunque reconozco que antes era bastante superficial y pondré un ejemplo: antes aguantaba muchas veces tomando el sol para ponerme morena pese a que me sintiera incómoda. La diferencia es que ahora no puedo soportar aquello que no me gusta o simplemente me molesta un poco. Edwin dijo que también hay que compartir, ya que vivimos todos juntos. Le dejé muy claro que yo no tengo tiempo y que he de hacer ahora aquello que desee. Si me quieren acompañar, bien, y si no tendré que hacerlo yo sola. No voy a esperar a mañana.

Le volví a explicar lo que ya he comentado otras veces, que soy muy realista y que lo primero que quiero es estar segura de mi total recuperación. Cuando mi fuerza haya derrotado a esta enfermedad los cambios no representarán problema alguno. A él le gusta mucho nuestra casa, a mí también, pero otra me gustará igualmente, ya que será mi hogar.

A la vuelta pasamos por Changu Narayan, donde hay un impresionante templo dedicado a Visna. Solemos ir siempre a nuestro aire cuando visitamos un lugar, pero en este caso nos hizo de guía el chico que nos vendió las entradas y es cierto que es mucho más interesante visitar un lugar cuando alguien te explica la historia. Compré una tortuga y un sol con una luna de madera que hacían allí mismo.

He de relatar un hecho que me impresionó. Vi a una oveja que acababa de parir y estaba limpiando al corderito de sangre mientras todavía tenía colgando la placenta. Me pareció una escena hermosa. ¡Qué bonito es nacer y ver cómo una madre cuida de su bebe! Estoy convencida de que voy a asistir al parto de la niña de Sara, la tenga cuando la tenga, y será impresionante. Lo deseo con todas mis fuerzas y sé que podría ser de mucha ayuda.

Mientras paseábamos por la montaña pensaba en que a los niños también les gustaría hacer *trekking*, sería interesante que vieran otra manera de vivir y pudieran tener otra perspectiva de la vida.

A nuestro regreso nos sentamos un rato en la estupa de Bodnath. La voy a echar de menos y me encantaría que hubiera una al lado de casa. Aunque tampoco me puedo quejar, ya que la única estupa que hay en Cataluña está a media hora de mi casa.

Jueves, 14

Estoy un poco mareada. No sé si es por la medicina, que es bastante fuerte, o por no haber dormido mucho. Esta mañana el monje Lamjang nos enseñó el monasterio. No es muy grande, en uno de los pisos superiores hay una habitación para su eminencia, una sala de meditación, una cocina y otra habitación, y en el último piso disponen de una terraza y un salón sagrado.

Volvimos a ver al médico que me reconoció y me dijo que la piel estaba algo mejor, no tan tirante. Yo no me había dado cuenta, pero es verdad que brilla menos. Me dio medicinas para dos meses y dentro de mes y medio tengo que llamarlo porque se supone que para entonces ya estará en la India. También me explicó que de momento no es necesario que empiece con la medicina de la India, ya que era para ablandar la piel y aliviar el dolor y lo que me ha dado hasta ahora ha empezado a funcionar. Me aconsejó que no me pusiera la quimioterapia, sólo la vacuna, ya que la quimio ablanda y esta medicina ha hecho lo mismo en tres días. Estoy muy contenta.

Pregunté también sobre la acupuntura y me comentó que no supone problema alguno mientras no me pinchen el pecho. Destacó la importancia de la dieta y de que no tomara casi sal ni alimentos con mucho sabor. Según él, tampoco debía probar la cerveza, así que cuando llegue a casa retomaré mi dieta. Tengo que reconocer que la echo de menos. Me gusta lo que como aquí, pero prefiero comer sano y cosas que sé que alimentan y me ayudan en mi sanación.

Fuimos a hacer las últimas compras a Tamel y al regresar estaban rezando una oración en el monasterio, donde estuvimos hablando un rato con una chica alemana. Ha dejado su trabajo y ha venido a pasar unos meses, desde febrero hasta agosto. Creo que si no tuviera a mis hijos haría lo mismo.

Cuando dejó de llover fui en un taxi a ver a Maina al hospital. Menos mal que al final fui porque me dijo que me había estado esperando; si no me habría sentido fatal. Me regaló dos pulseras hechas por ella, una era para Sara, y una gorra de lana y yo le di unos paquetes de incienso que acababa de comprar. Asimismo me entregó una carta y un collar para Mercé. Esta chica me ha impresionado por su gran fuerza y porque es una luchadora. Además, posee mucho amor en su interior. Cuando salimos fuera me dio la mano y entonces hice algo que jamás había hecho antes, le dije: «I love you». Quería decírselo y, aunque no sabía si podría, al final lo logré. Luego ella también me dijo: «te quiero», en español. Estoy contenta por poder expresar con palabras lo que siento dentro de mí, algo que antes era incapaz de hacer.

No es mi deseo que sólo salgan cosas malas de mi boca, aunque es bueno para desahogarse, pero produce mucho más placer cuando eres capaz de expresar ante otra persona todo lo bueno que sientes.

La última noche invitamos a Dubthen y Lamjang, los dos monjes que nos han ayudado estos días, a cenar en el Three Sisters, el restaurante que más habíamos frecuentado durante estos días. Ambos hablan inglés, pero es bastante difícil entenderlos. Además son muy tímidos. Dubthen lleva en el monasterio desde que era niño, es decir, hace 25 años. Los dos vinieron de las montañas de Mustang, un lugar muy frío y seco a más de cuatro mil metros de altitud, donde en los largos meses de invierno no hay nada fresco para comer.

Quedamos en que mañana nos llevarán al aeropuerto. Edwin les pagó nuestra estancia en dólares, la cual salió baratísima, unas siete mil quinientas pesetas. Anteriormente le habíamos pagado al médico por las medicinas de dos meses y también nos pidió muy poco dinero, sólo unas mil cien rupias. Le dimos dos mil, que al cambio son unas cinco mil doscientas pesetas.

Viernes, 15

Al despedirse de nosotros en el aeropuerto, los monjes nos regalaron una kata a cada uno. Y antes de partir me pasé la mañana comprando más incienso.

Poco después de despegar vimos los picos del Himalaya por encima de las nubes, una vista muy hermosa porque parecían icebergs en el mar.

Estoy contenta porque pronto voy a ver a mis niños; sin embargo, sé que este viaje me ha sentado de maravilla; he aprendido mucho y algo así se lo recomiendo a todo el mundo. Una vez en el avión le comenté a Edwin que cuando el Lama me aconsejó viajar a Nepal me pareció un proyecto irrealizable. No obstante, he podido hacerlo y ya estoy de regreso y no han pasado más que dos semanas desde que me lo dijo. He comprobado que cuando se desea algo se puede hacer.

Esta mañana al levantarme abrí las cortinas y observé la estupa. Me ha sido de gran ayuda y sé que voy a echarla de menos.

¡Gracias por todo! Estoy convencida de que volveré, pero lo más importante es que ya he estado aquí. He obtenido muchas respuestas a mis preguntas y el resto ya vendrá. Se me está abriendo el camino, sólo hay que dejar que todo fluya a su ritmo. Estoy muy agradecida a esta enfermedad por haberme hecho descubrir este mundo interior que tenemos todos y que no sé muy bien describir con palabras. Los sentimientos y el disfrute de la vida provienen cada vez más a menudo de mi interior y eso me gusta. Noto la facilidad con la que se puede amar a los demás sin necesidad de que haya lazos profundos con ellos. Todos somos iguales y todos queremos y luchamos por lo mismo, por ser felices y sentirnos a gusto.

¡Gracias, Maina, te quiero mucho! Eres la persona que más me ha sorprendido y ayudado a comprender qué es el amor incondicional.

Estos días he vivido muchas situaciones bellas, aunque otras, como las discusiones con Edwin, no lo han sido tanto. Sin embargo, incluso ésas me han ayudado a descubrir lo bueno que hay en él. Estos enfados me sirven para conocerme a mí misma y para comprender que no todo puede ser siempre como yo quiero. Ahora los disgustos se me pasan más rápido que antes. Podría haber venido sola a este viaje, pero me alegro de que lo hayamos hecho juntos.

Intentaré enumerar lo que más me ha fascinado del viaje:

Maina
La ovejita recién nacida
El médico
La estupa Swayambunath
Mi estupa de Bodnath
El amor que Edwin siente por mí
Los niños del orfanato
El hecho de que Su Santidad nos recibiera dos veces

Al escribir estas palabras me doy cuenta de que me impresionó mucho la estupa de Swayambunath, pero siento más mía la de Bodnath.

En este momento nos encontramos en el segundo avión que hace el trayecto de Doha a Múnich. He dejado que Edwin lea los párrafos anteriores porque creo que se lo debía, ya que quiero que sepa que su compañía ha sido muy importante para mí. Me ha dado las gracias y me ha asegurado que no se va a aprovechar de que me enfade menos.

XIX

Subir a la montaña

SITGES
SÁBADO, 16 DE JUNIO

Una de las primeras noticias que he recibido hoy, mi primera mañana de vuelta en Sitges, ha sido la peor posible. Ha muerto Montse, la madre de Víctor y de Marina; el chico va a clase con Sara y la niña es compañera de Ferran. Me quedé de piedra, se me puso la piel de gallina y me dieron escalofríos. Me llamó otra madre para contármelo y que así pudiera explicárselo a los niños y no lo oyeran por boca de otros en el colegio. Yo ya no estaba muy fina, porque estaba preocupada al comprobar que se me había abierto parte de la herida del pecho y esta noticia me acabó de rematar.

Montse era domadora y el miércoles se cayó del caballo. El animal regresó solo y cuando fueron a buscarla la encontraron inconsciente en el campo. Se había dado un golpe en la cabeza, estuvo en coma pero no se volvió a despertar y ayer murió. Vaya noticia nada más llegar. Era una chica especial y me caía bien. Tendría más o menos mi edad, unos treinta y pico años.

Cada día que pasa constato que la vida hay que vivirla día a día y nada más.

DOMINGO, 17

Al ir hablándole a otras personas del viaje, me doy cuenta de lo bien que me ha venido hacerlo. Tengo muchas ganas de contárselo a todo el mundo. Además, cada vez me resulta más fácil hablar de lo que siento sin importarme que los demás me entiendan.

Antes de irse al funeral de Montse, Edwin nos dejó a mí y a los niños en el monasterio del Garraf. Le estuve explicando todo al Lama, que me dedicó mucho tiempo. Después, mientras esperaba a que volviera Edwin, me quedé enrollando mantras. El monje tibetano que sigue en el monasterio ayudando con la estupa me preguntó qué tal me había ido y me dijo que mi cara había cambiado, que antes estaba más triste.

El cambio de expresión puede venir porque ya tengo cejas y algunas pestañas; eso hace que la cara se transforme. No obstante, si todo el mundo lo dice será verdad que he cambiado y que se refleja exteriormente.

Ferran me estaba ayudando. Primero él estuvo mojando mantras en el agua azafranada y yo los colgaba y luego lo hicimos al revés. Me alegro de que esté aquí porque noto que está relajado y habla en voz baja. Me gusta estar así con él y no con esa tensión continua. El sitio invita a la tranquilidad y por eso todos cambiamos.

Edwin llegó enseguida y fue a saludar al Lama. Nos dijo que sabía que el viaje nos iba a ir muy bien, aunque reconoció que fue una locura proponérmelo. Le comenté que al principio a mí también me lo pareció, pero ahora estoy agradecida de que me lo dijera y de haberlo hecho.

Me apetece subir una vez a la semana al monasterio para ayudar. Es una motivación muy grande acudir a un lugar en el que sé que me relajo. Cuantas más cosas haga para reforzarme espiritualmente antes desaparecerá todo lo malo de mi cuerpo.

LUNES, 18

Gracias al viaje he tomado la determinación de que tengo que ponerme la vacuna de trastuzumab. Hoy fuimos a ver al doctor Escobedo para hablar de ello, entre otras cosas. Aún no tiene el medicamento, pero en teoría se lo han de traer esta semana. El primer tratamiento es bastante largo porque hay que controlar el cuantioso número de efectos secundarios. No obstante, no me fui nerviosa porque sé que todo saldrá muy bien y va a funcionar. La voz de mi interior que quiere hacerme sentir miedo continúa dentro de mí, pero ya no es tan fuerte como antes. Quiere provocarme dudas pero sé que voy a salir de este atolladero.

El médico me reconoció y no dijo nada.

—Está peor —aseguré.

—Pues sí, pero tampoco me ha sorprendido debido a cómo había evolucionado hasta ahora.

Hay una parte de la herida que está abierta y me dijo que para prevenir la infección me pusiera un poco de yodo. Tengo muy claro que no pienso hacerle caso. Me pondré un ungüento de própolis, que es una sustancia natural y estupenda para estos casos.

Por la tarde fui a ver a Carmen.

—Te veo bien —afirmó—. ¿Has visto a alguien en el viaje?

Me sorprendió la pregunta, ya que no pensaba contarle mucho. Le hablé del médico tibetano que me había dado unas pastillas de hierbas. Como las llevaba en el bolso las testó y dijo que son buenas. Me enseñó a testarme también a mí misma con las manos y me dejó sorprendida cómo funcionan el cuerpo humano y la mente, me parecen verdaderos milagros. Me gusta mucho esta mujer, ese carácter fuerte que posee y ella misma reconoce tener. Es una luchadora y está totalmente implicada en su trabajo.

Me hace feliz estar rodeada de gente con las mismas opiniones sin que ellos hayan coincidido en algún lugar. Me proporciona mucha seguridad a la hora de tener que tomar una determinación.

El examen que me realizó Carmen dio como resultado intolerancia al trigo, es decir, que no puedo probar el pan. Tampoco las naranjas ni las fresas ni la cebolla. El pan lo echaré de menos, pero voy a seguir el régimen a rajatabla porque sé que es muy útil. Haré una excepción el sábado en la verbena de San Juan, pero es sólo un día.

Estoy muy contenta de no haber cogido parásitos durante el viaje. Carmen me explicó que es muy fácil cogerlos en esos países. Estoy orgullosa de mi cuerpo, pese a todo por lo que está pasando porque está luchando con todas sus ganas. Incluso hoy me miraba una herida en la pierna que me hice en Nepal y está muy bien.

Hoy tengo bastantes pinchazos en el pecho, lo que provoca que mi mente tenga malos pensamientos. Aunque, por otro lado, recuerdo que el médico dijo que era mejor que se abriera y expulsara lo que me está perjudicando. Además, aquello que pica, sana.

Estos últimos días sólo camino por la playa descalza por la arena y el agua. Me produce la impresión de estar más en contacto con la tierra, últimamente cuando paseaba me parecía que pisaba demasiado asfalto.

Domingo, 24

El viernes vino a verme mi amiga Antonia. Está muy delgada y tengo la impresión de que ahora se gusta más y se siente mejor. Lo entiendo porque cuando vas a las tiendas y nada te queda bien te sientes muy mal. La próxima semana se va a buscar piso a Málaga, porque su marido quiere mudarse ahí.

Realmente espero que no se vaya. Me daría mucha pena y lo cierto es que me es de gran ayuda al quedarse siempre que lo necesito con mis hijos, y eso que ella tiene tres. La veo como mi hermana mayor. Considero nuestra amistad muy especial porque me hace sentir una tranquilidad que no me transmite nadie más.

Pasamos la noche de San Juan en el monasterio para huir un poco del jaleo del pueblo. Realizaron un ritual para eliminar obstáculos muy largo, aunque no tanto como el del día anterior. Sara se sentó con su amiga Cristina y, como Edwin, asistía por primera vez a uno. Me gusta que Sara participe en estos eventos porque seguro que le van a beneficiar, aunque todavía no los entienda.

Últimamente ha estado muy comunicativa. Le hablé de la reencarnación y ella a mí de sus sueños. Es increíble lo mucho que investiga en libros. Me enseñó un animal que recuerda que vimos en Portugal cuando caminábamos por la playa y lo cierto es que yo ni me acuerdo de él. Después me enseñó el esqueleto de una tortuga que está pegado al caparazón.

Es muy curiosa y le encanta leer. Adoro que sea de esa manera, se parece un poco a Edwin, que no habla mucho pero cuando lo hace siempre dice algo que te impacta.

La meditación después de la cena fue preciosa. Había una pequeña hoguera en el centro y el Lama actuó de guía. Una de las ideas de las que expuso que más me marcaron fue cuando dijo que todo el mundo puede ser nuestra madre. Es una filosofía que me resulta interesante. Además, es un placer escucharle hablar.

A pesar de todo sigo pensando que prefiero no implicarme en nada religioso. Me cuesta trabajo comprender tal veneración a una persona y considero que con el respeto es suficiente. Asimismo comparto la opinión de que si tenemos unos dones es bueno utilizarlos en beneficio de los demás porque ésa es la razón por la que estamos aquí y la vida en un determinado momento te pone en tu sitio para que lo descubras.

Graciela también asistió a la verbena del monasterio. Me comentó que nos ve muy cambiados a Edwin y a mí, más compenetrados. Entonces le expliqué que estoy convencida de que cuando Edwin se abra nos espera una gran sorpresa, ya que posee la capacidad de entenderlo todo muy rápido. Me resulta gratificante todo lo que estoy descubriendo.

Una vez en casa, pasadas las dos de la madrugada, Edwin tenía ganas de que le acariciara. Le había sucedido lo mismo por la mañana y entonces le dije que sabía lo que necesitaba, pero que no se lo podía dar. Me gusta ser sincera con él. Sin embargo, por la noche al acostarnos también me apeteció a mí. Disfruto cuando estamos conectados y logra encenderme. Lo importante es no forzar nada. Si quiero dormir, pues bien, y si me enciendo, pues también, el caso es no hacer nada obligado.

Lunes, 25

Me han puesto la vacuna. Tenía miedo por el estado de mis venas y lo cierto es me ha ido de maravilla. Nada más ponerme la premedicación ya notaba como si me estuviera mareando y me explicaron que era normal tanto que me mareara un poco como que me diera sueño. Estuve mucho rato con los ojos cerrados y recitando mi mantra. No estaba nerviosa, incluso les decía a mis células que esto es para ayudarlas a seguir multiplicándose para poder defender a nuestro cuerpo. Fue una sensación muy hermosa imaginar aquello.

Por la tarde estuve en el balcón de mis padres en L'Hospitalet. Me recordó a mi infancia y a mis abuelos, que vivían en este piso y a los que les encantaba sentarse en esta terraza. Cuando tuve a Sara también me venía aquí a tomar el sol. Realmente he sido una adicta a él. Para mí siempre ha sido muy importante estar morena porque me veía mucho más guapa y saludable.

Con estos cambios tengo la sensación de que mi vida está llena de sorpresas y que cada día todo es nuevo. Quiero seguir disfrutando de estas sensaciones y de todo en general. Las cosas van a salir muy bien porque, aunque sigo escuchando esa vocecita que intenta crearme dudas, cada día es más débil y la seguridad en mí misma seguirá creciendo. Graciela me dijo una frase que considero muy hermosa: «Nada ha cambiado, somos nosotros que miramos con otros ojos». De este modo se comprueba lo fácil que es cambiar aquello que nos desagrada y es una manera de pensar que me da mucha fuerza.

Martes, 26

Esta noche vamos a un concierto de Paco de Lucía. Así que por la tarde Edwin me dejó en la peluquería porque quería teñirme el pelo. Edwin me sugirió ayer que por qué no dejaba la peluca, ya que tengo una cara guapa y me queda bien el pelo corto. No me atrevía a ir sin ella, pero oírle decir eso me animó mucho. Antonia también me dijo el otro día que me quedaba bien.

Cuando le pedí a la chica de la peluquería que me tiñera me aconsejó que me esperara un poco porque el pelo está todavía muy fino y no le va a sentar bien otro tinte. Me puso unos clips en la peluca y la arregló. Tengo ganas de ponerme guapa para esta noche. Voy a intentar peinarme bien.

Miércoles, 27

Llamé al monasterio y le pregunté a Pili si puedo hacer el retiro de agosto. Dijo que el Lama y Andreu no volverán de su viaje a Bolivia hasta finales de julio, pero que como están en contacto con ellos por correo electrónico les consultará. No se lo había preguntado antes porque primero quería ver cómo me sentaba la vacuna, pero ya veo que no será un problema.

Tengo un grano en la nariz que me mosquea y es que con cualquier cosa que me sale ya empiezo a pensar mal. ¡Qué desastre! Son pruebas para enfrentarme a los mismos temas y cambiar mi percepción poco a poco. ¡Paciencia!

Edwin me dejó esta mañana en el paseo de Gracia. Cuando me dirigía hacia un centro de terapia de grupo que me habían aconsejado me caí y me di un buen golpe en la rodilla. No sé qué debe significar esto, pero el caso es que durante la caída tuve una sensación muy rara, como si tardase mucho tiempo en tocar el suelo y tuviese tiempo para pensar. El grupo de terapia en cuestión estaba formado por cuatro hombres y una mujer que me preguntaron si era la primera vez que iba. Era gente un poco mayor que yo y desde luego no me sentía en mi ambiente. Hubo momentos en los que tuve ganas de marcharme y me preguntaba qué hacía allí. Por otro lado, pensaba que eso me enseñaba a tener paciencia y a escuchar a otras personas. Aunque me parece que no voy a volver, porque todo lo que dijeron ya lo sabía. Me resulta complicado explicar lo que sentí allí porque parecían buena gente, pero tenía la impresión de no estar en el lugar adecuado.

Por la tarde quise explicar lo que me pasaba para comprobar si escucharía algo nuevo. Me decidí a hablar bastante tarde y resumiendo mucho, pero no obtuve ninguna respuesta nueva. No estoy segura de sacar algo en claro de esto, aunque supongo que sí, pues todo nos sirve, pero todavía no he podido captarlo. No voy a tomar ninguna decisión de momento porque ya no hay más reuniones hasta septiembre.

Me fui caminando con Ángeles, una chica que tiene cáncer de piel. Es enfermera en el oncológico y me ha gustado hablar con ella. Está bastante deprimida, creo que le fue bien la conversación que mantuvimos o por lo menos es lo que me aseguró. Le hablé sobre mis impresiones del grupo y pensaba igual que yo, incluso a veces no tenía ganas de escuchar a nadie.

En principio me parecía muy diferente a mí, pero está claro que en el fondo todos somos iguales. Ella está ahora en la primera fase de la enfermedad y siente mucha rabia; la entiendo muy bien porque he pasado por ello. Me comentó que antes de que le diagnosticaran la enfermedad tenía un proyecto para montar un grupo de ayuda a las familias en el Institut Catalá d'Oncologia. Quedamos en que a lo mejor nos llamábamos. Quizá yo podría ayudarla en este proyecto, nunca se sabe.

Otra de las confesiones que me hizo es que se siente muy sola. Sus palabras me hicieron pensar que tenía mucha suerte por tener a Edwin. Debe de ser mucho más duro afrontar algo así sin tener realmente a nadie, ya que en estas situaciones siempre te sientes sola o piensas que lo estás. Estoy agradecida por tenerlo a mi lado y sentirme querida.

Estoy muy contenta con el nuevo tratamiento porque estoy convencida de que si lo sigo podré hacer vida normal. Ahora me acabo de poner el aceite en el pecho y he visto más clara la piel que rodea el pezón. Estoy segura de que va a funcionar a la perfección porque así lo he decidido. Además, con la ayuda de los de arriba se va a disolver todo completamente.

Sábado, 30

Edwin fue a buscar las notas del colegio del último trimestre de los niños. Ferran ha acabado tercero muy bien, y Sara, que ahora pasará a sexto, también, aunque señalan que puede mejorar. La verdad es que no nos podemos quejar del rendimiento de ambos en la escuela.

Me siento extraña porque tengo una sensación en el estómago que no me gusta. Ayer estuve con Marcus y logró inquietarme. Es una persona que ataca fuerte. Le comenté que me encontraba muy bien y también le hablé sobre el grupo de ayuda.

—¿Qué has aprendido allí? —me preguntó.

—No me gustó —le contesté—, pero conocí a una chica que llevaba mucha rabia dentro y creo que he aprendido algo al ayudar un poco a esta chica.

Marcus me recordó que yo misma ya me había enfrentado a la rabia y que era un sentimiento que había que exteriorizar. Hablar de la rabia me provocó esta sensación extraña. ¿Rabia? Ya no la siento como antes, pero cuando tienes la sensación de que todo está bien querrías que durara siempre. Sin embargo, reconozco que este camino es así y a veces vuelve la impaciencia. No sé por qué me extraño cuando estos sentimientos me atenazan el estómago. Es cuestión de hablar sobre ellos y aceptarlos. Todavía tengo mucho que limpiar.

Me gustaría no tener que enfrentarme cada día a mi cuerpo porque es muy duro ver cómo tengo la piel, aunque la parte positiva de que sea externo es que puedo detectar cualquier cambio con rapidez. Por ejemplo, ahora mismo me acaba de salir mucha sangre de una herida del pecho, pero he logrado mantener la calma y se me ha cortado. ¡Dios mío! Quiero eliminar esto de mi cuerpo.

Domingo, 1 de julio

No me siento positiva. Mi cabeza da vueltas y empiezo a exteriorizar mis temores: se va a infectar la herida y no lo voy a poder superar, los tumores se me endurecen, se hacen más profundos y duelen mucho. Así que siento que mis miedos vuelven a acecharme y, aunque he tenido sueños, no veo las respuestas. Por ejemplo, hoy al despertarme he pensado: «¿Qué voy a hacer durante todo el día?». Estas cosas me dan miedo. Quisiera vivir en un sitio donde pudiera salir tranquilamente a la calle. Además, tengo la necesidad de estar en contacto con la naturaleza, pero si lo razono llego a la conclusión de que a lo mejor no estoy segura de lo que quiero porque empiezo a pensar en los niños y Edwin.

Si me dejo guiar tan sólo por lo que siento en estos momentos mi deseo sería estar en una casa de campo con Edwin y los niños y que él pudiera trabajar desde casa. También me gustaría tener un huerto sobre el que por supuesto tendría que aprenderlo todo, ya que no tengo ni idea. La cuestión es que deseo ir a un lugar donde me sienta libre para salir, aunque por otro lado la enfermedad me hace estar tan insegura que soy incapaz de tomar una decisión tan trascendente. No obstante, la necesidad de huir es cada día más evidente.

Hablé con Marcus sobre irme a vivir fuera y no le pareció mal, pero opinaba que lo más importante es sentirse a gusto en todas partes y ser capaz de dar la cara. Tiene razón pero todavía he de seguir meditando sobre todos estos asuntos.

Últimamente por las tardes estoy saliendo con mi hermana, pero en el pueblo hay demasiada gente. Los restaurantes están llenos y, aunque realmente no me molesta, lo cierto es que yo no puedo hacer uso de ellos ni sentarme a comer o tomar el sol en la playa y eso no me gusta.

En ocasiones el cuerpo me pide sentarme a tomar una cerveza y una pizza, pero estoy luchando contra algo muy potente que se encuentra dentro de mi cuerpo y tengo que ser fuerte. Además, cuando me salto las reglas de la dieta tampoco es que sienta un placer total porque sé que estaría mejor si hubiera hecho lo que debía.

¿Por qué me castigo tanto? A veces pienso que la razón es que no disfruto de lo que el cuerpo me pide y, como no sé la manera en la que terminará todo esto, desconozco si merece la pena tanto esfuerzo y sacrificio.

Uff, al releer lo que he escrito me doy cuenta de que estoy muy chunga anímicamente. Voy a meditar y a comprobar qué otros sentimientos soy capaz de exteriorizar.

LUNES, 2

Edwin me ha comentado que mi expresión de esta semana no es la misma que la que tenía la anterior. Me encuentro sensible, en especial con el tema de marcharme de Sitges; no se me va de la cabeza y cada día lo tengo más claro. No quiero ponerme más excusas porque ésta es una enfermedad prácticamente crónica y no puedo estar pensando en el mañana.

—Ahora te has empeñado en irte a vivir a la montaña, pero no es fácil porque somos cuatro. Lo meditaremos, pero no quiero que pienses que no nos importas —me dijo Edwin.

—Tanto los niños como tú tenéis vuestra vida —repuse—, pero lo único que yo hago es estar en casa... Nada más. Tengo muy clara cuál es la razón por la que necesito irme de aquí y esta enfermedad me provoca sentimientos muy fuertes, sentimientos que tú puedes llegar a imaginar pero nunca sentir.

Rompí a llorar. Me aseguró que hoy mismo buscaría una masía para el mes de julio, aunque él tendría que trabajar y yo debería quedarme con los niños. Lo que sucede es que no deseo marcharme de vacaciones a la montaña, sino irme a vivir. Me siento incomprendida en este tema.

En la calle, camino a la consulta de Graciela, vi un gran coche negro que me recordó un sueño que acababa de tener mientras dormía la siesta en casa de mis padres. En el metro lo escribí para enseñárselo a Graciela, ya que me pareció importante.

Al llegar le expliqué que me encontraba inquieta. El sueño me preocupaba porque tocaba el tema de la muerte, ya que últimamente es una idea que me ronda a menudo por la cabeza y no precisamente como algo malo, sino como un estado capaz de proporcionarme paz. Me pregunto si mi cuerpo se está preparando para ella.

La explicación que me dio Graciela del sueño expresa a la perfección cómo me siento en este momento. Opina que estoy sumida en una dualidad, por un lado está la muerte que no significa muerte física, sino muerte de viejas creencias y apegos, y por otro mi rabia y mi enfado. Según cree, mis movidas son cada vez mayores porque la parte espiritual está ganando terreno y de ahí provienen mis inquietudes, a las que llamó rabia. Sus palabras coinciden con las de Marcus cuando le hablé de la terapia de grupo. Además, Graciela me aseguró que percibía que no quiero morir todavía, ya que cuando una persona toma la decisión de morir se percibe con facilidad y no hay dudas.

Empiezo a comprenderlo, no sé cómo debe ser, pero estoy segura de que ha de ser sencillo de apreciar. Siento que no ha llegado mi hora, pero entonces ¿por qué no van desapareciendo las manchas rojas de mi cuerpo? Al observarlas he comprobado que cada vez hay más.

Martes, 3

He dormido en el monasterio. Por la tarde me puse a preparar mantras para los molinillos. Me encontraba en compañía de Pili, que me explicó que su madre murió de cáncer cuando ella tenía seis años. La enfermedad le duró año y medio. Lo pasó muy mal, pero lo vivió como parte de un crecimiento muy grande, aunque desde luego es mucho mejor crecer con una madre. En cuanto escuché su relato pensé que tengo que seguir aquí con mis hijos.

Asimismo me contó que habló con el Lama, que sigue en Bolivia, y le dijo que quiere verme antes de decidir si puedo hacer el retiro de un mes. Últimamente mi vida funciona de esta manera, decidiéndose todo en el último momento. El Lama llegará el 27 de julio, el 28 me recibiría y, si me encuentra bien, el 29 me tendría que incorporar. Todo un récord.

Miércoles, 4

Percibo que estoy librando una gran batalla interior y me siento igual de inquieta. Quiero tranquilizarme, pero la piel no me da ninguna señal de mejoría y me preocupa. No sé qué he de hacer y tengo miedo. Hay palabras que me gustaría borrar de mi vocabulario, pero está claro que, aunque deje de escribirlas, no es tan fácil no pensarlas.

Cuando estaba tumbada en la cama veía a través de la ventana el cielo nublado y me gustaba. Pero por otro lado sigo preguntándome qué hago aquí y cuál es mi misión. Necesito saberlo y sacar toda la voluntad que me sea posible para terminar con todo esto. Se me está haciendo difícil y no deseo que así sea, lo único que quiero es considerarlo posible. No sé si me explico.

Antes de marcharme del monasterio, mientras esperaba a Edwin, me fui a dar unas vueltas alrededor de la estupa. Había luna llena y era una sensación magnífica. Tengo ganas de que la estupa esté terminada porque la considero un lugar muy especial.

Jueves, 5

Son casi las dos de la madrugada, así que debería escribir ya viernes, 6. No puedo dormir porque me molesta el lado izquierdo, siento como si tuviera algo dentro que me quema. Cuando apagué la luz me molestaba el pecho, pero ahora se me ha extendido al costado. Espero que se me pase pronto y tengo miedo, ya que vuelvo a pensar en que la enfermedad está corriendo también por dentro.

Antes de acostarnos la noche me resultó muy agradable. Edwin llegó pronto de trabajar y en cuanto anocheció fuimos los cuatro a cenar a la playa, una idea que me rondaba la cabeza desde hacía tiempo. Había una luna preciosa y también nos llevamos velas. Cuando terminamos de cenar Edwin fue a casa a buscar música. Ferran quería bailar *La Bomba*. Así que mientras Sara, Ferran y yo bailábamos Edwin nos grabó en vídeo. Me lo pasé bien e incluso metí las piernas en el agua. Me hubiera encantado zambullirme en el agua, pero no me atrevo a mojarme todo el cuerpo con la herida del pecho. Pasé una velada muy especial y me encontré relajada. Ferran tiene mucha gracia bailando y cuando se suelta lo hace muy bien. No paro de descubrir cosas nuevas en él.

Viernes, 6

Fui con Sara a Vilanova para comprarle ropa y zapatos y mientras caminábamos le pregunté por qué nunca me pregunta nada sobre mi enfermedad.

—No lo sé, mamá. ¿Te lo pregunto ahora?

Le aclaré que la enfermedad que padezco tarda mucho en curarse. Tenía ganas de darle una pequeña explicación y con 11 años ya la considero lo suficientemente mayor como para comprenderlo.

A la hora de elegir ropa es muy insegura pero aprenderá. No le va a quedar más remedio. Por ejemplo, hoy se ha ido sola al pueblo y volvió en autobús, mientras que hace algún tiempo ni se hubiera atrevido. Seguro que mi enfermedad la va a hacer más independiente y segura.

Hoy me decía alguien del colegio que el marido de Montse aún no les ha mentado la palabra muerte a Marina y Víctor en relación a su madre. Se fue en un caballo blanco y ya está. Creo que tendrían que saberlo pero es una situación muy complicada y nadie sabe cómo reaccionaría ante esto.

SÁBADO, 7

Marcus me ha comentado que tiene un libro muy bueno, precisamente el mismo que me acaba de dejar mi amiga Lisa, *El libro tibetano de la vida y la muerte* de Sogyal Rinpoché. Me enseñó un párrafo en el que se explica exactamente lo que significa mi mantra. Me hace mucha ilusión leerlo esta noche porque es un mantra de los más completos e importantes.

DOMINGO, 8

Son las dos de la madrugada y me he despejado un poco tras tener relaciones con Edwin. Cuando terminamos tenía ganas de llorar de felicidad. Me estoy dando cuenta de todo lo que aprendo porque ahora disfruto de verdad sin pensar en nada más, a pesar de que el pecho me está dando algún pinchacito. Estoy muy complacida, ya que siento a Edwin de otra manera y, aunque no encuentro las palabras apropiadas para explicarlo, doy gracias por todo.

Hace un rato, mientras me ponía el aceite, el pecho volvió a sangrar como muchas otras veces. Hay momentos en los que me asusto pensando que la sangre no va a parar de brotar, pero siempre se detiene. Tal vez se me esté cayendo la carne a trozos. ¿O lo que sucede realmente es que estoy sacando todo lo malo afuera? Desconozco cuál es la respuesta y no sé a quién preguntar, ya que creo que el médico no tiene ni idea de lo que me pasa y se me han quitado las ganas de preguntarle.

He de escribir una frase muy hermosa que acabo de leer de un filósofo taoísta, Chuang-Tse: «Anoche soñé que era una mariposa y ahora me pregunto: ¿soy un hombre que ha soñado que era una mariposa o soy una mariposa que en estos momentos está soñando que es un hombre?».

Últimamente siento que con Edwin paso el día muy tranquila y a gusto. Le quiero mucho y adoro nuestra relación actual. Me noto muy diferente con él y recordar lo de anoche me hace sentir bien. No tiene que ver con el sexo, sino con una energía que percibí en mí y que me pareció muy bonita e importante.

Voy a meditar, ya que he aprendido algo nuevo sobre cómo se empieza a hacerlo cuando se hace sadhana. Me está yendo muy bien leer este libro, porque, aunque creo que no trata el tema con mucha profundidad, si no tienes ni idea de meditación es aconsejable. En este momento estoy leyendo sobre la importancia de meditar porque eso es lo que poco a poco te lleva a encontrar paz interior, ese silencio que es tan difícil de hallar.

Martes, 10

Hoy me encuentro bastante mal, a pesar de que ayer me sentía bien. Me veo el cuerpo cada vez más rojo y ahora parece que se me está extendiendo por la parte izquierda. Tengo miedo de que me suba del cuello a la cara; no quiero ni pensarlo. También puede ser que la piel esté más sensible después de la vacuna que me pusieron ayer. Vi al doctor Escobedo y le expliqué las molestias que noto, como la quemazón dentro del cuerpo. Dice que es normal, siempre normal. Reitero mis palabras del otro día: creo que no tiene ni idea de lo que me está pasando y que para él también es todo nuevo.

Jueves, 12

Estoy triste y muy enfadada. Desde que Edwin ha decidido irse unos días al Tour de Francia me siento otra vez mal. ¿Qué me pasa? ¿Estoy enfadada porque no me hace caso? Ya no sé ni lo que tengo dentro de mi cabeza. Anhelo comprenderle y una parte de mí lo hace, pero eso no me quita el enfado. Me sentía feliz por haber podido acercarme a él de otra manera, pero de nuevo me siento incomprendida. No me gusta lo que estoy escribiendo porque parece que estoy sintiendo pena de mí misma y lo tengo muy fácil para asumir ese papel; sin embargo, no es lo que quiero. Tiene más que ver con lo que deseo y con compartir con él, pero no puedo.

Estoy a punto de tirar la toalla en lo que se refiere a la familia. Creo que voy a tener que continuar sola con esta lucha y me siento incapaz. Tengo la impresión de estar arrastrando cosas muy pesadas por mi camino y mi energía se está quedando por los suelos. No lo voy a permitir.

Esta mañana hablando con Marcus se me ocurrió la idea de irme a vivir al monasterio. Si soy sincera no me parece mal en absoluto porque supondría la posibilidad de salir de casa. Además, no me da pena porque sé que Edwin se las arreglará con los niños.

Es lo que siento en mi interior. Si quiero vivir he de hacerlo como yo deseo. Si me siento acompañada puedo con todo, pero si no es así tendré que dejar en el camino lo que me estorbe porque no dispongo de fuerza para todos. Me llena mucho la idea de toda la familia unida, incluso sería de mucha ayuda, ya que podría obtener de ello la energía que me falta. Pero si no puede ser, pues tendré que aceptarlo.

Edwin me explicó el otro día por qué quiere irse unos días a Francia. Dice que lo necesita, que no es por el trabajo, sino por salir un poco de esta situación. No dije nada, pero me sentía muy dolida. No puedo evitar seguir pensando que su trabajo no me importa lo más mínimo y con más razón si, aunque sólo sea una vez, lo sitúa por delante de mí.

El trabajo lo tendrá siempre y a mí puede que no.

Tal vez yo haría lo mismo en su situación, es posible. Pero la cuestión ahora es que me ha hecho daño porque me aseguró que siempre estaría a mi lado y que no deseaba volver a estar fuera cuando me dieran noticias importantes.

La primera vez que me comunicaron que el bulto del pecho era maligno, en octubre de 1997, cuando ni él ni yo lo esperábamos, Edwin estaba en Kiev. Me encontré con muchas dificultades para llamarle al hotel y contárselo.

—Pero ahora estas bien —me dijo ayer—, por mi cabeza no se pasa la idea de que te vas a poner mala.

Me fui a dormir sin ganas de hablar ni de contestarle.

Esta mañana nos hemos ido a Cercs a ver a Marie y Yorgos y también hemos estado en Berga, que podría ser un lugar donde ir a vivir. Aunque no he visto mucho del pueblo, me sentía bien porque nadie me conoce. Además, hay tiendas y restaurantes, con lo que la primera impresión no ha sido mala. De todas maneras no sé por qué digo todo esto, ya que, a pesar de que Edwin miró un par de agencias inmobiliarias conmigo, se notaba que lo hacía para seguirme la corriente y no tenía ningún interés. Ese tipo de actitudes se perciben con facilidad.

Después de comer fuimos a caminar con los niños por donde siempre lo hacía cuando estuve en casa de Marie y Yorgos; es un lugar en el que me siento muy a gusto. Caminaba junto con Sara mirando las montañas y tenía la sensación de que se movían hacia mí y le pregunté si ella también lo sentía así. Es un sitio muy especial.

A la vuelta, bajamos todos al río y Marie se bañó desnuda. Situaciones como ésta, tener un cuerpo normal y poder desnudarte donde te parezca, son las que me dan envidia. Es una pena no saber lo que se tiene hasta que se pierde.

Cuando por la mañana llegamos en coche, me pregunté si quería vivir en la montaña y me entraron las dudas. Pero después de pasar todo el día aquí lo tengo mucho más claro. Pienso que sería un lugar ideal para mí. Sara me decía que ella no quería cambiarse de casa y venir a un sitio como éste. Su padre le había dicho que si nos cambiábamos era para que yo me pusiera bien.

Me apetecía quedarme a cenar en Berga antes de regresar a Sitges, ya que me sentía bien y estaba animada. Pero era la única a la que le apetecía cenar. Edwin sugirió que entráramos para que yo comiera y que él se tomaba una Coca-Cola y los niños un helado. ¡Qué bonito! Por supuesto me negué y dije que quería volver a casa.

En el coche estuve llorando un poco y durmiendo a ratos. Entiendo que estaba cansado y quedaban dos horas de camino, pero para mí significaba que me encontraba bien, estaba con mi familia y no sé si mañana habrá otro día. Pensar de este modo me funciona, es una manera de actuar que me gusta porque deseo aprovechar todos los momentos en los que me encuentro bien. Sin embargo, también soy consciente de que sólo yo puedo sentir de este modo y no puedo transmitírselo a los demás. Interiormente continúo fantaseando con el hogar ideal, pero cada día me doy más cuenta de mi soledad para lograr ese objetivo.

XX

Abandonar el cuerpo

SITGES
VIERNES, 13 DE JULIO

El porro de ayer me hizo mucho efecto y tuve unas sensaciones muy raras. Al cerrar los ojos sentía como si tuviera dos cuerpos, el que estaba en la cama y el que quería salir de mí. No podía controlar al que quería marcharse, me apetecía dejarme llevar, pero me daba miedo no regresar y volverme loca. A ratos me sentía normal, pero de nuevo volvían las ganas de salir. Incluso tenía la impresión de que en el techo había alguien, sabía que no estaba sola.

Esta mañana mi hermana me habló de guías espirituales, creo que fue eso. Me sentí como si escuchara respuestas que me proporcionaban tranquilidad y me daban mucha fuerza. Ayer por primera vez comprendí que soy yo sola la que voy a vencer a esta enfermedad y que he de luchar por mí, no por Edwin ni por los niños. Ya sé que normalmente pienso en mis objetivos, pero ayer lo único que había e importaba era yo.

Anoche Edwin entró en la habitación para decirme «te quiero» y por la mañana me ha dejado una carta preciosa y muy larga, de ocho folios, en la que dice que me necesita y en la que ha escrito algunas frases que me han dado mucha fuerza y me han sorprendido. Mientras la leía no pude evitar llorar:

«Cariño:

»Creo que hace años que no te escribo estando en una situación así. Como verás, ahora mi letra es lamentable pero intentaré que sea legible.

»El auténtico problema es que no sé por dónde empezar. La última frase que me dijiste ayer, que no te venga con ese rollo patatero, es lo que me ha hecho decidirme a escribirte. Espero que tengas la paciencia suficiente para empezar a leer este "rollo", que refleja como me siento. Tal vez ya no me muestre tan comunicativo como antes, pero tú cada vez te pareces más a mí en eso: ¿Qué porcentaje de los sentimientos que anotas en tu libreta te atreves a decirme directamente a mí? Ni una décima parte, seguro.

»Lamento que después de veinte años de convivencia no hayas perdido tus miedos, celos, malos pensamientos, rubores, reparos o lo que sea que tengas hacia mí. Si primero durante muchos años he tenido que soportar que pensaras que te consideraba tonta, ahora quieres pensar que eres un lastre y que lo mejor (para mí) sería que por fin te quitaras de en medio porque ahí fuera me esperan muchas mujeres, amistades, juergas, alegrías... ¡Basta ya con ese complejo de inferioridad! Aunque hayas querido resaltarlo muchas veces, estoy seguro de que jamás te he tratado como lo hizo tu padre con vosotras de pequeñas. No digo que sea mejor o peor que él, porque no suelo juzgar de este modo a las personas, pero lo que sí es cierto es que yo, además de amarte, te respeto. Un amor y un respeto que incluyen todos tus defectos y, sobre todo, tus virtudes.

»Yo soy muy yo, y lo sé, pero si en esta vida alguien me ha formado, ésa eres tú. Y si aún tuvieras dudas al respecto basta con examinar la relación que tengo con mis padres. No soy como ellos, sino que me parezco mucho más a ti de lo que tú estás dispuesta a reconocer. Soy modesto y me cuesta asumir logros, pero tú me superas: crees que es mentira que hayas sido capaz de moldear a alguien como yo. Pues te repito lo que ya te he dicho otras veces: has conseguido que te considere no sólo mi mujer y la madre de mis hijos, sino una parte de mí mismo, de mi cuerpo y de mi alma. Y con eso has conseguido que no me avergüence de tu cuerpo y de tu aspecto. Tú eres yo y esos bultos rojos y tus maltrechos pechos también son míos. Es verdad que en verano muchas partes del cuerpo quedan al descubierto y todo el mundo va ligero de ropa, pero yo hace tiempo he dejado de hacer comparaciones. Sólo falta que tú te lo creas y dejes de taparte ante mí.

»No tengo problemas en admitir que a veces a mí también me ha dado miedo ver cómo la enfermedad invadía tu cuerpo. Pero al mismo tiempo pensaba que después de esto habrá algo mejor. Jamás serás la de antes, ni física ni psíquicamente, pero piensa que el físico ha dejado de ser importante y que la parte psíquica sacará a la luz a una Mari mejor.

»Para eso hace falta que pierdas tus temores y sobre todo tu orgullo. Eres una experta en pensar que sabes, o eso crees, qué es lo que pasa por mi mente. En casi todas las discusiones intento desmentir lo que ni siquiera me has dicho, pero que estoy seguro de que piensas de mí. Aprende de algunas de tus últimas experiencias con gente que no conocías y sobre los que tu primera impresión fue equivocada. A mí me conoces desde hace mucho más tiempo, pero no sé por qué sigues buscando malicia en mis actos o palabras.

»Durante el último año, con la excepción de Sara y Ferran, todo lo demás ha pasado a ser secundario para mí. El trabajo, los viajes, la diversión, la declaración de renta... He puesto mi vida, toda mi vida, a tu disposición. Además, tengo la suerte de que en el trabajo, aun funcionando a medio gas en un puesto nuevo para mí como es el de reportero, me he ganado crédito y nadie me regaña por rendir muy poco o producir prácticamente nada. Y, aunque así fuera, me importaría un bledo porque en estos momentos tengo otras prioridades en la vida.

»Creía que no era difícil constatar esta actitud mía, pero con sólo sugerirte lo del Tour has vuelto a caer en el prejuicio de que para mí el trabajo es más importante que la chica y en eso te equivocas. Siempre has sido más importante que mi (posible) carrera en el periodismo y hay numerosas pruebas de ello en el camino. Por eso mi idea de acercarme unos días al Tour no era por trabajo, ya que sería frustrante darme el tute de 700 kilómetros de ida a los Alpes y otros 700 de vuelta para unas pocas líneas en el diario. Si ésa fuera la razón me iría en avión, pero no era lo que quería. Me apetecía alquilar un coche que me proporcionaría la independencia para volver a casa rápido si hiciera falta. No quería viajar porque sí. Si no recuerdo mal, desde que el cáncer regresó a tu cuerpo creo que me he ido tres veces de viaje. El primero, a Holanda, se me hizo largo y me sentía inútil. Por eso, reduje el segundo, también a Holanda, a un viernes y un sábado. En el tercero pasé tan sólo una noche en Algeciras. Descubrí que no echaba de menos a los viajes y sentía con más fuerza que nunca que tenía que estar contigo.

»Si pensé en ir al Tour no era porque echara de menos los viajes, sino que consideré que me iría bien para recargar unas pilas que tengo bastante agotadas. Además, jamás me marcharía si no tuvieras la ayuda de tu madre, que es una santa. No es éste un alegato ni una trampa para convencerte de que es mejor que me vaya unos días a Francia. Ni yo sé qué es lo mejor, pero si crees que quedándome aquí demuestro lo importante que eres para mí, ni mil palabras más. Pero sería muy poca cosa demostrarte mi amor y mi deseo de que te recuperes rechazando viajes o trabajos. Intento manifestártelo a diario.

»No me han entregado un manual de cómo convivir o tratar a un amor que padece cáncer y que cada día piensa en la muerte. Me guío por mis intuiciones y ante todo por mi amor, aunque me puedo equivocar. Sabes que he asumido mis errores y hasta ahora me ha ayudado mucho la manera en la que tú los has afrontado: con un enfado considerable que pronto desaparecía.

»Te escribo esta carta porque presiento o compruebo que esta vez es diferente. No soporto tu desprecio y menos ahora, después de que por la noche me explicara Marcus que realmente soy muy importante para ti. Tranquila: no me ha desvelado nada más y sólo lo ha dicho con buenas intenciones. Lo único que me hubiera gustado es escucharlo directamente de ti. Pero a menudo tu orgullo te impide expresar esos sentimientos y esperas que yo los adivine o sea capaz de percibirlos.

»Marcus también me dijo que sabe lo difícil que esto debe ser para mí. Le contesté lo que siempre pienso y digo: que los que no estamos enfermos no tenemos ninguna razón para quejarnos. Si yo viera a la muerte atacando mi cuerpo, estaría acojonado. Te admiro por tu fortaleza y entiendo tus miedos, aunque estoy convencido de que debes aferrarte a la esperanza.

»Me da miedo perderte. Tú piensas que los que continuemos en esta vida estaremos pronto nuevamente encarrilados, con otras esposas o madres. Es una manera de pensar de lo más infausta. Más lastre que tu enfermedad sería tu ausencia. Te necesitamos y, aunque no lo digamos muy a menudo, necesitamos que estés con nosotros, incluso cuando nos obligas a hacer la cama y a recoger la habitación cada día.

»Olvídate de tus complejos, tus pensamientos aciagos. Te permito que tengas ese miedo, un miedo que es lógico y razonable, pero que no debe obstaculizar tu recuperación. Lo demás ya no tiene importancia. No pienses mal, no supongas que quería ir al Tour por trabajo o porque ya no signifiques nada para mí. No creas que no cenamos en Berga porque tu marido y tus hijos conspiraban contra ti. Eres el centro de mi vida, de nuestra vida, la de todos aquellos que te queremos de verdad. Deja de sospechar que te hago daño a propósito. Estate orgullosa de ti misma, de cómo luchas contra esta enfermedad y no dejes que los fantasmas te zancadileen. Sólo así lo superarás.

»Una vez recuperada podrás decidir si quieres seguir confiando en mí. Pero ahora olvídate del desprecio, del odio y de la desilusión que me hunden bastante. No me refugio en el alcohol ni en el trabajo ni en nada. Estaba, estoy y estaré siempre para ti. Tú has de estar para ti misma, pero prométeme que quieres salir de esto porque estoy convencido de que puedes.

»Son las tres de la madrugada, voy a dormir y sé que, como siempre, lo haré bastante bien o eso espero; sin embargo, eso no quiere decir que no sufra. No deberías pedir siempre muestras de ese sufrimiento o de mi amor. Estoy ahí contigo, siempre. Creo que en el último año has aprendido que no hace falta decir diez veces al día "te quiero" para demostrarle amor a tu pareja. Ya no lo dices pero sé que me amas. Por favor, piensa tú lo mismo de mí.

»De nuevo repito:

»Te quiero.

»Pero ante todo deseo que te quieras a ti misma, a quien eres ahora. Sólo así saldrás de esto.

»Un beso y que con el sol de la mañana se diluya tu amargura.

»Camina hacia delante, no mires más atrás. Yo te esperaré.

»Edwin».

Después de leerla, no tuve tiempo de decirle nada, ya que me iba a caminar con mi hermana. Sólo le pregunté si Marcus le había aconsejado que me escribiera y me dijo que no, que era cosa suya.

Mientras paseaba con mi hermana le conté todo lo que sucedió ayer y le hablé de la carta. Sin embargo, no he cambiado de opinión: no me gusta que Edwin se vaya de viaje. Lo que sí pude decirle esta mañana es que no voy a a permitir que ni él ni nadie me haga daño. Me voy a proteger de todo.

Me he enterado hoy que Herman Brood, un cantante holandés, ha muerto. Se ha tirado del tejado del hotel Hilton de Amsterdam porque quería ser una leyenda; de este modo seguro que lo ha conseguido. No me da pena, él eligió cómo quería morir y aparentemente ha hecho todo lo que deseaba en la vida.

Me sigo preguntando qué fue lo que me sucedió la otra noche y he llegado a la conclusión de que lo que pensé fue que moriría cuando esa otra parte de mi cuerpo que quería salir lo hiciera. Según me contó mi hermana, cuando mueres abandonas el cuerpo. Todo esto es muy extraño y todavía me pregunto qué pasó y si fue real. Si esta noche me vuelve a pasar algo así me voy a dejar llevar a ver qué sucede.

Sábado, 14

Estoy esperando para comer mientras Edwin prepara la barbacoa. Sus padres están aquí, pero mañana regresan a Holanda.

Anoche fue especial y no me lo esperaba. Cuando Edwin llegó de trabajar estaba leyendo, ya había meditado y no quería apagar la luz hasta que no estuviera muy cansada para así dormir mejor. Nos resultó difícil empezar a hablar, él tenía que cenar y yo tampoco estaba muy inspirada. Pero entonces, un poco más tarde, me confesó sus miedos. Me resultó duro oírlo, pero es la realidad. Estuve llorando mientras lo escuchaba. Me contó que cuando fuimos a Nepal también a él se le pasó por la cabeza que podría ser nuestro último viaje, pero que no quiere contarme pensamientos de esa clase. Me volvió a confesar que le gustó mucho que Marcus le dijera lo importante que él es para mí, aunque le habría gustado escucharlo de mi boca. Cuando le oigo sincerarse me doy cuenta de lo grave que es mi situación. Lo percibo, pero no lo siento así.

Le conté a Edwin lo que me había pasado con el porro y opinaba lo mismo que mi hermana: no sería mi hora, tal vez me habían llamado pero no era el momento.

Creo que fue una conversación muy interesante para los dos, aunque lo cierto es que necesitamos hablar más a menudo. En especial yo, ya que es verdad que no le cuento este tipo de cosas porque pienso que, primero, no las va a entender y, segundo, me va a tomar por loca. Sin embargo, también he de admitir que últimamente me siento más unida a él que antes.

Por cierto, camino del monasterio Edwin estuvo a punto de atropellar una serpiente muy larga. Nunca he visto una serpiente tan grande. ¿Qué significará? Es la tercera en poco tiempo. Según Graciela, son indicio de un cambio radical.

Domingo, 15

Me siento fatal y tengo miedo de mis pensamientos. Desde esta mañana estoy acumulando rabia y ahora la estoy exteriorizando. ¿Qué hago aquí con esta gente que me ha tocado en suerte?

Edwin acaba de entrar en la habitación para preguntarme qué me pasa y por qué no pido lo que quiero.

Me decía que tendría que ser feliz de estar en casa y no en un hospital. Le dije que no quiero conformarme con eso y que hoy ha sido horrible porque lo he pasado encerrada, igual que el domingo pasado. En cambio ellos se han levantado, se han ido al pueblo y después a la playa. Me siento egoísta pensando de esta manera porque cuando están en la playa siento celos, aunque no quiero confesárselo. Vivimos en la playa y es normal que la aprovechen.

He tenido unos pensamientos muy negativos sobre qué hago aquí o por qué me pongo la vacuna; también se me ha pasado por la cabeza la posibilidad de que tanto Edwin como mis hijos estarían mucho mejor sin mí. Deseaba morirme. Aunque ahora nada más escribirlo me siento mal otra vez porque parece que no tuviera ilusiones.

Íbamos a ir al cine pero a mí no me apetecía que lo hiciéramos en Sitges. Me gustaría ir sin peluca, con mi aspecto actual. No quiero que la gente me pregunte, aunque sé que es normal que lo hagan al verme con un aspecto tan diferente. No obstante, no deseo enfrentarme a ello. Sueño con la montaña porque el otro día en Berga me lo pasé muy bien. Comprobé que tengo energía y que me podía pasar un buen rato con mi familia, que es lo que realmente me apetece, y tener la sensación de que ellos también lo necesitan. No me gusta escribir estas cosas que me hacen compadecerme de mí misma.

Esta noche en la cocina Edwin me aseguró que quiere hacer todo lo posible para que no muera. Escucho esa palabra continuamente y al mismo tiempo me da miedo y me atrae.

Sergi, el compañero de Edwin, le llamó desde el Tour, pero le dijo que de momento no va a ir, aunque puede que se acerque al Pirineo. Sergi le contó que el hermano de un fotógrafo ha muerto a causa de una caída mientras escalaba. Lo dicho, nadie sabe si mañana estará aquí.

Jueves, 19

Le conté a Graciela lo que me cuesta enfrentarme cada día a mi cuerpo. Me contó que somos del tipo de personas que siempre hemos dado mucha importancia al exterior. Lo de *nosotras*, en plural, iba por mi hermana y por mí, ya que opina que todo nos viene de familia. Me doy cuenta de que lo que antes me podía parecer atractivo en una persona, ahora ya no lo es. En la actualidad me atrae de las personas algo distinto. Tenemos un concepto de belleza equivocado, pero cómo cambiarlo si no conocemos otra cosa. Ojalá supere cuanto antes la fase de los problemas con mi físico porque me daría mucha paz.

Vino Marcus a verme y me recriminó que no desee salir porque no quiero ver a la gente. Opina que he de enfrentarme a ello y no tener en cuenta lo que los demás piensen. Me siento como cuando huía de las clases en el colegio porque me daba mucha vergüenza hablar delante de los demás. Es la misma situación que se presenta ante mí una y otra vez en mi vida y supongo que ha llegado el momento de afrontarla.

Me siento presionada por todo lo que sucede y que tengo que solucionar, pero no hay elección, he de hacerlo. Necesito estar sola y pensar qué es lo que me va a ayudar a salir de esta situación. Necesito escucharlo, no me puedo equivocar, ya que no hay tiempo para tonterías. Mi cabeza es como una olla de presión donde no caben tantos pensamientos.

En un momento de rabia quise irme al monasterio, pero realmente parece que las circunstancias me llevan allí; además, todo el mundo me dice que el retiro me sentaría muy bien.

Viernes, 20

Anoche estuve hablando con Edwin sobre irme al monasterio e incluso quedarme a vivir después del retiro. Me aseguró que no había ningún problema si eso me va a ayudar. Ya se encargará él de preguntar en su trabajo si puede cambiar de horario. Tampoco descarta que nos vayamos a vivir al campo o la montaña, pero me ha dicho que lo primero es curarme y después ya veremos. Estoy muy contenta de que me hable así. Realmente tengo mucha suerte.

Quiero familiarizarme con mi cuerpo, quererlo y aceptarlo como es ahora. Pensaba en la vacuna de trastuzumab y, aunque es más lenta que la quimioterapia, es buena porque moviliza las defensas, que es de lo que se trata, es decir, sacar fuerza del cuerpo. En mi caso cuando la quimio desaparece de mi cuerpo lo deja tan debilitado que después la enfermedad ataca con mucha más fuerza.

Domingo, 22

Fuimos al zoo con los niños. Aparcamos frente a la estación de Francia y Edwin les contó a los niños nuestra historia. Empezó por narrar cómo nos conocimos en su primera visita a España de vacaciones con sus amigos. Después tuvo que coger aquí el tren de vuelta, primero a la frontera, de ahí a París y por último a Holanda. Les contó que cuando el tren se iba me quedé llorando en el andén con 17 años.

Me encontraba tan cansada que mientras lo relataba no pude sentir prácticamente nada. Sin embargo, ahora al escribirlo sí que lo he revivido y me doy cuenta de por qué aquello fue tan intenso. Después de aquel primer verano ya le quería de verdad y casi veintiún años más tarde seguimos juntos. ¡Es muy fuerte! Es más de media vida.

Me gustó mucho el parque de la Ciutadella, ya que tenía otra imagen de él. Me pareció que estaba más limpio y tenía más árboles y sombras de lo que me imaginaba, incluso se indicaba en un letrero el nombre de cada árbol y es un detalle que me agrada.

No obstante, estaba tan cansada que no aproveché mucho la visita al zoo. Vimos a los delfines, monísimos y con una cara de paz y felicidad que me encanta. Aunque tener a los animales enjaulados no me parece lo mejor porque me dan pena. Entonces me acordé de que mi tortuga Fátima también tiene poco espacio, así que en cuanto crezca la voy a dejar libre por todo el jardín.

Tenía ganas de hacer alguna actividad con los niños y el zoo nos ha gustado, por lo que pensamos que hay que repetir la visita. Además, como te puedes tumbar en el parque y comer, el próximo día que vengamos traeremos bocadillos.

LUNES, 23

Fui a la peluquería y pedí que me hicieran algo con lo que me atreviera a salir sin la peluca. La chica que me atendió me aconsejó un postizo sólo para la parte superior, pero como costaba ochenta mil pesetas le dije que de momento me pusiera color y que me lo pensaría.

Desde luego su fuerte no era el tacto porque me preguntó si había preparado a mi familia para el cambio. La chica me insistió para que me dejara la peluca puesta, pero me negué. Sin embargo, quiso peinarla por si más tarde me la ponía. Se equivoca porque lo que voy a hacer es tirarla. ¡La odio!

Me tiñó el pelo de un rojo intenso y cuando salí a la calle pensé que todo el mundo me iba a mirar, pero en realidad pasé desapercibida. A continuación me fui a hacer algunas compras: una falda y dos blusas en la tienda *hippy* de L'Hospitalet. Creo que la falda me queda bien con el pelo que llevo ahora porque me da un aspecto muy alternativo. Según mi madre me sienta estupendamente y como además la chica de la peluquería me había maquillado un poco, mi cara tenía mejor aspecto con el pelo corto. Otro de los consejos que me dio la chica fue que me pusiera otro tipo de pendientes para dar un toque más femenino, así que me compré unos aros de oro.

Es una sensación muy agradable saber que no tienes que ponerte nada en la cabeza. Cuando íbamos hacia casa Edwin me pidió que subiera a recoger a Ferran a casa de Sonia para que me viera el pelo. Al principio me negué, pero cuando estábamos llegando pensé que tenía que hacerlo, suponía un reto para mí; subí y me alegro de haberlo hecho.

MIÉRCOLES, 25

Me ha venido muy bien que Sara se fuera con Rafa al nuevo piso que han comprado en Sitges porque he estado muy tranquila estando a solas con Ferran. En esta situación su actitud cambia de manera radical, incluso ha estado haciendo deberes. Estaba en la cama y vino para enseñarme lo que había hecho, entonces me vio las manchas rojas del pecho derecho y me dijo que se pensaba que sólo tenía mal el pecho izquierdo. Le expliqué que eran los dos y se quedó sorprendido.

Cuando llegó mi hermana me comentó que el pelo me queda bien. Estoy tan cómoda que doy gracias a Dios por ello. Aunque

Sara me pidió la peluca para jugar y por la tarde Ferran me dijo lo mismo, decidí tirarla al contenedor porque quería deshacerme de ella. No quiero verla nunca más.

Viernes, 27

Llevo todo el día preocupada por la mancha roja del brazo, ya que veo que se va extendiendo hacia abajo, y recuerdo que el médico me advirtió de que si corría no era buena señal.

Esta tarde en el paseo me crucé con Matilde y su marido, que han sido profesores de Sara y Ferran. Son los primeros conocidos que me han visto con mi nuevo *look*. Soy incapaz de afirmar que no me importó que me vieran, pero son cosas que ocurren y no puedo evitarlas; además, está bien que sucedan. Nunca hubiera elegido la imagen que tengo ahora porque me siento como si estuviera desnuda, pero soy así y no puedo hacer nada para modificarlo. De momento carezco de pelo que pueda esconder un poco mi cara ni tampoco tengo un buen cuerpo. Ya no poseo nada de lo que antes me cubría para adquirir mi seguridad. Este aprendizaje es muy duro y cada día soy más consciente de que la coraza que llevo puesta se está cayendo sin poder evitarlo.

Sábado, 28

Subí al monasterio porque me llamaron por el teléfono para decirme que el Lama quería verme. Una vez allí me preguntó si podía hacer el retiro en casa en una habitación donde pudiera hacer sadhanas pero repuse que es imposible, ya que los niños se pelean mucho y no me concentro. Me comentó que sería un problema tener que hacerme las comidas en el monasterio, aunque Andreu le había explicado que no sería tal problema porque siempre me las hacía y que después ayudaba en la cocina. Otro obstáculo era el hecho de que cada lunes tengo que bajar al hospital para ponerme la vacuna, ya que en un retiro no puedes salir para nada.

Me tiró las piedras y lo primero que salió fue que lo pensara muy bien. Volvió a tirarlas varias veces más y me dijo que definitivamente no podía hacer el retiro porque le había salido el demonio de la muerte. Expuso que este retiro me iba a perjudicar de cara a mi enfermedad.

Quería preguntarle sobre mi enfermedad porque lo del demonio de la muerte me llegó al alma, pero no me atreví. Tampoco le pedí que me explicara exactamente qué significaba, ya que me daba pavor escuchar la respuesta. Al final, como vio que tenía tantas ganas de hacer algo en el monasterio, sugirió hacer el retiro de Tara Blanca, que sirve para alargar la vida y no dura todo el mes ni es tan intensivo. De momento, mañana regresaré, volveré a dormir a casa y después me quedaré toda la semana. Más tarde hablaremos de nuevo.

Me hizo una limpieza y observó que estaba cargadísima, me aconsejó poner mucho incienso en casa. Por mi parte, tengo el concepto de que el incienso se utiliza tan sólo por su aroma, pero lo que hace en realidad es limpiar. Nada más llegar a casa puse incienso negro.

Domingo, 29

Me ha gustado mucho la iniciación en el monasterio. Es agradable recitar las oraciones y me relaja mucho, además me pareció preciosa la voz de Alex, el cocinero, recitando. Después me explicaron un poco cómo se hace el sadhana de Tara Blanca, que es mucho más largo que el del Buda de la Medicina y resulta bastante complicado con tantos mudras. He de repasarlo todo antes de ponerme a hacerlo. Me parece dificilísimo hacer un sadhana, ya que has de estar muy concentrado porque todo va relacionado: visualizaciones, mantras, mudras... Supongo que es como cualquier otra cosa, cuando lo haces muchas veces le vas cogiendo el truquillo.

Al llegar a casa me fumé un porro, me acosté y le pregunté a Edwin si se acostaba, pero le apetecía quedarse a ver una película, ya que yo no quería hacer nada más antes de dormir.

Estamos como siempre, noto que él tiene muchas ganas y a mí eso también me provoca tensión y siempre me acuesto con mal sabor de boca y sintiéndome culpable por no poder corresponderle. Sin embargo, lo que no voy a hacer es obligarme a algo que no siento y pase lo que pase es una situación que voy a evitar, aunque está claro que puede que de este modo le esté facilitando el camino para fijarse en otra persona. No me importa, no quiero perjudicarme más. Como dicen los budistas, las palabras y lo que sientes tienen que ser lo mismo. Mi meta es intentar seguir este camino.

XXI

Las enseñanzas de la muerte

PALAU NOVELLA
LUNES, 30 DE JULIO

Tras un día largo en Barcelona (la vacuna, Graciela, comer una paella en la Barceloneta) Edwin me ha subido tarde al monasterio. Lo que más nerviosa me puso fue prepararme el equipaje para toda una semana con la ropa y los ingredientes para hacerme las comidas. Sara me ha ayudado a recoger las cosas de mi habitación y también empecé a preparar un pequeño altar para hacer en casa los sadhanas.

Ya que no hago el retiro, puedo salir las veces que desee y dar vueltas a la estupa. Por la mañana he de rezar la oración de las siete y media que dura hasta las nueve y por la tarde la oración dura desde las cinco hasta las seis y media. Un poco más tarde he de rezar otra oración con la gente que hace el retiro. No sé qué tal me irá todo esto, pero creo que es lo que debo hacer.

MARTES, 31

Me he llevado un buen susto en mi primera noche en el monasterio. Sobre las cinco noté que la cama estaba mojada y rápidamente pensé que podía ser del pecho. Encendí la luz y tenía toda la parte de delante de la camiseta manchada de sangre porque el pecho derecho no paraba de sangrar. Brotaba de abajo, por donde tengo el bulto, aunque al principio temí que saliera de más zonas por la cantidad que era. Me puse unas gasas, empecé a hacer un poco de reiki y enseguida se cortó, aunque tardó un poco más que otras veces. Debía llevar bastante tiempo abierto sin que me diera cuenta, así que pensé que sería normal que hubiera tanta sangre. Me sorprendió que, teniendo en cuenta la situación, tampoco me puse histérica e hice lo que tenía que hacer esperando que se me cortara.

Esto me ha sucedido porque esta noche dormí un par de veces boca abajo, ya que como no me duele no me doy cuenta, pero he de tener cuidado de no hacerlo.

Llamaré a Edwin para que intente localizar al médico tibetano porque sólo tengo medicinas para una semana más. Asimismo hablaré con el doctor Escobedo porque viajar yo sola en estas condiciones a la India tampoco sería aconsejable. Además, menos mal que estoy sola en la habitación, ya que si alguien me hubiera visto se habría asustado de verdad. Seguramente no es mucha cantidad, pero ver tanta sangre impone.

Ha comenzado el retiro y por las ventanas se escuchan las oraciones. Después de ellas se debe mantener silencio absoluto y tampoco se puede hablar durante las comidas. Me resulta extraño, pero me gusta porque me doy cuenta de que muchas veces hablamos por hablar. El silencio también hace que nos enfrentemos a nuestros problemas.

Le pregunté a Pili si podía ver al Lama, pero me contestó que si no es una cuestión de vida o muerte me espere porque en los retiros siempre surgen muchas cuestiones de nuestro interior y primero hemos de asimilarlas.

Tengo la sensación de estar haciendo lo que tengo que hacer y que el retiro que solicité hacer no era adecuado para mí en este momento.

Esta tarde me contaba una mujer que no siente nada por su marido desde hace veinte años y está mucho más a gusto en el monasterio que en su casa. Cada día veo más claro que tenemos que elegir aquello que nos va a beneficiar. Todas las personas estamos de paso en esta vida y con nuestro estilo de vida casi todos cargamos con determinados pesos sin saber la razón. Si sintiéramos que todo es un proceso podríamos despegarnos de ciertas cosas más fácilmente. De todas maneras, escribir estas palabras tan bellas es una cosa, pero llevarlas a la práctica es otra bien distinta.

SÁBADO, 4 DE AGOSTO

Edwin vino a traerme algunos enseres que necesitaba y, una vez que los dejamos, fuimos al laguito, donde me preguntó qué voy a hacer porque no me ve muy contenta. Tengo claro que si el Lama me aconseja que me quede, lo haré. Le expliqué que no tengo ganas de gritos ni de televisión ni de todo el jaleo que hay en casa. Necesito estar muy tranquila. Esto no es un paraíso y la habitación en el monasterio parece una sauna porque estos días está haciendo un calor terrible pero he de pasar por ello.

Lo cierto es que me he sentido un poco rara con él, no sé cómo explicarlo, pero el caso es que no puedo decir que les eche de menos a él y a los niños. Es como ver cada vez más claro que no quiero volver a mi situación de antes y que, por tanto, he de cambiar mi vida por completo.

Estoy preocupada por Bono, nuestro gato. Edwin lo llevó al veterinario y en la radiografía se veía que tenía una pequeña fisura en la columna vertebral. Según el veterinario, puede deberse a una caída, pero es más probable que alguien le haya pegado, aunque no me imagino a nadie pegando a nuestro gato. El caso es que casi no puede andar y se esconde. Pobrecito. Edwin lo encontró escondido y acostado en el jardín de al lado, el del Museo de Mar y lo trajo a nuestro jardín, pero se volvió a marchar. Don, nuestro vecino, le explicó que un gato cuando está enfermo se va y no vuelve hasta que se ha recuperado.

Entonces le dije a Edwin que, como yo soy un poco gato —da la casualidad de que en el horóscopo chino soy gato—, opino que lo mejor es que lo deje tranquilo porque lo entiendo perfectamente. Espero que Bono no sufra. Me he dado cuenta de lo mucho que le quiero; es un gato muy especial. ¡Espero, cariño, que estés bien y te recuperes porque quiero verte en casita!

SITGES
MIÉRCOLES, 8

Estoy aterrada porque la enfermedad sigue extendiéndose por mi cuerpo, ha descendido todavía más por el brazo y también ha aparecido en la espalda. Me pregunto qué puedo hacer para detenerla, pero no tengo la respuesta. Temo estar rindiéndome, ya que siento que mis fuerzas flaquean cada vez más y tengo la necesidad de sentir paz, lo que parece que me acerca más a la muerte. Tengo la impresión de que la situación está más difícil que nunca y cada día me cuesta más enfrentarme a mi cuerpo tan deformado. Siento tanto pánico que incluso me da pavor estar escribiendo estas palabras aquí sentada en las escaleras que dan a la playa.

El mar está precioso y el día está nublado, aunque ahora están asomándose unos rayos de sol. Prefiero que se nuble porque me apetece que el tiempo me acompañe con su tristeza.

El último día que pasé en el monasterio pude hacerle una visita al Lama. Estudió la posibilidad de que continuara con el retiro y me dijo que no era aconsejable ni esta semana ni la próxima, que mejor volviera en quince días para hablar nuevamente con él, aunque según podía observar de momento no estaba en peligro. Y lo que es la vida, porque resulta que al final sí que tenía muchas ganas de regresar a casa; esta vez no me dio pena venirme. Me dio mucha alegría ver a Edwin y a los niños cuando vinieron a buscarme.

Las visualizaciones me cuestan, pero los monjes dicen que eso se aprende poco a poco. Cada vez me parece más interesante el budismo y nada fácil, pero siento mucha curiosidad y quiero profundizar más en él. Sigo teniendo dudas con mis prácticas porque me pregunto cuánto es fe y cuánto desesperación. Estoy hecha un lío, y todo cambia tan deprisa... Necesito aclarar qué es lo que quiero y lo que siento y por eso agradezco haberme topado con el budismo en mi camino; me interesa y atrae y deseo conocer todo lo que hacen y cuáles son sus significados. Quizá lo más aconsejable sea dejarme llevar y no seguir preguntándome para qué me sirve, porque será algo que descubriré a su tiempo.

Sábado, 11

He pasado tres días con las enseñanzas en el monasterio, aunque no me quedo a dormir, subo y bajo cada día. Me gustan y creo que es justo lo que necesito escuchar y, aunque tampoco sea nada nuevo, en estos momentos en los que estoy tan nerviosa me conviene escuchar este tipo de ideas. El tema de este ciclo de enseñanzas son los cuatro desapegos y hoy hemos tratado el tema de la permanencia, de la muerte, algo que me interesa muchísimo.

Ayer el kempo tibetano me dio las medicinas que había traído de la India. Le pregunté cuánto valían, pero respondió que no le habían dicho nada. Me contó que las había traído la mujer de Su Santidad. Se están portando de maravilla.

Domingo, 12

Después de muchos días malos puedo decir que hoy me encuentro bien. Últimamente mis emociones durante el día parecen ir subidos en una montaña rusa. Hoy me siento estupendamente y sólo noto como una pequeña punzada en el estómago.

En el monasterio ya hemos acabado con el tema de la permanencia, pero lo importante es que he estado dos días hablando de la muerte sin tener miedo ni sentir pena, que es lo que normalmente nos sucede al escuchar esta palabra. Además, tengo una concepción distinta, ya que ahora no veo la muerte como algo atractivo, simplemente es un hecho irremediable que llegará a su debido tiempo porque no podemos luchar contra ella.

Martes, 14

Estuve hablando con Esther de la pasión, ya que está muy enamorada de un chico de Ibiza. Entendí perfectamente lo que ella me quería decir, pero opino que es un placer mundano que no se puede mantener siempre. Después de haber sentido con Edwin aquellas ráfagas de energía no las cambiaría por nada. ¿O sí? Lo que sucede es que, aunque considero que la pasión amorosa es un estado delicioso, ahora estoy en otro punto y no me agradaría nada cambiar a Edwin. Es hermoso crecer juntos y esa unión te hace sentirte cómplice de tu pareja. Como en este momento no me interesa el exterior, mi pasión ha de provenir del interior. No obstante, también estoy de acuerdo con Esther en que cuando la pasión surge es muy bonito poder sentirla.

Recuerdo los sentimientos que tuve por un chico en Cuba. Desde luego no estaba enamorada pero era algo muy agradable. Soy consciente de que no era más que una ilusión porque si hubiera llegado a algo más, el hechizo se habría roto.

Pienso mucho en la muerte a causa de mi falta de energía. Si éste ha de ser mi camino, lo único que deseo es que todo suceda rápido, en primer lugar, para no sufrir y, en segundo, para que no lo hagan los demás.

Sábado, 18

En las enseñanzas han hablado de una meditación para eliminar el apego al yo, a tu cuerpo y a tu vida. Mientras lo decían sabía que era para mí e iba a ponerlo en práctica.

Antes de ir a ver al Lama me puse a llorar, por lo que al principio no quería entrar. Entonces Edwin me preguntó qué me pasaba, pero no supe expresarlo con palabras, sólo sabía que me sentía fatal. Después de llorar durante un rato me tranquilicé y entramos. Le conté al Lama que me sentía muy mal, con muchos altibajos, y que estos dos últimos días estaba sin energía. Me tiró las piedras y me tranquilizó al decirme que de momento no veía peligrar mi salud.

Me explicó que me siento así a causa de las enseñanzas y es necesario que saque todo fuera. Según me dijo, tenía que exteriorizar lo que llevo por dentro y la forma en la que sale es con dolor. Me dejó mucho más tranquila. A continuación me limpió y declaró que llevaba mucha suciedad. Me dijo que me ha sacado algo muy gordo y que mañana debería sentirme mejor.

—¿Cómo podría deshacerme de las cosas que me tienen atrapada? —le pregunté.

—Para eso tendrías que dejar a tu marido, a tus hijos, todas tus posesiones e irte a la montaña.

A veces pienso que necesitaría estar completamente sola y no precisamente porque de esa manera las cosas vayan a ser más fáciles, sino todo lo contrario. Me imagino que en esa soledad de la montaña no hay nada ni nadie que te distraiga y puedes conocerte realmente a ti mismo.

El Lama quiso saber mi opinión sobre la parte de los infiernos en las enseñanzas. Dije que me había parecido muy dura y al tiempo que lo escuchaba me preguntaba si era necesario escuchar todo aquello.

—Me pareció una película de terror —afirmé.

Entonces me explicó una historia que me pareció muy interesante sobre un lama que murió hace diez años. Daba enseñanzas en la India y cuando había gente de occidente, siempre comenzaba por los infiernos, que es la parte más dura, tema que alargaba durante un mes y medio. Casi todos se iban yendo y muy pocos aguantaban hasta el final. Lo hacía de esta manera intencionadamente para que sólo se quedara la gente que tenía verdadera fe.

—Como aquí tenemos la mentalidad de los infiernos católicos no soportamos tocar estos asuntos. En el budismo es todo lo contrario, se habla de ellos para sacar toda la suciedad que llevamos dentro. Incluso se hacen meditaciones con pus y sangre para sacar esas porquerías —explicó.

Lo que más me sorprende es que ahora mi energía ha cambiado. No tengo ni idea de cómo me encontraré mañana, pero después de ver al Lama estoy mucho mejor. Cada día aprendo lecciones nuevas en el monasterio.

Domingo, 19

A pesar de que ayer me encontraba muy bien, hoy vuelvo a tener otro día chungo. Esta madrugada hizo tanto calor que necesité tomar aire fresco. Cogí la colcha azul y me fui al sofá del jardín; es la primera vez en la vida que me acuesto fuera por la noche. La sensación fue agradable, ya que necesitaba sentir el aire fresco en mi cara. La temperatura era de 28 ºC. Por la mañana Edwin me puso el edredón encima pero le dije que con la colcha tenía suficiente. Me he despertado sobre las ocho con el sonido de los pajaritos.

He tenido durante todo el día mareos y la sensación de que los brazos me pesaban.

Por la mañana subí al monasterio para asistir al último día de las enseñanzas. Cuando acabé, Edwin, que ya ha empezado sus vacaciones, vino a recogerme y nada más llegar a casa me metí en la cama. Mientras tanto, él y los niños se fueron a la playa. Me encontraba tan floja y con tan poca energía que pensé que si me moría antes de que llegaran, todos nos quedaríamos descansando. El pensamiento me asustaba porque dicen que cuando piensas en ello es que ha llegado la hora.

Comí en la cama y cuando Edwin vino a verme estuve llorando sin parar. No dejé de hablarle de alquilar una casa en el interior que estuviera cerca de aquí para que los niños puedan seguir asistiendo a su colegio. Ante todo ansiaba transmitirle que en las condiciones en las que estoy soy un estorbo para ellos, para mí misma y en definitiva, para todo el mundo. Además, notaba que estaba completamente rendida, no tenía ganas de nada más.

Por la tarde volví al monasterio y me vio el Lama. Observó que tenía algo en la cabeza, lo que me asustó porque últimamente no veo con nitidez y precisamente le había comentado a Edwin lo mismo hacía poco. No obstante, el Lama esperaba eliminarlo con la limpieza que me iba a realizar. Comentó que tenía mucha porquería y que había dos seres pegados a mí.

—¿Cómo puede ser eso si ayer ya me limpió? ¿Significa esto que tendré que venir cada día?

—Siéntate y te lo explico.

Tenía ganas de llorar y lo hice durante un rato. Cuando me empezó a limpiar me pidió que pensara en Tara Blanca.

—Hay muchos seres, espíritus, que han muerto sin haber conocido el camino del Dharma. Se han quedado en un estado intermedio y le chupan la energía a seres más débiles o a otros que están en el camino del Dharma. Son obstáculos que se crean en este camino. Pensamientos tan negativos como los que tienes provienen de ellos, te están transmitiendo su sufrimiento. Hay gente que incluso llega a sentir el dolor de estos espíritus y cuando el médico los examina no tienen nada físico.

Me enseñó a hacer un ejercicio antes de ir a dormir para que hable con esos seres y les acompañe en el camino hacia la luz. Es una práctica de médium que él realiza desde hace veinte años.

Ya habíamos hecho planes para ello, pero me aconsejó que me fuera de vacaciones porque me vendría bien.

Nada más salir noté cómo el peso que sentía sobre los hombros había desaparecido. Yo misma aluciné cuando, una vez en casa, se lo expliqué todo a Edwin. Me parecen increíbles todos estos cambios brutales. Según las palabras del propio Lama, este camino es de mucho sufrimiento, pero si logro exteriorizarlo todo, algo que me convendría hacer, me voy a sentir mucho mejor.

Lunes, 20

La visita al médico ha sido mucho más positiva de lo que me esperaba. Temía que, a causa de los mareos que estoy sufriendo, saldría algo malo en los análisis, pero están muy bien y tampoco tengo anemia, que era lo que me temía, aunque estoy floja y sigo constipada.

Me miró la piel, y le comenté lo de la sangre. Me explicó que la sangre es muy escandalosa, pero que en el fondo no es algo malo porque limpia. Con cierto miedo le pregunté sobre los marcadores de la analítica anterior y me dijo que habían bajado a treinta, lo que significa que vamos bien, aunque también es cierto que ese avance lo debería notar un poco más en la piel.

Esta noche hablé largo y tendido con Edwin, lo que me complace porque tengo la impresión de que cada día me voy soltando más y tengo la impresión de que empieza a entenderme. Dice que lo que no comprende es que si estoy tanto tiempo con ciertos temas como puede ser que aún no los haya solucionado. Pero es normal que no lo comprenda, pues hasta yo misma me doy de bruces una y otra vez con las mismas historias y me desespero al tener la sensación de que no aprendo nada.

También hablamos de aquello que nos molesta. Me preguntó el por qué de que cuando estamos hablando en algún sitio público y pasa una mujer atractiva siempre lo vigilo para comprobar si él la mira. Le reconocí que es verdad y que ésa es otra de las miles de actitudes que tengo que modificar. Pero me gustó poder decírselo y, aunque al principio me tentó la idea de no querer reconocerlo, pude decírselo y además le hablé de ese otro concepto de belleza que tengo ahora.

Miércoles, 22

Me he comprado una guía de casas de turismo rural y he llamado a varias, pero todas están ocupadas la última semana de agosto, algunas incluso todo septiembre. Al final me dieron el número de una agencia que me ha enviado información sobre una casa de montaña en Cantabria que tiene buena pinta. Me parece muy cara, pero a lo mejor la alquilamos.

Se encuentra situada junto a los Picos de Europa y muy alejada del mar, más o menos lo que buscábamos. Además, creo que está bastante aislada porque está en medio del bosque. Cada vez me apetece más marcharme porque me siento como en una jaula. Tengo calor, no puedo ir a la playa y eso me enfurece. Tengo el sueño de buscar una casita en la Alpujarra y otra en Granada capital. Creo que allí podríamos ser felices.

Miércoles, 23

Ya hemos reservado la casa en Cantabria y mañana saldremos a primera hora, sobre las ocho de la mañana, porque la persona que nos tiene que entregar las llaves estará hasta las seis de la tarde.

Esta misma tarde me pregunté qué tal nos irán las vacaciones a los cuatro juntos porque en casa Sara puso la televisión y no la aguanto. No soporto eso ni muchas otras cosas. Pensé incluso en si no habría sido mejor que me hubiese ido yo sola a otro sitio. Me siento muy caótica y llena de rabia. Cuando esta noche apagué la luz sentí que tenía que llorar porque me daba pena pensar que no estoy ilusionada por irme de vacaciones. Me pregunté cuál sería la razón de que sienta siempre tanto miedo y de que no pueda disfrutar de nada. Después se me pasó por la cabeza un pensamiento aún más macabro, me imaginé que si tuviéramos un accidente me reventaría el pecho. No sé por qué se me ocurren esas ideas. Me doy miedo.

XXII

Quiero seguir soñando

Llayo
Viernes, 24 de agosto

Me gusta tanto la casa como la aldea donde estamos, aunque aún no he visto mucho de ella. Está en un pequeño valle bastante alejado de Potes, un pueblo turístico de Cantabria en el que se escucha el ruido de un río. A los nenes se les ve contentos.

Ferran y yo salimos a pasear un rato, pero tuvimos que volver porque estaba todo plagado de moscas, nunca había visto nada igual. Edwin se fue de compras y volvió con un libro de rutas de montaña. Mañana quiere hacer una de tres horas, aunque yo preferiría empezar por algo más suave. Mañana decidiré si voy porque si no duermo seguro que no podré acompañarles.

Edwin contó que Potes estaba a rebosar de gente; se nota que aún estamos en agosto. Nada más llegar a esta casa he quemado incienso en todas las habitaciones y espero que tenga suficiente para todas las vacaciones.

Sábado, 25

Esta habitación me encanta. Cuando abres la ventana puedes observar el verde de la montaña y una casa de piedra frente a tus ojos. El silencio es maravilloso y entre los sonidos que se escuchan se encuentran el río, los pajaritos, un gallo, las ovejas, los cencerros de las vacas, el pastor, etcétera. Me siento feliz. No paro de pensar en lo que he cambiado, en esa otra persona en la que me he convertido.

Creo que los niños tienen suerte de poder disfrutar de estar en contacto con la naturaleza. No sé cómo explicarlo, pero siento que aquí hay vida; todo es auténtico, no hay necesidad de disimular, los árboles son así, cada uno es como es y todo es hermoso. Tengo ganas hasta de llorar y no sé por qué me siento tan sensible.

Le pregunté a Edwin si realmente cree que me voy a curar. No recuerdo qué palabra utilizó, pero vino a decir que los bultos pueden ser buenos porque soy capaz de cambiar la información de mis células. Me satisface que esté a mi lado y hable así, lo necesito.

Estoy cambiando y aprendiendo mucho. A pesar de que a veces quiero despertarme y pensar que todo ha sido un sueño, lo cierto es que, aunque pueda parecer una locura, no deseo perderme nada de lo que he aprendido, y tampoco deseo perder la fuerza que me ha proporcionado este proceso y que me hace pensar que nada es imposible y que todo puede cambiar.

La idea de marcharme a la montaña me sigue creando dudas. Sin embargo, el auténtico problema es mi ego, que me machaca y no deja de preguntarme qué voy a hacer todo el día en la montaña. No obstante, estoy convencida de que lo que necesito es no hacer nada, simplemente vivir, escucharme, dejarme guiar y estar atenta. Nunca he hecho nada parecido y por eso la adaptación será difícil.

Y, por Dios, Granada ha de ser para mí. Me sorprende que incluso los niños estén de acuerdo en que nos marchemos allí. Tendríamos un piso en Granada y una casa en la Alpujarra, cerca del monasterio budista, para hacer mis meditaciones y prestarles mi ayuda y Edwin podría trabajar en casa. ¿Es un sueño? Pues quiero seguir soñando.

Hoy fuimos a hacer una excursión por los alrededores de la aldea, ya que es sábado y la montaña debe estar repleta de gente, aunque me cuesta trabajo imaginarlo con la tranquilidad que se respira aquí. El paseo fue un desastre porque la gran cantidad de moscas que había lo hicieron agobiante; dabas un paso y tenías cincuenta mil moscas frente a la cara. Debe de ser por los rebaños de ovejas. Además, el camino era todo el tiempo cuesta arriba y sentía que no tenía energía; estaba muy incómoda por las moscas, el calor y el cansancio.

Ferran y Edwin ascendieron por un camino por el que había menos moscas. Mientras tanto Sara y yo nos sentamos. Ella tenía ganas de hablar, pero le dije que se callara porque también es bonito escuchar el silencio.

Después de comer me hice sadhana. Me apetecía hacerlo porque me hace sentir mucho mejor y si no lo hago parece que me falta algo.

Por la tarde fuimos a un monasterio cercano. Entramos en la capilla en la que se celebraba misa. Canté la canción de la paz, tomé la hostia, besé un crucifijo y los nenes también. Tenía ganas de hacerlo, aunque mientras estaba allí pensaba en qué era lo que estaba haciendo. No obstante, opino que todas las religiones son lo mismo, todo es energía. Jesucristo ayudó a mucha gente y estos sitios me proporcionan paz. También es cierto que me sentía confusa al pensar en Buda e incluso me preguntaba si aquello estaba bien. Sin embargo, me alegro de haberlo hecho porque ha sido algo especial. Además, el budismo no es excluyente.

Desde el monasterio había una vista preciosa de los Picos de Europa iluminados por una luz muy bonita. Vimos aves rapaces que no sabía que volaban tan alto. Me apetecía mucho contemplarlas y me tienen fascinada, aunque me gustaría saber de qué tipo son.

Me sigo viendo el pecho muy feo, aunque le dije a Edwin que, a pesar de que me encontraba muy cansada, tal vez un día me sucedía como a Lance Armstrong y acabo ganando la batalla. Le expliqué a Ferran que el ciclista tuvo la misma enfermedad que yo y ahora ha ganado tres Tours. Ferran me preguntó si también se había quedado calvo.

Lunes, 27

Fuimos al teleférico de Fuente Dé para subir a los Picos de Europa, pero estaba todo lleno de gente y de coches. Después de aparcar Edwin se quedó haciendo los bocadillos y yo fui con Ferran a informarme sobre los billetes. Había que esperar una hora en la cola y enseguida tuve la sensación de que no quería estar allí. El sitio es muy bonito, pero con tanta gente no disfruto. Se nota que aún no ha acabado el mes de agosto. Entonces nos fuimos a ver una exhibición de aves rapaces. Mientras esperábamos me tumbé sobre la hierba y vi un pájaro volando muy alto. Ellos sí son felices y libres, en especial en un lugar como los Picos. La exhibición fue interesante, vimos de cerca todas las aves de la zona y me impresionaron especialmente las águilas y los buitres. Volaban muy bajo y a veces había que agacharse. Me dio lástima que estos pájaros tuvieran que vivir de esta manera, dando espectáculo a la gente, pero también es un sitio donde salvan pájaros heridos.

He cenado fuera. Edwin dice que llevo muchos días sin contarle nada e insiste en que le hable. No quiero estar siempre contándole las preocupaciones de siempre porque no tengo nada nuevo que decir. Al final le expliqué que esta mañana me sentí agobiaba en Fuente Dé porque no aguanto a la gente y que ahora no podría pasar las vacaciones de antes. Ahí me equivoqué, pues él me hizo ver que nunca hemos ido a sitios muy turísticos y siempre hemos buscado lugares más tranquilos en septiembre u octubre, como la Alpujarra o Cabo de Gata. Es verdad, pero la diferencia es que lo que necesito ahora es completa soledad.

Durante todo el día sentí mucha rabia por estar tan cansada y no poder caminar mucho. Veía a la gente mayor y pensaba que ya soy más vieja que ellos. Sé que todo es absurdo y es normal que me encuentre así. Edwin me recordó que debe ser porque antes de marcharnos me pusieron una dosis de la vacuna tres veces mayor.

No sé qué me pasa con él. Supongo que mi ira proviene del hecho de que no me veo físicamente nada agraciada y casi ni puedo entender qué ve en mí. Pensé en el pecho que siempre me hubiera gustado tener y el que tengo ahora, cayéndose a trozos. Ni yo misma me atrevo a mirarme el cuerpo y a él apenas puedo acariciarlo.

No me gusta escribir estas cosas porque me hacen mucho daño.

Martes, 28

Anoche, mientras cenaba, miré al cielo y lo vi tan nublado que pensé que podría haber tormenta. Un segundo después observé un relámpago, como si se hubiese cumplido mi deseo.

En el libro que estoy leyendo dice que hay que darle las gracias al sufrimiento porque de él se aprende e intento recordarlo durante el transcurso del día. Me alegro mucho de haber hecho las enseñanzas en el monasterio porque ahora comprendo muy bien *El libro tibetano de la vida y la muerte*. Al leerlo hoy lloré cuando explica lo que se puede aprovechar siendo humano.

Hemos llamado a un señor muy simpático para alquilar una casa en Galicia durante la segunda semana de las vacaciones. Se me ocurrió la idea el día que fuimos al monasterio porque me apetece volver a ver la catedral de Santiago de Compostela y si es posible ir a Finisterre. Este señor me comentó que tenía disponible una casa muy nueva, acabada en julio e independiente, que es lo que me gusta. Hemos quedado para el viernes y no quiere ningún anticipo, dijo que ya le pagaremos cuando lleguemos. No está muy lejos de Santiago.

MIÉRCOLES, 29

Edwin se marchó a Fuente Dé para subir a los Picos e investigar si hay rutas fáciles para mí, ya que me fatiga ir cuesta arriba. Así podríamos ir todos el jueves a caminar. Me alegré cuando volvió, tardó bastante, el móvil no tenía cobertura y me dio miedo que se hubiera arriesgado demasiado en la montaña.

Hoy he empezado la parte del libro que corresponde a la muerte y no he podido dejar de llorar. Habla de cómo hay que ayudar a las personas a morir y sentí mucha pena por aquellos que están solos, asimismo pensé en lo fácil que sería ayudarles. Tenía la sensación de que podía hacerlo, pero me he dado cuenta de que no es real, pues no sé cómo reaccionaría y no creo que esté preparada. No obstante, sería gratificante poder hacer algo por ellos.

Le dije a Edwin que me gustaría que se leyera esta parte del libro y después de hacerlo me dijo que yo no me estoy muriendo, sino que estoy viviendo. Para rebatirle me he aferrado a la idea budista que dice que todos nos estamos muriendo desde el momento en que nacemos. Acto seguido me reprochó que me resulta muy fácil hablar de estas cosas, pero que después me entra la angustia. Claro que me entra, yo no estoy iluminada, por lo tanto es normal que tenga estos bajones. También hizo hincapié en que estoy bien, tengo apetito y como mucho y, según él, lo de la piel es todo superficial.

Jueves, 30

He pasado una noche «maravillosa...». Estaba desesperada, no podía dormir, me hallaba tumbada, pero notaba mucha presión tanto en el pecho como en el costado, la misma sensación que cuando estaba embarazada y te oprime el bebé que llevas dentro. Acabé llorando desesperada, intenté dormir sentada y cogí almohadas de las otras habitaciones, pero ni aun así lo conseguí. Le cambié el sitio a Edwin, que me decía que me calmara, pero no podía. No sé a qué hora me dormí finalmente.

Sonó el despertador a las ocho y quería seguir durmiendo, pero Edwin sugirió que fuéramos a Fuente Dé y que no hacía falta que camináramos, sino que podíamos detenernos a observar de cerca la montaña. Me despejé un poco y accedí. Menuda diferencia con el otro día, llegamos pronto y no había nadie en la cola. El teleférico no me dio impresión, a pesar de que ascendió muy alto, y desde él se apreciaban unas vistas impresionantes. Mereció la pena porque, una vez arriba, el sitio era precioso y las nubes estaban como enganchadas a las montañas. Hacía fresquito, pero era un lugar muy, muy bonito.

Caminamos un rato por el recorrido que hizo Edwin ayer, que era muy bueno, pero estoy en tan baja forma que apenas pude andar. Caminé muy poco, unos cientos de metros, y como vi que los niños tenían muchas ganas y estaban muy contentos, decidí bajar yo sola por el teleférico y esperarles en el coche.

A la vuelta pensé en ir a comer en un restaurante, pero me alegro de que no lo hiciéramos porque me sentía un poco mareada. Edwin compró truchas, ya que Ferran las probó el otro día en un restaurante y le gustaron tanto que quería repetir. De paso le regalamos al niño un libro porque ayer le compramos a Sara el tercero de Harry Potter.

Más tarde en casa Ferran estuvo leyendo un buen rato e incluso me leyó un trozo. Entonces me sucedió algo curioso que ya me había pasado ayer cuando Ferran habló de una ballena y yo acababa de soñar con una. En esta ocasión pronunció la palabra anillo con la que acababa de soñar durante la siesta.

Edwin me ha estado haciendo cosquillas. Tengo unos picores que me provocan placer y odio a la vez. Es como si la sangre hirviera y noto picor por todo el cuerpo.

Entonces se me ocurrió contarle a Edwin cuánto pienso que he cambiado, ya que antes no entendía por qué a la gente no le gustaba el sol. Me confirmó que así era porque antes llegaba incluso a recriminarle en la playa que no quisiera quitarse la camiseta en la playa. Es verdad y ahora puedo ponerme en el lugar de los demás y entenderlos mucho mejor. El precio a pagar ha sido muy alto, pero estoy convencida de que no podría haberlo aprendido de otra manera. Ha sido necesario que padezca esta enfermedad para entender este tipo de cosas. ¡Qué tontos somos! ¡Qué ciegos! Aunque tampoco voy a fustigarme, ya que éste es el modo en el que tendría que suceder.

Mezonzo
Viernes, 31

Ya nos encontramos en nuestro nuevo emplazamiento en estas vacaciones, la aldea de Mezonzo, en el corazón verde de Galicia. Todavía no he visto gran cosa porque hemos llegado tarde, pero a todos nos ha encantado el lugar. La casa tiene un pequeño horreo y es fantástica, completamente nueva y amueblada con muchísimo más gusto que la anterior. Está rodeada de praderas y bosques, todo verde. Tengo ganas de descubrir los alrededores, ya que a 500 metros está el río. Nada más llegar puse incienso, incluso del negro, por toda la casa. Estoy contenta porque además aquí el terreno es bastante llano y creo que será ideal para que pueda caminar sin cansarme tanto.

El viaje fue mucho más largo de lo que pensábamos y eso que salimos antes de la hora prevista, sobre las diez y cuarto. Durante la primera parte del trayecto hasta León pasamos por el puerto de San Glorio y el pantano de Riaño y me pareció un paraje precioso, pero había que conducir muy lento. Durante un buen rato coincidimos con el camino de Santiago y se me ocurrió que si salgo de esto quiero hacerlo. Al pensarlo se me escaparon lágrimas, pues no sé si algún día podré hacerlo, ya que veo que esto cada vez está peor, o por lo menos físicamente noto más síntomas. Quiero pensar que es la medicación, pero tengo muchas dudas.

Estoy muy agobiada. Son casi las dos de la madrugada, no puedo dormir y hay algo que me come por dentro. Me siento llena de ira y esta noche he sangrado bastante. No puedo estar tumbada y sentada casi tampoco: no sé qué hacer. Creo que esto cada día está peor y, aunque quiera ser optimista, no puedo. Siento miedo, pero lo que más me aterroriza es sufrir. Me gustaría descansar y dejar de sentir todo esto. Sé que debo aprovechar el tiempo, pero estoy cansada y me imagino que no debe ser nada en comparación con el final. Dios, ¿qué voy hacer?

Ayer murió Paco Rabal, un hombre que me caía muy bien y me parecía muy sincero. Su mujer comentaba hoy en una entrevista que estaba contenta de que su muerte hubiera sido rápida y no sufriera. La entiendo. Es muy duro ver cómo te apagas día a día e intentas luchar contra las huellas de la realidad.

Cada día tengo más ganas de llorar, necesito realizar actividades que me hagan olvidar toda la porquería que llevo dentro y que me está comiendo. Quiero que se vaya de mi cuerpo, quiero relajarme, dormir, quiero quitarme esto de la cabeza y dejar de ver cómo se me cae el cuerpo a trozos. Deseo que Edwin y mis niños sean felices. No entiendo nada, no sé qué está pasando y siento mucho dolor. Y no hablo del físico, es una mezcla de padecimiento y rabia, un dolor que proviene de muy adentro. Ahora me siento como una vieja, pero sólo tengo 38 años. Hoy en día representa tan sólo la mitad de una vida.

No voy a escribir más porque estoy muy negativa. En realidad no me importaría morirme ahora mismo si eso me proporciona tranquilidad, paz y descanso. Mis niños se recuperarán y estoy segura de que Edwin también. Podrán empezar una nueva vida y disfrutar de todo mucho más. Eso sí, espero que esto les ayude a valorar mucho más las cosas y a buscar esa felicidad que se puede conseguir sólo desde dentro, sin tener que esperar a tener una enfermedad como la que estoy sufriendo para darse cuenta de todas las cosas que se pueden hacer en esta vida y que no tienen nada que ver con la superficialidad.

Sé que para Edwin no debe de ser nada fácil. Está despierto y necesita descansar para cuidar de mis niños. Me da mucha pena pensar en ellos, pero no quiero estar aquí de esta manera.

Sábado, 1 de septiembre

Vaya nochecita. Al final he dormido un poco, pero era ya muy entrada la mañana. Intentaré no tocarme el pecho ni que Edwin me haga cosquillas. No sé qué voy a conseguir así, pero quiero intentar que esta inquietud desaparezca. Estoy muy negativa y me gustaría cambiar el *chip*.

Edwin acaba de llegar de comprar y dice que podríamos comentarle al médico que me dé algo para el dolor. Esto me suena ya a rendición total, aunque me dice que incluso en *El libro tibetano de la vida y la muerte* se habla de que hoy en día no es necesario sufrir. Supongo que al final tendré que recurrir a eso. Ahora siento incomodidad, pero tampoco un dolor insoportable. No sé cuándo la gente se empieza a tomar medicinas para el dolor.

Esta mañana Ferran le ha estado gritando como un loco a Sara y al final tuve que levantarme para poner paz. No sé qué le sucede a este niño, me gustaría entenderlo mejor y saber lo que tiene dentro. Con su hermana es imposible y siempre se tiene que salir con la suya y si no lo consigue no lo soporta.

En mis sueños se ven las cosas que me gustaría tener y que no puedo, sobre todo relacionadas con mi físico. No acepto mi situación, no me adapto. Supongo que es esta enfermedad la que explica que no me sienta a gusto en mi piel.

Me ha resultado curioso ver que fuera de la casa tienen una ristra de ajos para ahuyentar a los espíritus.

Hoy hemos ido a un pueblo cercano y a la vuelta regresamos por otro camino a través de aldeas. El paisaje es muy bonito y estoy segura de que podría adaptarme fácilmente a vivir en un sitio así, pero no tengo fuerzas para esto. Has de ser muy fuerte para vivir en el campo.

Esta mañana cuando salimos a caminar saludé a una señora que vive en una casa cercana, pero como hablaba gallego la entendí a duras penas. Me comentó que vive aquí, creo que sola. Nos dijo que tiene huevos y que si queremos algunos se los podemos pedir. No se me va de la cabeza porque me parece admirable vivir así sola cuando eres tan mayor.

A mis primas de La Campana siempre les preguntaba si no se aburrían viviendo en un pueblo. Ahora entiendo perfectamente que el aburrimiento y el disfrute sólo depende de nosotros mismos. Cada día me asombro más de lo incomprensiva que era con todas las situaciones que fueran diferentes a la mía.

Me gustaría ver en mí algún indicio de mejora, pero cada día me siento más cansada cuando camino. ¿Cómo puedo ser optimista? En el libro que estoy leyendo se habla de personas que hasta el final de sus días, incluso estando muy mal, se sentían agradecidas. ¿Por qué yo no puedo? Cuando empiezo a intentar razonar sobre estos temas se me pone una presión en la cabeza como si el peso que soporto fuera excesivo. ¿Es una cabezonería lo de irme a vivir al campo? ¿Lo voy a poder hacer? ¿Me voy a curar? ¿La piel abierta de mi cuerpo está expulsando toda la mierda? ¿Voy a dormir una noche entera? ¿Voy a disfrutar del sexo? ¿Me voy a sentir bien en mi cuerpo? Cuando hemos ido hoy al pueblo, me he maquillado, pero me doy cuenta de que no he cambiado nada. Edwin ni ha notado que me he intentado arreglar.

Domingo, 2

Son casi las once, por fin he pasado una buena noche, estamos sentados al solecito y Edwin ha sugerido que vayamos a La Coruña a comer. Si nos da tiempo también iremos al cine con los niños.

Le he contado a Edwin uno de los sueños que he tenido y que pienso que es clave:

Vamos en coche por una carretera donde surge súbitamente mucha niebla. Estoy pensando si Edwin puede ver bien los bordes de la carretera cuando de repente me doy cuenta de que nos hemos salido. Él me dice que estamos cayendo. Tengo la sensación de que no va tan rápido y le pregunto si abro la puerta. Estoy pensando en los niños. Considero la posibilidad de abrir la puerta, pero si me tiro y me doy un golpe en el pecho sin morirme puedo sufrir mucho. Inesperadamente estamos en un cruce, sé que ha sido una chica la que nos ha salvado, ha sido un ángel. Viene un coche, se para y nos dicen que ha habido un accidente con una bicicleta. Ya sé que fue la chica, lo que no sabía era que había muerto. Tengo una sensación muy rara, pero sé que era un ángel y pensaba en que nadie la había visto porque era un ser irreal.

Según Edwin, el mensaje es que no me tengo que bajar del coche para estar los cuatro juntos porque si me hubiera bajado no se sabe qué habría pasado. Me parece una conclusión lógica.

Tengo la sensación de haber hecho muchas actividades hoy. Fuimos a La Coruña, hacía mucho calor y las playas estaban llenas. No puedo remediarlo, pero me da mucha envidia ver a la gente en la playa. Además, llevo continuamente conmigo la sensación de incomodidad que me provoca mi cuerpo. Me imagino sumergiendo mi cuerpo en el mar. ¿Volverá a ocurrir alguna vez más? Supongo que son pequeñeces, pero no puedo evitar sentirme furiosa. La ropa me molesta mucho cuando hace calor y, aunque el médico dice que no pasa nada, yo no caminaría tranquila con la piel al aire libre, así que siempre voy con manga larga.

Nos sentamos a la sombra en la terraza de uno de los restaurantes con vistas al puerto. Me encontré muy a gusto. Sara y yo pedimos paella y Edwin varios platos para picar, como pulpo a la gallega. La paella llevaba carne y ya que no lo como, mi parte se la tomó Edwin y yo me pedí un besugo al horno que estaba muy sabroso. Comí de maravilla y el pan gallego está riquísimo. Sigo con mi dieta porque si no aquí no iba a dejar de comer pescado.

Después fuimos al cine a ver *Spy Kids* con Antonio Banderas. La película era entretenida y los niños se lo pasaron muy bien.

Me entró un bajón y Edwin nos llevó a Mero, al otro lado de la ría de La Coruña, un sitio con dos faros desde donde se ve la ciudad. El mar estaba precioso y la temperatura era excelente. Le comenté a Edwin que Galicia me gusta más que los Picos de Europa, es más salvaje, menos turístico y se respira más tranquilidad. No sé qué tiene La Coruña, es una ciudad que me encanta y me atrae.

Lo que sucede es que con esta inquietud que siento por dentro me es un poco difícil mantenerme todo el día en un estado normal y encontrarme bien. ¿Voy a dejar de sentir esto algún día? No paro de hacerme preguntas, mi cabeza sigue dando vueltas, me doy cuenta del miedo que tengo y me pregunto por qué me preocupa la no permanencia. Es fácil de entender cuando me lo explican, pero sentirlo es mucho más complicado.

Mañana será un día más tranquilo y, si no cambian los planes, el martes iremos a Santiago. Me apetece mucho ir, aunque ignoro qué estoy buscando. ¿Un milagro? Supongo que sí pero soy muy realista, quizás demasiado, y eso mezclado con mi negatividad se traduce en angustia.

Lunes, 3

He dormido fatal y he tenido muchos sueños en los que resaltan mi incapacidad de decidir entre lo que tengo que hacer, esos compromisos que parece que tienes obligación de cumplir, y lo que de verdad quiero. Me gustaría de una vez por todas no dudar y sólo hacer lo que quiero sin pensar en nadie más. Supongo que todo esto me sucede por lo que me tocará pronto cuando volvamos de las vacaciones: enfrentarme a todas las madres cuando lleve a los niños al colegio. Sólo pensarlo me pone nerviosa, pero tendré que hacerlo. ¿Cómo puede ser que con todo lo que tengo me afecten situaciones de este tipo? He de conseguir ser inmune a lo que suceda en el exterior. Quiero tener la fuerza para superar estos pequeños baches y no puedo estancarme con estas tonterías.

Por la tarde me fui a pasear sola, pero regresé peor de lo que me fui. Sentía molestias y no encontré la manera de consolarme a mí misma con toda la negatividad que acumulaba. Me metí en la cama para ver si podía dormir un rato y cuando vino Edwin me puse otra vez a llorar. El pobre debe estar harto de mis lloriqueos, pero es que me sentí horrible con esta sensación tan repelente en mi cuerpo. Sólo pienso en la muerte y en descansar de todo esto. Edwin dice que a veces por la mañana tiene miedo de que no me despierte.

Me ha sugerido que nos vayamos a casa pero ¿qué voy a hacer allí? Tampoco tengo ganas de volver. No quiero ver a la gente en la playa de Sitges.

Me acabo de ver un montón de canas y le pregunté a Edwin si no las había visto. Su respuesta ha sido que le dan igual las canas que tenga, que lo que le importa es mi estado general.

Ferran meditó conmigo. Me preguntó si se podía imaginar a su ángel como un muñeco de la tele y le dije que sí. Me gusta mucho cuando los niños participan conmigo en estas tareas, pero no quiero agobiarles, prefiero que salga de ellos, tal y como ha sucedido hoy con Ferran. Por la noche, en cambio, tuvimos guerra. Íbamos a jugar los cuatro al Party y Ferran empezó a insultar, por lo que le mandé castigado a su habitación. No pienso permitirle ni una vez más que me insulte. Estoy harta.

Martes, 4

Esta mañana fuimos a Santiago. Lo primero que hicimos fue ir a la catedral. Me prosterné a la entrada, copiando lo que veía hacer a la gente, aunque en realidad me gustaría conocer la historia de la prosternación. Hicimos cola para abrazar al apóstol y a continuación Ferran y yo nos arrodillamos ante la tumba de Santiago. Le pedí que se hiciera su voluntad y que tanto yo como todos los seres no tengamos que sufrir. Es la primera vez que en una iglesia católica pido algo por los demás. Estos cambios tan sutiles que poco a poco me van sucediendo son influencia del budismo.

Después buscamos un sitio para comer y lo hice de maravilla. Edwin y Sara pidieron tapas y Ferran y yo nos tomamos una lubina muy grande entre los dos. Tanto comí que por la noche ni cené, tan sólo me tomé tres manzanas, una fruta que me refresca.

Cuando regresamos me encontraba tan cansada que me metí en la cama, pero no pude dormir. Edwin se acercó a ver cómo me encontraba y me dijo que es normal que esté cansada porque él también lo estaba. Pero yo sé que no es normal, ya que no es un cansancio sólo físico, sino que tengo una total falta de energía. Me puse a llorar y me siento mal por estar siempre llorando. Quería pensar que había pasado un día bueno, porque había disfrutado comiendo, la temperatura era genial, incluso había salido el sol, había ido a la catedral que tenía muchas ganas de visitar y había aguantado todo el día bastante bien. Pero en cuanto me entra el cansancio se oscurece mi optimismo. Me doy cuenta de ello, pero no puedo hacer nada, sólo tengo ganas de llorar.

Esta mañana antes de salir me ha vuelto a sangrar el pecho y me costó cortar la hemorragia. Más tarde cuando volvíamos en coche pensaba en que si tenía un accidente me desangraría y me quedaría tranquila. Justo en ese momento Edwin les dijo a los niños que se pusieran el cinturón y entonces rogué que, por favor, a ellos no les pasara nada, que fuera tan sólo un pequeño golpe y que yo con el airbag ya me desangraría. ¿Es normal que se me pasen por la cabeza todas estas ideas? Cada día me siento peor por tener esos pensamientos, pero es así y no puedo evitarlo.

Muchas veces pienso lo contrario, que lo que en realidad querría es seguir viviendo y sacar fuerzas para seguir luchando. Necesitaría ver algún signo de mejoría, algo que me arrancara esa fuerza que todos tenemos, pero ahora estoy apática, sin ilusiones y preguntándome qué hago aquí.

Tengo muchos sentimientos mezclados dentro de mí que desean salir al tiempo, pero que no soy capaz de expresar. Mi mente no tiene nada claro. Es como si precisara vomitarlo todo para poder obtener un poco de paz, pero no sé qué hacer, estoy impaciente, necesito ayuda y os la pido, por favor. Ayudadme a encontrar paz y a no sentir esta angustia permanente.

Muchas veces pienso en personas que padecen dolores crónicos y viven su vida. Frida Kahlo fue una de ellas con sus dolores y operaciones después de un accidente. Se puede vivir, sonreír e intentar disfrutar de la vida con dolor. Entonces ¿por qué yo no puedo hacerlo? Sólo tengo que aceptar que no puedo hacer muchas de las cosas de las que hacía antes, por lo menos de momento.

Al salir de la catedral volví a hablar del camino de Santiago y pensé en Armstrong. Ganar tres Tours es toda una hazaña, lo que significa que si sales de ésta ya no vuelves a ser el mismo de antes, quedas fortalecido por todo el sufrimiento que padeces.

Estamos pensando en no buscar otra casa rural para la tercera semana que queríamos pasar en el País Vasco y regresar a casa. Edwin me comentó que el viernes podría conducir de un tirón a casa. No sé qué hacer, ya que por un lado temo encontrarnos en Sitges con la avalancha de gente que sale en el puente del 11 de septiembre, pero me dijo que no puedo pasar todas las noches sin apenas dormir y que por lo menos en casa tengo el sofá para tumbarme.

Jueves, 6

Anoche, que por cierto fue la mejor en mucho tiempo, cuando Edwin me hacía cosquillas me dijo que mi piel parecía una coraza. Es lo mismo que pienso yo. Parece como si una armadura estuviera saliendo hacia fuera, aunque lo que tendría que hacer es disolverse y no salir entera. Cuando dice estas cosas me siento muy cerca de él. Asimismo estuvo leyendo un poco de mi libro y me di cuenta de que me gusta que me lean.

Ahora me pregunto qué haré cuando llegue a casa. Espero encontrar una razón a todos mis días. No sé por qué estoy pensando otra vez en el futuro, lo voy a dejar.

Hoy hemos ido a una playa fluvial a pasar la tarde. Al principio me preocupé al pensar como siempre que no podía ni desnudarme ni bañarme. Observaba a una pareja en bañador y pensaba que no se daban cuenta de lo que tienen. Cuando este tipo de pensamientos se me pasan por la cabeza me siento un poco tonta, pero la cuestión es que me afecta mucho.

Edwin se fue a caminar con los niños por el agua y me quedé en la sombra. Me vino a buscar con las zapatillas de Sara y metí un poco los pies en el agua. Al final hasta me animé.

Cuando vuelva pienso hacer en el monasterio el retiro de la Tara Blanca durante el cual no se puede salir del recinto de sábado a martes. Creo que me puede ir bien para estar conmigo misma y ver cómo me siento con todo lo que me está pasando. En la información sobre él se explica que es para alargar la vida y reflexioné sobre si en realidad tendría que hacerlo. No quiero alargar mi vida si eso implica sufrimiento y el pecho lo tengo cada vez más en carne viva, por ejemplo, esta mañana sangró mucho.

Viernes, 7

Son las seis de la mañana y sigo sin dormir. Esto es cada día una pesadilla más grande. A las tres me tomé una pastilla de paracetamol, pero no me hizo ningún efecto. Al principio de la noche estuve llorando de rabia, aunque ahora ya estoy más tranquila. Sin embargo, sigo pensando que mi misión aquí ha terminado y lo único que quiero es morir con el menor sufrimiento posible. La enfermedad se me está extendiendo muy rápido, cada día tengo más molestias y pienso en si Marcus me podrá ayudar a acelerar todo esto. Si hay alguna prueba médica que evidencie que ha avanzado dejaré la medicación porque esta situación no es buena para mí ni para los que me rodean.

Esta noche me sentí bastante sola porque Edwin tiene que descansar para poder conducir los mil y pico kilómetros hasta casa en buenas condiciones y no me atrevo a decirle que le necesito. No obstante, es así, preciso sus mimos y que me tome la mano, pero entiendo que necesita descansar.

Nuevamente considero la posibilidad de tener un accidente o un infarto. Tiene que ocurrirme algo porque no quiero seguir así. Me siento fatal al escribir esto y pensar en mis niños, pero en esta situación no les sirvo de nada. Será nuestro destino.

Intento recordar desde cuándo estoy pasando estas noches tan malas y hace ya mucho tiempo. En abril cuando fuimos a la casa del campo y en junio en Nepal también me costaba dormir. Y cada día va empeorando.

Esta noche se me ha ocurrido que tenía que dejar escrito algo para la gente con la que estoy un poco mosqueada.

Empezaré por Maribel. Me gustaría decirle que en un momento determinado su presencia me hizo bien y me ayudó mucho, pero que después el problema fue mío porque necesitaba a gente muy sincera. Sin embargo, la entiendo y lo que deseo que sepa es que éste es mi proceso, no el suyo, cada una estamos en situaciones distintas.

A Eli no tengo nada que decirle, pues estoy segura de que ni se ha enterado. Sigue en su nube de amor y me alegro por ella, pero desde luego para mí una amiga significa otra cosa. Aunque también la entiendo porque hace mucho tiempo que no le dan amor y sólo ve lo que tiene situado frente a sus ojos, no lo que hay a su alrededor. Sólo espero que le vaya muy bien y que un día tenga tiempo para mirarse al espejo.

En realidad no tengo muchas amigas y menos en estos últimos tiempos, en los que he aprendido lo que realmente significa esa palabra. Me doy cuenta de que nunca las he tenido, no he sabido ser sincera con nadie ni tampoco ser amiga de mí misma y de ahí viene el problema. He vivido siempre como en un teatro representando una obra para que los demás disfruten. Pues bien, hace tiempo que la función acabó, ha llegado a su fin, el cual espero sea muy rápido.

Se va a cumplir el deseo que he tenido siempre, la sensación de que iba a morir joven. Ahora sí que veo lo que tengo frente a mis ojos. Es muy raro saber que te vas a morir. A pesar de todos los signos evidentes no consideras que realmente se puede acabar. Aunque sabes que se acaba, sigues estando aquí. Es difícil de explicar.

Cuando estábamos en la playa fluvial Edwin me preguntó qué sentía al ver a una chica sin sujetador. Pues bien, la miré y no sé muy bien qué sentí; es como si no pudiera imaginarme que algún día volvería a tener pechos y lo peor es que me pareciera normal, a pesar de no estar satisfecha con ellos. Lo que me sucede es que me siento diferente y no puedo imaginarme con esa parte de la anatomía femenina en mi cuerpo. Incluso, a pesar de que de siempre me hubiera encantado tener unos pechos más grandes y bonitos, ahora lo veo de otra manera.

Tengo intención de escribir mientras pueda lo máximo posible, pues sé que cuando empiece con la morfina, que supongo será dentro de poco, ya no podré pensar con tanta claridad. Me preocupa quedarme postrada en la cama y que me tengan que limpiar. De verdad espero no llegar a verme así y que todo pase muy rápido.

¡Ayudadme, por favor! Sé que no paro de pedir ayuda, pero ahora he aprendido que se puede hacer y si podéis sé que me la vais a proporcionar.

Pienso mucho en mi madre porque aún no sabe nada de mi situación actual y sé que va a ser un golpe muy duro para ella. Sólo espero que podamos charlar en algún momento y hacerle ver que mis niños la necesitan, que tiene que estar ahí sacando fuerzas de donde pueda, y es que no deja de sorprenderme lo fuerte que es. Siempre pensé que en temas de salud me parecía a mi madre porque tampoco estaba nunca enferma. Sin embargo, dispone de una fuerza interior que yo nunca he tenido. Es una persona que está en este mundo para ayudar a los demás. Se ha pasado toda la vida con mi abuela y con mi padre, que siempre ha tenido algo, y ahora le toca conmigo. Su camino ha sido ayudarlos y ahí ha estado ella con toda su fuerza, capaz de tomarse una aspirina cuando tiene fiebre y situarse al día siguiente otra vez al pie del cañón.

Esta noche también he estado pensando en mi padre. Espero que pueda asumir este golpe de la mejor manera posible y que saque toda la fortaleza que él también tiene pero quizás hasta ahora no se ha visto en la necesidad de sacar. Ha vencido muchas enfermedades y, aunque nunca le he comprendido, ahora empiezo a entender ese mal humor que se te pone cuando tienes dolor o estás enfermo. Incluso entiendo su frase: «Mejor morirse». Yo misma opino así en este momento.

Estoy orgullosa de mí misma. Desde luego no he llegado a conseguir quererme como debiera, pero por lo menos soy consciente de ello. Espero comenzar mi otra vida queriéndome mucho porque seguro que así todo marchará de otra manera.

El otro día Edwin me leyó una historia que contaban en un periódico gallego sobre un señor que está caminando sin parar. Se salvó después de haber estado enterrado tres días en una mina y cuando salió su mujer y sus hijas fueron arrolladas por un camión y murieron. El hombre empezó a caminar para encontrar la respuesta a por qué le había pasado algo así y es incapaz de hallarla.

Opino que la parte positiva de irme es que me ahorraré ver más sufrimientos. Y, aunque siempre creí que estaría junto a Sara en el parto de su niño, he visto que no va a ser así.

El viaje de vuelta fue bastante bien. Paramos a comer en un centro comercial a las afueras de Burgos cuando ya casi eran las cuatro de la tarde, pero tanto allí como en el coche la herida se me abrió varias veces sangrando a lo bestia. Edwin decía que con tanta sangre parecía una película y que si la policía nos parara les iba a dar la impresión de que me habían pegado un tiro. Al final llegamos sobre las nueve y media a casa. Me encontraba tan cansada que no sabía cómo iba a ser capaz de estar mañana a las diez en el monasterio.

XXIII

Un viaje muy rápido

PALAU NOVELLA
SÁBADO, 8 DE SEPTIEMBRE DE 2001

Son las diez y media de la noche y estoy en el monasterio. Ha llegado la hora de estar en silencio y no tengo sueño. Parece mentira que esté aquí porque ayer tenía la impresión de que sólo había obstáculos para que viniese. Comparto una habitación con litera con mi hermana, que se quedará sólo una noche.

Por la mañana hicimos la iniciación de Tara Blanca. Comí lo mismo que los demás porque no se pueden comer alimentos negros como cebolla, ajo, etcétera, y eso es justo lo que llevan las comidas que me preparé en casa para traerme.

Hacemos este retiro unas doce personas. El miércoles, jueves y viernes hay unos rituales muy intensos de Tara desde las ocho de la mañana hasta las dos de la tarde. Como a Edwin le queda una semana de vacaciones, le dije por teléfono que seguramente me quedaría todo ese tiempo aquí. No se puede salir del recinto durante este retiro. Por la tarde hicimos una práctica de sadhana que se me hizo un poco pesada porque estaba muy cansada; sin embargo, la oración de la noche sí me satisfizo.

Me apeteció ducharme por la noche porque durante todo el día tuve la sensación de que me olía mal el pecho. En la ducha me volvió a sangrar, pero pude cortarlo pronto.

Aquí me doy cuenta de lo saturada que estaba de los niños y de cómo necesitaba sentir esta tranquilidad.

Le comenté a mi hermana que voy a pedirle al médico algo para el dolor y me dijo que es normal, que sabía de mucha gente que tomaba calmantes cada día. Soy reacia a ello, pero sé que ha llegado la hora y no tengo por qué estar con estas incomodidades habiendo medicamentos que pueden ayudarme.

Domingo, 9

No tengo muchas ganas de escribir. Andreu explicó hoy que a veces tenemos pensamientos o sentimientos que son muy bonitos para nosotros y no podemos explicarlos porque al hacerlo no somos realmente capaces de transmitir la verdadera sensación que hemos tenido. Creo que es lo que me está pasando a mí. Ha sido un día intenso en el que he tenido muchos sentimientos contradictorios que no puedo expresar con palabras. Además Andreu también explicó que no hemos de hacer caso a muchos de los pensamientos que nos surgen durante el retiro, pero que si creemos que algo es muy importante debemos anotarlo y dejar pasar unos días.

Lunes, 10

Andreu insiste en que para poder seguir por este camino se necesita un maestro. Para que un Lama sea el tuyo te debe conocer, saber lo que piensas y debe haber una buena conexión entre ambos. Y eres tú quien debe darse cuenta de si es tu maestro o no, observando y viendo lo que sucede. Por mi parte le tengo cada vez más respeto al maestro y confío más en él.

Por último Andreu añadió algunas palabras sobre Su Santidad Sakya Trizin y dijo que es la reencarnación del Buda de la Sabiduría y que eso está demostrado porque lo que él dice es lo que pasa.

Este mediodía en la mesa (ahora nos dejan hablar por la mañana y durante la comida), se comentaba que los sueños son como premoniciones. Un chico que hace regresiones dijo que son avisos, pero que podemos cambiarlos. Cuando escucho cosas así me vuelve la esperanza y pienso en si podré cambiar mis sueños.

En una de las meditaciones me entraron ganas de llorar y se me escaparon algunas lágrimas, pero no sabría explicar la razón. También hubo un momento en el que sentí como si Tara me dijera que ya no podía hacer nada más. Tengo un montón de pensamientos y no quiero aferrarme a ellos, pero éste me ha dado un poco de miedo.

Llamé a Edwin para que me contara su conversación con el médico de la India. Le dijo que habrá que cambiar la medicación, pero que el problema es enviarla. Edwin se ofreció a ir él a la India a buscarla, pero antes quiero saber qué piensa el Lama de las medicinas.

Edwin buscó información en Internet sobre la linfagitis, una inflamación de los vasos linfáticos.

—De eso no te vas a morir, aunque lo pienses. Pero no sé si es una noticia buena o mala para ti —me dijo.

No tengo la respuesta, lo único que sé es que no quiero sufrir. De todas maneras me gusta que se preocupe, aunque cuando le oigo hablar de estos temas no sé qué debe tener en la cabeza.

Andreu dijo que a partir de mañana deberíamos empezar a sentirnos mejor. El Lama le comentó que nota mucha porquería en este retiro. Lo que quiero es dormir bien y pasar por fin una noche sin que me moleste el cuerpo. Hay noches que no logro dormir hasta las cinco de la madrugada y a las seis y media suena el despertador, justo cuando más profundamente estoy durmiendo. Entonces recuerdo cuando dormía bocabajo y podía darme la vuelta, pequeñas cosas que no pensaba que fuesen tan importantes y agradables.

Martes, 11

Algunas de las personas del retiro llamaron a casa y les explicaron la noticia del día: habían atentado contra las torres gemelas en Nueva York y contra el Pentágono. Al parecer fue impresionante verlo en directo y todo el mundo habla ya de la tercera guerra mundial. Se me puso tan mal cuerpo que me dieron ganas de irme a casa y más tarde nos dieron permiso para pasar la noche en nuestros hogares y regresar por la mañana a hacer un ritual.

Cuando vi las imágenes en la tele me pareció irreal observar a los aviones penetrando en los edificios como si fueran juguetes, tenía la impresión de estar viendo una de las típicas películas americanas. Conozco las torres porque entré a ellas con Edwin en 1996 y sé que son enormes, pero al ver la imagen del avión en su interior se puede comprobar que son gigantescas.

Me pasé el resto de la noche hablando por teléfono. Mi madre se quiere ir el jueves a La Campana y me pidió que le jurara que estoy bien. Le pegué un grito tal que casi yo misma me asusté. Espero que se vayan y puedan disfrutar de las vacaciones porque se lo merecen.

Miércoles, 12

Hoy en el monasterio me encontraba mal y tenía ganas de llorar. Me doy cuenta de que lloro del miedo que tengo y de lo rápido que avanza la enfermedad. Esta noche me estaba mirando en el espejo y es horrible, nadie puede aguantar observar el reflejo que yo vi. Tengo el brazo más rojo. Al limpiarme la cara se me cayó un bote sobre el pecho y brotó mucha sangre. Por eso los empujones y apretones del metro y otros lugares donde hay mucha gente me producen pánico. Si alguien me da un pequeño golpe explotaré.

Jueves, 13

Tengo un mal día. Estoy en el lago del monasterio y Edwin se ha marchado con los niños a Port Aventura. Me siento fatal porque ya no puedo hacer nada con los niños. No sé qué hago aquí, no tengo ganas de sufrir ni un minuto más. Esto no tiene ningún síntoma de mejoría y por eso deseo salir de mi cuerpo y escapar de este malestar. Quiero arrancarme la piel.

Edwin se divierte con los niños y así será su vida. Es normal que ahora diga que prefiere que yo esté, pero cuanto antes me vaya, antes disfrutará y volverá a la normalidad. Conocerá a otra chica y sólo espero que a los niños no les provoque un gran trauma. Sara está en pleno cambio, pero no paso nada de tiempo con ella porque en mis condiciones no puedo casi ayudarla. Nuria, una chica del monasterio, me dijo hoy que tengo buena cara, pero nadie sabe en realidad cómo estoy. Sólo yo sé lo que siento y las ganas que tengo de sentir paz de verdad. Lo escribo y lo escribiré cada día: anhelo que todo pase muy rápido porque no aguanto más.

Domingo, 16

—No te veo mal —me dijo el Lama hoy— pero sigue los consejos del médico. Tienes que estar fuerte y no estar pensando todo el tiempo en el dolor porque eso le da energía y lo alimenta. Intentaré ayudarte.

A la vuelta del monasterio Marcus estaba en casa, con lo que me dio una sorpresa muy grande y agradable. Afirmó que me veía bien y que lo que me pasa es que estoy deprimida, por lo que hay que darme una patada en el culo. Con todo esto me siento más confusa.

—Estás aburrida y no sabes qué hacer con tu vida —me dijo.

Desde luego eso es cierto y es una de las preguntas que me formulo cada día. ¿Qué hago yo aquí? Tengo la sensación de que ya no tengo nada más que hacer, pero por otro lado también me pregunto: ¿qué he hecho hasta ahora?

Sitges
Lunes, 17

Fuimos al oncólogo. Le expliqué cómo me sentía y cuando me vio el pecho empezó a mover la cabeza en señal de que aquello no funcionaba y realmente estaba peor. No me ha sorprendido, ya que es lo que siento últimamente y como la enfermedad está visible en la piel no engaña.

Me hizo la propuesta de combinar la vacuna con quimioterapia, aunque tampoco sabía cómo me iría, debido a que ya me habían puesto las sesiones más fuertes de quimio. Además, se me volvería a caer el pelo y las molestias se incrementarían. Pasados dos meses veríamos si funcionaba o no. Me aseguró que no hacía falta que tomara una decisión en ese mismo momento y quedamos para el viernes, pero ya he tomado una determinación: no quiero más quimio y Edwin también está de acuerdo.

Le pregunté cuál sería el proceso, pero no lo sabe. Según me comentó, mientras lo tenga en la piel no me voy a morir, pero está claro que irá moviéndose y no sabe cómo avanzará. Al menos aseguró que la cara no se me va a poner como el cuerpo.

No pude evitar soltar unas lágrimas allí. Edwin le preguntó por los médicos paliativos para tratar el dolor y me dio hora con ellos. Me dijo que de momento me tomara una pastilla de lorazepam por la mañana y otra por la noche.

Me siento muy rara, tampoco ha sido ninguna sorpresa y ahora lo que me importa es que me den medicinas para que no me duela nada. Edwin sigue insistiendo en la fuerza de la mente, pero realmente ya no me quedan energías.

Acaba de llamar mi madre desde Sevilla, quien lleva unos días con la mosca detrás de la oreja. Sigue pidiéndome que le jure que estoy bien y a mi hermana le pregunta lo mismo. Le comenté a Edwin que me da pena, pero me asegura que no tengo que preocuparme por los demás, lo que sucede es que sé que para mis padres va a ser un palo. Y los niños... no sé cómo afrontar todo esto. Quiero preguntárselo a Graciela.

Edwin dice que tendrá que insinuarle algo de mi situación a su jefe porque no quiere seguir trabajando como hasta ahora. Así que cambiará el horario o se traerá un ordenador a casa.

Ahora, después de escribir todo esto, me siento mucho más tranquila. Espero que sea rápido, no sufra y pueda avanzar en el camino espiritual durante el tiempo que me queda. El domingo iré a un cursillo de meditación y budismo. Sobre todo necesito la meditación. Soy consciente de que ahora estoy conmocionada y no sé cómo voy a reaccionar después, pero necesito calmarme y tener serenidad. He de aprovechar al máximo los ratos que pueda pasar con Edwin y los niños. Siempre había sido mi ilusión que pudiéramos estar durante el día más tiempo juntos y a lo mejor ahora puedo conseguirlo.

Es extraño pensar que tu «vehículo» va a desaparecer, al igual que estas calles y el sol de la mañana... Pero todavía puedo hacer mucho por mí y por los demás. Desconozco cómo será esta última etapa, pero sólo estará basada en el espíritu.

Después de la consulta con el médico fuimos a ver a Graciela y al principio me resultó imposible hablar, sólo podía llorar. Me hizo explicarle todo lo que me había dicho el médico e intentaba sacarme las emociones que tenía en aquel momento y las que había sentido últimamente. Necesito hacer un gran esfuerzo para ello, pues cuando estoy tan confundida no sé definir mis sensaciones. En todo caso me fue muy bien hablar con ella porque al salir mis sentimientos ya eran diferentes.

Me dijo que se habían agotado todas las posibilidades convencionales, pero que nos queda todo lo alternativo y que lo puedo superar con su ayuda y con la de otras personas como ella. Tiene muchos pacientes desahuciados por los médicos que siguen con vida. Pero si decido que me quiero ir y hacer el «viaje», como ella lo llama, también me ayudará.

—Creo que en realidad todavía no quieres abandonar esta vida y por eso hay que luchar. Cuando se vea claro que no hay ninguna posibilidad más, ya te prepararé. Vuelve unos días al monasterio, necesitas mucha tranquilidad y estar contigo misma —me aconsejó.

Le comenté que últimamente no puedo más y que lo único que hago aquí es molestar porque no puedo hacer nada, siempre estoy cansada y los demás tienen que hacer cosas por mí.

—Eso te sucede porque no te dejas querer. Ahora necesitas ese amor y tienes que aceptar que te ayuden —contestó.

Por la tarde tenía cita con Carmen, a quien también le expliqué todo lo que me dijo el médico. Me hizo tumbarme y empezó a plantearme preguntas. Según pudo comprobar, mi cuerpo no le contestaba bien, ya que sufría un caos emocional donde los dos hemisferios del cerebro se juntan. Me puso una piedra para neutralizarlo y ver si podía solucionarlo.

Después me dio un estetoscopio y me pidió que me buscara el corazón. Empecé a escuchar el latido y al principio parecía como si me relajara, pero de repente me puse triste. Me vi en el vientre como si fuera un bebé, o más bien sólo un feto.

Me preguntó qué sentía y le dije que estaba apesadumbrada. Empezó a tocarme la frente como si la alisara y cuando abrí los ojos vi la cara de mi abuela con sus gafas. Sabía que era Carmen pero también mi abuela. Fue una experiencia muy bonita.

—Te sientes apenada porque estás viviendo el momento del parto, de tu nacimiento —me explicó.

Es posible porque al principio sentía paz y luego inseguridad. Siempre dicen que en realidad no queremos nacer, ya que al salir nos sentimos desprotegidos. Denominó al latido el sonido primario, momento en el que tu corazón, es decir, la vida, empieza a latir intentando seguir el ritmo del corazón de la madre.

Saber todas estas cosas y sentirlas te hacen ser todavía más sensible, pues se puede comprender cómo se crea la vida. Cuánto podríamos cambiar si por ejemplo, cuando vamos a tener un hijo, supiéramos todo esto. ¡Qué importante es la sensibilidad!

Domingo, 23

Hoy he pasado un día terrible y no he podido ir al segundo día del cursillo de budismo porque me faltan fuerzas. Anoche, antes de dormir, pedí a los ángeles que me ayudaran porque quiero irme, no puedo soportar más este sufrimiento. Soy incapaz de ver el más mínimo indicio de que esto se esté curando. Lo tengo muy claro porque sin fuerzas no se puede luchar. No quiero estar como un vegetal y por eso les pido que me ayuden a realizar este viaje lo más rápido posible. Y creo que ya me están ayudando. Por la noche tuve que levantarme tres veces para cambiarme la camiseta a causa de las hemorragias que estoy sufriendo. En la última tuve que despertar a Edwin porque aquello era una sangría de caballo, la hemorragia más larga que he sufrido hasta ahora. Del pecho sale mucha porquería y se me pega la camiseta y, aunque lo quite con mucho cuidado, al despegarla sale la sangre con rapidez porque ya no hay piel.

Edwin me preguntó si quería que fuéramos a algún sitio, pero no deseo ir al hospital. Conozco perfectamente lo que harían: enchufarme al suero y dejarme por lo menos dos días allí. Aunque sí que tengo ganas de visitar al médico de paliativos. Edwin tiene razón en que debería haber insistido más para que me adelantaran la visita. Mi temor es que me atonten con la medicina, pero tal y como estoy es ciertamente una estupidez, ya que empeoro a cada minuto.

Hoy me siento mareada porque debo de haber perdido mucha sangre, aunque Edwin dice que no ha llegado a medio litro.

Estuve hablando con Sara y le expliqué cómo se llama mi enfermedad y que a veces las personas que la padecen no llegan a curarse. Tenía ganas de decirle algo.

Noto que me estoy despidiendo, voy a intentar contar aquello que hay en mi interior y que no quiero llevarme al otro lado. Sé que esto va a durar muy poco y deseo prepararme bien para este viaje. Espero acabar con la dualidad que hay en mi cabeza, aunque desde luego cada vez estoy más próxima a emprender el viaje. Sólo quiero dormir y sentir paz. Hay ocasiones en las que incluso me planteo si estoy enloqueciendo y ya he muerto y sólo soy un espíritu. ¡Estoy como una moto!

Lunes, 24

Esta noche he dormido mucho y me he levantado muy descansada. Tomé dos pastillas de lorazepam y un analgésico porque no aguantaba más. Así que después me ha costado despertarme. Por la mañana es el momento en el que más a gusto estoy porque casi no siento ningún malestar en el cuerpo.

A Edwin le duele bastante la espalda y supongo que será por levantar ayer el colchón de la cama que pesa mucho. Tuvimos que lavar todas las fundas porque se habían llenado de sangre.

Esta noche o esta mañana, no sé si fue un sueño o realidad, vi un tren, un tren que he de tomar.

—Quiero irme —le confesé a Edwin—. No sé para qué levantarme porque ya no quiero sentirme más así. Me gustaría volver a nacer para ayudar a otras personas, pero no deseo continuar de este modo. Es necesario que me marche ya y soy consciente de que me están ayudando, pero ojalá todo ocurriera más rápido.

Edwin me dijo esta mañana que está aburrido y es normal porque llevamos una vida en la que no pasa nada, sólo hay sufrimiento. Me apetece que mis niños y él disfruten y para eso tengo que irme porque en esta situación nadie lo consigue.

Supongo que ya no tengo tiempo para adquirir esa visión de la que me habla todo el mundo, la convicción de que pase lo que pase, todo está bien.

Sé que estáis todos ahí mirándome, pero no me miréis, ayudadme dándome ese último empujón. No quiero engañar más a mi mente con falsas esperanzas de que un segundo te sientes bien y piensas que todo puede cambiar. No va a cambiar, lo sé, lo siento y me vais a ayudar. ¡Ahora!

Jueves, 27

Me doy cuenta de que los últimos días no he pensado en escribir y es raro en mí. Acabo de leer los últimos párrafos y si tengo que dar una cifra a la depresión que padezco le otorgaría un diez.

El lunes Edwin volvió a llamar al hospital y nos adelantaron la visita de paliativos al día siguiente. La noche de antes vino Marcus y le expliqué lo que me pasaba, que quería acabar ya con mi vida. Le pregunté si podía ayudarme y, aunque me aseguró que me entendía, me comentó que no puede entender que alguien quiera realmente irse.

Al día siguiente fuimos al hospital Duran i Reynals. La planta de cuidados paliativos es bastante más tranquila que el resto del hospital. Una enfermera nos hizo muchas preguntas, las de siempre, y luego el médico me hizo quitarme la ropa. Confesé que me daba vergüenza y es la primera vez que lo digo.

A continuación me planteó un buen número preguntas, algunas bastante tontas para saber si el coco me sigue funcionando. Una de las preguntas que me hicieron en el cuestionario que tenía que rellenar fue: «¿Qué es lo que quieres?». Como respuesta puse: «Estoy harta de esta situación y quiero acabar con este sufrimiento».

El médico me aseguró que podía ayudarme a quitarme el picor y el dolor y me recetó unas pastillas de morfina.

Domingo, 30

—¿Sigues viva? Porque ya no sabía si tenía que vestir de blanco o de negro —bromeó el Lama nada más verme entrar esta mañana en su despacho.

Noto que tiene muchas ganas de ayudarme. El miércoles pasado estuve allí y volveré el domingo que viene. Creo que me ve tan mal que quiere controlarme un poco y me ha estado insistiendo en que piense en todo lo que esta enfermedad me ha aportado, como las ganas de ayudar a la gente y de quitarles el sufrimiento.

—Hay que tocar fondo para comprenderlo. Sólo la gente que realmente sabe lo que es el sufrimiento puede ayudar después —añadió.

Mientras el Lama me hablaba de que ahora me he dado cuenta de la forma de vivir tan absurda que llevaba, me acordé de la película que vi anoche: *El doctor T y las mujeres*. Me pareció muy mala y no sé cómo la aguanté. Pero al meditar sobre su mensaje más profundo me di cuenta de que la película refleja el caos que normalmente es la vida y la superficialidad en la que estamos inmersos. Al final de ella presencias el nacimiento de un niño, una parte que me emocionó muchísimo y me puse a llorar. Comprendí que incluso ver esa película no fue una casualidad.

—La vida es muy difícil si no tienes planes y con esta enfermedad te da miedo hacerlos —expliqué al Lama.

—Nadie, enfermo o no, está seguro de si sus planes saldrán adelante, por eso tienes que hacerlos siempre —me contestó.

También me habló de la fuerza que tenemos todos y me acordé de la historia de Edwin con sus manos. De niño tenía unas cuarenta verrugas entre las dos manos. Se las quemaron en una de ellas y a la semana siguiente le desaparecieron todas las de la otra sin hacer nada. Ésa es la fuerza de la mente y del cuerpo de la que todo el mundo habla.

Con la morfina parece que paso los días un poco mejor. Me prescribieron diez miligramos por la mañana y otros diez por la noche, pero estoy tomando sólo cinco. Es la cantidad que me salió en el test que hice con Edwin y que me enseñó Carmen mediante el cual tenía que poner en una de mis manos la pastilla, mientras Edwin me apretaba ligeramente el otro brazo contra mi cuerpo y si podía levantarlo era buena señal. De todas maneras, mañana voy a ver a Carmen y le pediré que me lo haga ella también, pues sigo teniendo bastantes molestias. Asimismo necesito que me dé algo para ir al lavabo porque la morfina estriñe y, aunque sigo yendo cada día al lavabo, ya noto la diferencia.

Lunes, 1 de octubre

Le expliqué a Graciela que cada día sobre las ocho de la tarde me entran ganas de llorar. Me aconsejó hacerlo, he de permitírmelo y no censurarme por eso, ya que seguro que son emociones que tienen que salir. A lo mejor es una manera de sacar mi fuerza. Me dejó muy tranquila porque es verdad que siempre me siento débil y creo que esto no ayuda a nada. También le comenté que necesito que mi madre esté cerca para ayudarme en casa porque Edwin vuelve a trabajar mañana. Rafa me había dicho que mis padres podrían dormir en su piso en Sitges y así no tendrían que hacerlo en mi casa; todos estaríamos más tranquilos. Hablaré con ellos cuando vuelvan de Sevilla.

Jueves, 4

Cuando Edwin llegó anoche de trabajar, me preparó la cena y después se puso a hacerme cosquillas para aliviar mis picores. Necesitaría tenerlo más cerca, pero no quiero quejarme porque está haciendo todo lo que puede. Llega agotado a casa y tiene que prepararnos a todos la cena. Además, le sigue doliendo bastante la ciática. Siempre me pregunta qué me pasa cuando me ve llorar, pero no puedo contestarle, ya que es lo de siempre, no sé si puedo seguir sintiendo todo esto en mi cuerpo. Es una lucha diaria entre dos opciones. Por un lado mi mente que me dice que quiero morirme y estar en paz y por el otro pienso en las verrugas de las manos de Edwin y en la enfermedad que tuvo el Lama y pienso que todo es posible. Pero esto está siendo durísimo.

Los niños ya casi no me hacen caso y se están acostumbrando a que sea su padre el que se ocupa de todo. Y lo cierto es que yo tampoco les hago caso a ellos, pero cuando alguna vez se les ocurre darme un beso antes de ir a dormir para mí es algo muy especial, a pesar de que sé que muchas veces es Edwin quien les insta a hacerlo.

Anoche me dijo Ferran que parecía una abuela y que su papá no. No me extraña. Estoy tan avejentada que cuando no me arreglo parece que tengo 60 años.

Lo que cada día me resulta más difícil es enfrentarme a mi cuerpo. Es horrible porque el pezón ya no existe; el tumor está saliendo para fuera y todo se cae a trozos. Es la impresión que a mí me da porque nadie me ha explicado el proceso. Suerte que está en un sitio que nadie ve. Deseo que así sea porque incluso cuando Edwin me ayuda no me gusta que lo mire, aunque él no entiende mi manera de pensar. Sospecho, además, que se está haciendo el fuerte porque algo así no hay quien soporte verlo.

Viernes, 5

He llamado a mi madre a La Campana porque quería saber cuándo pensaban volver. Estoy segura de que con sólo preguntarlo ya la he dejado todavía más preocupada. Veremos cómo se va a poner cuando le expliquemos toda la ayuda que necesitamos de ellos. Aunque, por otro lado, recuerdo una frase de Graciela que decía que para una madre es muy importante saber que su hija quiere que esté a su lado. La echo mucho de menos y hasta ahora nunca había sido tan consciente de ello. Necesito que durante el día esté aquí conmigo. Aunque también quiero poder llorar sin tener que reprimirme y sin que ella se ponga nerviosa. Espero poder conseguirlo y si ella tiene que llorar, pues que también lo haga. Anhelo tener lo que nunca hemos logrado: estar cerca la una de la otra.

Sábado, 6

—Antes de acostarte, dale un beso a mamá —le ordenó Edwin anoche a Ferran.

—No quiero, me da asco —le contestó.

—Pues yo tampoco quiero besos tuyos —le dije.

Entonces sí que quería dármelo, pero me resistí. Edwin me dijo que cómo podía negarle el beso a un niño de ocho años y enfadarme por eso, pero no estoy enfadada. En realidad entiendo su actitud porque yo también me doy asco y supongo que lo transmito. Siempre llevo las camisetas llenas de sangre y estoy sin arreglarme. Intentaré estar un poco más aseada cuando los niños estén conmigo.

Estos episodios duelen, pero también me enseñan que puedo preocuparme un poco de mí misma. No me cuesta tanto cambiarme la camiseta cuando se mancha de sangre.

Me puse la película *Celos* y me pareció entretenida, pero ya está. Últimamente cuando veo las escenas de sexo en las películas con Edwin me siento muy incómoda, pues sé que mi cuerpo es una birria y no me imagino teniendo relaciones sexuales.

En realidad he dejado de sentir deseo sexual. Es como si la enfermedad ya se hubiera llevado una parte de mí. Sé que Edwin no va a poder aguantar mucho esta situación. Incluso me molesta cuando por la noche se sienta en el suelo al lado del sofá para que yo le rasque un poco la espalda. No puedo darle nada.

He soñado con mi tío Fernando, aunque últimamente tengo la sensación de que confundo los sueños con la realidad. No puedo estar soñando porque estoy despierta. Me está pasando algo y puede que la responsable sea la morfina.

Domingo, 7

En el monasterio estuve mucho tiempo hablando con Andreu. Al principio me expresé con bastante dificultad, pero después me fui abriendo poco a poco y le hablé de todas las cosas que veo, de las sensaciones de locura... Me dijo que tengo que ver esta enfermedad y este dolor como un empujón enorme para mi crecimiento. Me dijo que haga la meditación del dolor para dedicarla al sufrimiento de todos los seres y poder mitigarlo. Con anterioridad me había explicado este tipo de meditación y comenté con mi hermana lo difícil que es pensar así.

Otro de los temas de los que habló Andreu es que debo compartir todas las ideas que se me pasen por la cabeza, ya que Edwin le parece una persona comprensiva.

Le comenté que de vez en cuando me fumo un porro y le pareció perfecto. Opinaba que he de dejar de censurarme y que he de ser tan comprensiva conmigo como con otras personas. Juzgarme a mí misma en todo momento es uno de mis mayores problemas.

Lunes, 15

Ya no voy a llamar esto un diario porque simplemente no tengo ganas de escribir cada día. Quizás porque no sucede nada o porque por mi cabeza pasan demasiadas ideas y no quiero escucharlas, ya que cada día estoy más negativa. Lo estoy pasando muy mal y no sólo por el dolor físico. Estoy segura de que lo que pasa por mi mente es todavía más fuerte que el dolor.

Sara me estuvo leyendo un poco el libro *Manolito Gafotas*. Hacía tiempo que no había escuchado un cuento infantil. Éste es muy famoso, pero no tenía ni idea de qué iba y me ha parecido muy tierno y actual. Después me pidió que le preguntara sobre el examen que tiene y me he dado cuenta de que soy muy dura con ellos cuando no saben algo. Sara, además, es muy tímida y le falta seguridad. También es por culpa de mi dificultad para animarla en aquello que hace bien, que es mucho. Estoy muy orgullosa de ella, la quiero con locura. ¡Perdóname si a veces no sé motivarte, vales muchísimo! En el fondo me gusta como eres, no hace falta que seas la niña perfecta que a lo mejor a mí me gustaría que fueras. ¡Yo tampoco soy perfecta! Ni quiero serlo porque entonces podría ser un monstruo.

Después me estuvo enseñando partes del libro de texto que todavía no han estudiado y en donde se toca el tema de los cambios sexuales que se producen en el cuerpo. Había fotos de condones y otros anticonceptivos y me preguntó si lo que tenía Edwin en su cajón eran pastillas anticonceptivas. Le aclaré que eran condones. Pero todo surgió con mucha naturalidad. Disfruto las veces que estamos solas, aunque ya no ocurre casi nunca. Merece la pena estar aquí por estos ratos, pero soy tan egoísta que no quiero sufrir y los momentos de felicidad nunca son más intensos que mi deseo de morir y descansar.

Ayer por la mañana me sentía tan chunga que le dije a Edwin que me quiero morir. Él empezó a soltarme la típica charla de que si la paz hay que encontrarla aquí, etcétera, etcétera. Entonces repuse que yo también soy muy buena dando consejos y lo que siento que necesito es morir.

La noche anterior estuve mejor y quería su atención, que estuviera en exclusiva para mí, que me tocara los pies y me mimara. Sin embargo, noté que tenía ganas de irse, ya que se había pasado todo el día en casa. Además estoy segura de que acaba harto de mis lloriqueos. No puedo evitar tener cada día más necesidad de llorar porque es lo que me ayuda a aliviar el dolor o a olvidarlo. Se supone que cuidar a un enfermo es un acto hermoso y generoso, pero yo también lo he vivido y es muy pesado. Te quedas liberado cuando esa persona se va y dejas de sufrir. Realmente cada día siento con más intensidad que soy una carga.

Me quejo y seguro que hay muchas otras personas que están mucho peor, sobre todo, a causa de las guerras que hay ahora en el mundo y a lo mejor sus familias están muy lejos o ni siquiera saben dónde se encuentran. No quiero que nadie tenga que sufrir ese dolor, pero el mío propio también es real, es físico. ¿Estoy haciéndolo mal? Tendría que tomarme más morfina porque no quiero sufrir. ¿Por qué lo hago? Si estuviera en el hospital no tendría que enfrentarme cada día a mi piel. Me curarían las heridas y me darían muchas pastillas para que no me doliera, así no me quejaría.

El Lama me explicó que la visita del otro día fue larga porque estaba muy abierta, dejaba entrar mucha luz y no tenía ningún ser pegado a mí. Le conté que mis padres me habían sorprendido cuando les dije que se vinieran un tiempo a Sitges a ayudarme y que accedieron sin preocupación ni mosqueos. Entonces me comentó que no entendía por qué tenemos que sorprendernos por actitudes de este tipo, ya que somos nosotros los que ponemos esas energías en funcionamiento y por eso las cosas suceden del modo en que lo hacen.

Marcus me trajo un libro de haikus. Me estuvo leyendo unos cuantos mientras tenía las agujas puestas. Me encanta que me los lea porque me transmite todo lo que significan para él.

Estoy acabando el libro *El camino*, de Shirley McLaine. Se lee muy bien y, aunque no sea muy especial, estoy convencida de que tenía que leerlo. Además, me gustaría hacer sola algún día el Camino de Santiago. Ella está teniendo experiencias sobre su vida pasada y es verdad que la soledad te hace mirar en tu interior y mantener diálogos contigo mismo. A veces pienso que también podría estarlos manteniendo debido a todo el tiempo que estoy sin hacer nada y es posible que al escribir esto ya lo esté haciendo. Ahora me hago muchas preguntas que antes ni me planteaba.

Martes, 16

Esta mañana veía luz. Hubo un momento en que yo estaba conectada con todo. Mi mente quería pensar en el cuerpo, pero no podía. Pensaba o notaba que unas manos me trabajaban todas las aperturas del tórax y del pecho. Fue durante la visualización que me hizo Graciela. Le conté que muchas veces tengo la sensación de que me llaman y me quiero ir, pero no sé por qué no lo hago.

—Eso no importa —dijo—, lo único que estamos buscando es la paz. Tú ya no puedes decidir porque estás en manos de aquellos que te están llamando.

Debe ser así porque si fuera por mí me iría ya. Veo paz en ese camino. Ahí está mi tío Fernando llamándome. Incluso a veces por las noches me despierto escuchando «Mari», como si fuera un grito.

Jueves, 19

Me llamó mi hermana para decirme que mi madre, que está pasando estos días en mi casa, no deja de llamar a mi padre para contarle lo mal que estoy. Entonces decidí salir para hablar con los dos, en especial, con mi madre. Le expliqué que si la necesito no es para que me ponga más nerviosa, ni a mí ni a los demás. Quise que entendiera que la situación es la que es y, aunque entiendo que al principio impresiona ver los trapos llenos de sangre se tiene que acostumbrar porque la realidad es así. Fui muy clara. Expuse que no tengo fuerzas para hacer nada y yo ya he aceptado esta situación. No me gusta verme tan joven y tener que actuar como una vieja, pero es lo que me ha tocado.

Mi madre, como siempre, empezó a poner ejemplos de otras personas y mi padre comentó que cada persona tiene un metabolismo diferente y a veces no se sabe la razón, pero el metabolismo cambia y eso podría sucederme a mí. Me ha dejado muy parada porque me doy cuenta de que todas las personas, incluso mi padre, poseen esa fe interna de la que nunca hablamos.

Hoy también se ha quedado a dormir mi padre porque, según mi madre, así está mucho más a gusto. Me doy cuenta del miedo que le provoca estar a solas conmigo por si me pasara algo, con lo que me hace ver y entender mis propios miedos. Por ejemplo, esta mañana cuando Edwin se fue a hacer la compra me encontraba deprimida y no paraba de llorar. Entonces mi madre quiso llamarlo para que volviera y me enfadé mucho con ella. Le expliqué que también necesito llorar y tendrá que acostumbrarse.

Ahora voy cada día a ver el mar, quiero que se convierta en una necesidad porque preciso su energía y he de aprovechar que lo tengo al lado de casa. Hoy me senté un rato en las escaleras para escuchar y observar el Mediterráneo. Estaba precioso. Pequeñas olas salpicaron levemente mi cara y me resultó muy agradable porque la temperatura es muy buena todavía.

Estuve hablando con mi ángel, que se sentó a mi derecha. Sé que la muerte estaba a mi izquierda. Tenía miedo de plantearle al ángel ciertas preguntas por lo que me pudiera contestar, pero como soy tan curiosa lo hice. Le pregunté si realmente voy a salir de esto y me dijo que tengo que poner mucho de mi parte y llegar a sentirlo porque en estos momentos no lo estoy haciendo. También me dijo que no voy a sufrir más, ya que el máximo sufrimiento es el que padezco ahora.

Iré cada día para ver si puedo encontrarme con él, ya que necesito escucharle y ver qué responde sobre lo que tengo dentro.

—Tienes que aprovechar los días que estás aquí —me dijo el Lama—. Todo esto te está dando la oportunidad de limpiar tu karma y comprender muchas cosas. Tienes que alejar los pensamientos de muerte. Cuando llegan hay que alejarlos con pensamientos positivos, ya sea una vez al día o doscientas. Si no limpias tu mente de esos pensamientos nadie podrá ayudarte porque con esa carga es mucho más difícil renacer después como ser humano.

Sábado, 20

Estoy leyendo el libro *Gracia y coraje*, de Ken Wilber, que me aconsejó Graciela. La chica del libro dice que le habría gustado padecer más tarde el cáncer para tener un hijo.

Mis hijos es lo que más quiero en este mundo, pero en estos momentos me roban la atención que yo necesitaría (o mejor dicho, que querría) de su padre. Y no por ellos, porque no piden nada y creo que están bastante necesitados de atención, sino por Edwin, que se siente responsable, quiere hacerles mucho caso y no puede desempeñar al cien por cien todas las tareas que tiene en su cabeza. La que solicita su atención es la niña pequeña que llevo dentro. Así es como me siento, aunque no me guste este papel.

Hoy el mar estaba horrible, nunca lo he visto así, completamente marrón y con una línea verde y otra azul muy a lo lejos. Me producía repulsión.

Marcus me comentó esta tarde que le parecía muy interesante como estaba el mar. Le dije que seguramente no lo puedo soportar porque me veo reflejada en él: pura mierda.

XXIV

Mi papel en esta obra ha terminado

SITGES
MARTES, 30 DE OCTUBRE

Los días pasan y en general estoy bastante bien. Sólo se me ocurre escribir cuando tengo un día malo porque me sirve para relajarme. Como ahora.

Mi cuerpo y yo cada día estamos más separados y es que no lo soporto. No aguanto su olor. Del pecho sale como un vaho de calor con un olor desagradable. Quiero descansar y sentir paz. Mi hermana me dice que no tengo aspecto de que me vaya a morir. Creo que todo el mundo está equivocado y que interiormente todo va mucho más rápido de lo que nadie sospecha. Ayer se lo comenté a Edwin y he de decir que no tengo miedo porque sé que no puedo hacer nada para dominar la situación. Ya me había dicho a mí misma que del 1 de noviembre no pasaría... Ahora mi estómago está cada vez más tenso e incluso muchas noches tengo que vomitar; también me cuesta más caminar. Anoche Edwin volvió a repetirme que soy muy fuerte, pero me es imposible pensar que se tiene que conformar con lo que soy ahora. Esto no es normal y me da igual lo que piense. Yo no me soporto.

Ayer estuve pensando mucho en Sara. Cuando la vi me pareció que estaba preciosa. Representa todo lo contrario de mí: ella es la vida y yo, la muerte.

A Carmen le salió en el test que mi estómago y mi hígado estaban fastidiados. Le comenté lo de los vómitos y mira si es sabio el cuerpo que estos últimos días no me apetecía tomar ajo y ahora ella me aconseja que no lo coma crudo. Además me salió intolerancia al trigo, que me jode bastante porque me encanta el pan.

Cuando estoy desesperada necesito engancharme a la tele, mientras que antes casi nunca la veía, ni siquiera la soportaba. Aunque llega un momento en que estoy saturada y la tengo que apagar.

Acabo de meditar y otra vez estoy en la cama lloriqueando. No le encuentro ningún sentido a mi vida, me pregunto qué puedo hacer, pero no hallo una respuesta. Mi vida depende ahora de los días en los que tengo visita con Graciela, Carmen o Marcus, ya que sólo entonces me animo un poco. Por lo demás, no disfruto de nada y me doy cuenta de que mis hijos, Edwin, mis padres y todos los que me quieren se quedarían mucho más tranquilos si yo no estuviera porque no puedo dejar de llorar y no tengo ganas ni de dar ni de hacer nada.

MIÉRCOLES, 31

Nuevamente me quejaré de Edwin. Ayer llegó tan tarde que por supuesto no tenía ganas de hablar, pero él tampoco tenía ganas de hacerme cosquillas en los pies, algo que me relaja mucho. Simplemente está muy ocupado con su trabajo y sus niños. De acuerdo, pero me paso el día pendiente de su cariño. Además, es el único que conoce mi cuerpo, que ve cada día cómo está y que sólo me dejo acariciar por él. ¡Demasiada responsabilidad!

Esta mañana volví a plantearme qué hago aquí: sólo estar y ¿eso qué es? Carezco de un rumbo definido y no tengo ningún aliciente, soy una mera espectadora y sé que puedo salir de este teatro porque todo va a funcionar perfectamente sin mí, todos han aprendido lo que tenían que aprender y mi papel en esta obra ha terminado.

Con todo, mi nuevo aprendizaje, cuando vuelva a nacer podré dedicarme a ayudar y entender a otras personas. Ahora simplemente no puedo más porque estoy demasiado atrapada en mi cuerpo físico y en su influencia sobre mi mente.

Sé que pronto va a pasar algo, ya que esta noche perdí como medio litro de sangre en la cama. No se detuvo hasta que Edwin no me trajo una gasa y la medicina para cortar la sangría. Son señales de mi despedida. Siento que cada día estoy más despegada de todos, ya no pertenezco aquí y percibo que una pequeña parte de mí está en ese otro lugar que no sé explicar. En estos momentos puedo observar el mundo y a mi familia desde un estrado.

Jueves, 1 de noviembre

Es el día de Todos los Santos y no me había parado a pensarlo. Hoy se cumplía otro de los plazos que me puse para marcharme, pero aquí sigo. Además he tenido un día más tranquilo emocionalmente hablando.

Supongo que todo lo que hice ayer me está sirviendo, aunque me cuesta. Fui a ver a Graciela, pero antes de llegar, mientras íbamos en el coche, lloraba e intentaba explicarle a Edwin cómo me siento y por qué necesito irme. Él me prometió que me ayudará en su momento, pero que aún no ha llegado. También me aseguró que de su boca no puede salir que se va a quedar más tranquilo cuando yo me vaya porque no es así.

Necesito estar unos días a solas con él en algún sitio para que me dedique toda su atención .

Graciela me dijo que todo esto me está pasando porque me estoy desconectando. Insistió en que necesito comprender el concepto de amor del que ella me habla. Es verdad porque sigo sin poder soportar que todos orbiten alrededor. Me asegura que lo hacen por amor y que yo haría lo mismo. Asimismo me dio un libro, *El mensaje de los sabios,* de Renny Yagosesky, ya que cuando lo vio en una tienda sintió que era para mí. Habla de las regresiones, aunque de momento no lo veo demasiado especial.

Rafa también tuvo sesión con Graciela y me quedé sorprendida por el tema que trataron. Explicó que le cuesta mucho imaginarse que no voy a estar físicamente y que tiene un sentimiento que no puede exteriorizar. Conmigo siempre ha podido hablar de todos los temas, por ejemplo, cuando tenía problemas con mi hermana. Nunca me había dado cuenta de eso, pero a mí me pasa lo mismo con él, lo siento como a un hermano. Incluso me rogó estar presente cuando me vaya, por lo que he de avisarle. No sabe por qué, pero tiene que estar ahí.

Merece la pena vivir para escuchar palabras como éstas. Me quedo sorprendida cuando oigo este tipo de cosas porque siempre he pensado que no soy tan importante para nadie.

Rafa también dice que siente que él tampoco hace suficiente por mí y que le gustaría estar más a mi lado. Según comentó, cuando viene a Sitges siempre está con el niño y no tiene tiempo. Sin embargo, opino que hace muchísimo por mí porque cuando le llamo siempre está ahí.

Ayer le conté al Lama, al que cada día considero más buena persona, los pensamientos diarios que tengo como que no sé qué hago aquí porque tengo la sensación de que ya lo he hecho todo. Con toda su paciencia me explicó otra vez lo difícil que es tener un renacimiento humano y que será mejor para mí limpiar cuanto pueda mi karma, así que tengo que dar las gracias por cada día de vida que pasa.

—Haz una lista de todas las cosas buenas que te están pasando en esta vida —dijo— y cuando el sufrimiento sea tan grande que no puedas pensar en nada positivo lee lo que has escrito.

Es una buena idea, aunque aún no la he puesto en práctica.

Afirmó que si pudiera me quitaría el dolor que padezco, pero no puede. Además debo aprovechar todas esas incomodidades y dolores para limpiar mi karma. Cuanto más duela más limpieza se hace. Y mientras estoy allí hablando con él parece que todo me duele menos y es más soportable. Es tanta su compasión que no puedo evitar quedarme impresionada. Me comentó que estaba muy cargada y al hacerme la limpieza no paraba de echar eructos y las paredes incluso crujían. Antes me hubiera reído de todo esto. ¡Realmente soy otra persona!

Domingo, 4

Como el otro día me encontré bastante mal, no pude escribir lo que me pasó con Edwin, que para mí fue muy importante. Después de comer Edwin se tenía que ir a trabajar y yo, nada más llegar, me había metido en la cama porque estaba cansadísima. Le pedí que me hiciera cosquillas y dijo que tenía que coger el tren. Los dos nos quedamos bastante tensos, pero al final decidió quedarse para coger uno más tarde.

Entonces le pregunté si podía adivinar dónde quería que tirara mis cenizas. Me explicó que antes siempre hubiera pensado que quería que las lanzara al mar desde el espigón de Sitges; un poco más tarde se planteó que podría ser en el monasterio del Garraf, pero ahora cree que debe ser en la estupa de Bodnath. Justo el sitio donde quiero que lleven mis cenizas.

Es una de las cosas de las que siempre estaré agradecida a mi enfermedad. Nunca he sentido tanta paz como en ese lugar y no puedo olvidar los atardeceres sentada encima de la estupa. Es como algo irreal.

Edwin empezó a llorar y me aseguró que lo haría. Hacía muchísimo tiempo que no lo había visto llorar y me emocionó mucho. Fue un momento muy especial para mí.

Creo que todos estos días están siendo cruciales en mi vida. En realidad no me queda mucho, lo siento así, pero cada día que pasa antes de que me vaya sucede un acontecimiento importante o digo unas palabras que considero cruciales.

Jueves, 8

Hoy tenía visita en el hospital con el doctor de cuidados paliativos. Me levanté en un estado deplorable y es que estos días me encuentro agotada. Antes de irnos empecé a llorar y el viaje, aunque fue breve, me pareció horrible. Tuvimos que esperar un poco, pero cuando nos atendieron estuvieron mucho tiempo con nosotros. El doctor Porta me dijo enseguida que me veía bastante apagada y comenzó a hacerme de nuevo la lista de preguntas sobre el día, la hora y en qué planta estábamos. Me da mucha rabia equivocarme en las respuestas y me doy cuenta de lo exigente que soy conmigo misma. No acabo de soltarme y compruebo que me cuesta muchísimo cambiar algunas actitudes.

El médico me parece muy humano. No sé por qué me ha sorprendido tanto, aunque no puedo evitar pensar por qué te ofrecen esa humanidad en el hospital cuando ya estás en la última fase. Muchos médicos podrían aprender del trato que tienen con los pacientes en paliativos.

En un apartado que siempre hay que rellenar en el cuestionario he planteado la siguiente cuestión: ¿Cuánto me va a durar esta agonía?

Entonces el doctor Porta me preguntó:

—¿Quieres que hablemos de ello?

—Sí.

—Para serte sincero, no tengo ni idea de lo que puede durar. Sólo hay una cosa segura, si digo una semana me equivoco y si digo diez años también. Por eso lo importante es vivir el día a día.

Mientras tanto me estuvieron curando las heridas. Una enfermera me trataba con mucho cariño y paciencia y yo no paré prácticamente de llorar durante todo el rato. Me cambiaron un poco la medicación. Ahora tengo que tomar diez miligramos de morfina tanto por la mañana como por la tarde.

—Tenemos que conseguir que tu sufrimiento diario disminuya —aseguró el doctor.

Sábado, 10

Mi padre volvió a sorprenderme anoche.

Ferran, él y yo estuvimos jugando a las cartas y le conté que había muerto el abuelo de Edwin. Aukje me había dicho que su padre le había explicado a su madre exactamente lo que tenía que hacer si él moría antes que ella. La conversación se produjo dos semanas antes de que falleciera cuando ni siquiera estaba enfermo.

Entonces mi padre observó que a veces estas cosas se sueñan o se tienen visiones. Más tarde se lo comenté a mi hermana y llegó a la conclusión de que puede que nuestro padre sea más espiritual que nosotras... Estoy sorprendida.

Aukje estaba muy sensible y quiere venir una semana para estar conmigo, pero le dije que no me apetecía. Me estuvo explicando cómo se murió su padre y me pareció una historia muy hermosa. Cees, el padre de Edwin, estaba con él en el hospital porque su madre había salido un momento. Estaba en coma y de repente se despertó chillando. Cees le dijo que Aukje vendría pronto y cuando ella volvió le dijo a su padre que se podía marchar tranquilo, entonces murió. Aukje ayudó a lavarlo y vestirlo pero estaba muy entera. Su padre había vivido 89 años y había muerto bastante rápido.

Otra anécdota fue la de la abuela, ya que después de comunicarle la muerte de su marido por la mañana antes de ir a verlo al hospital, se tomó un té, una tostada y leyó un texto de la Biblia. Desde luego temple tiene. Este tipo de actitudes me producen admiración. Todas las personas reaccionamos de manera diferente.

He invitado al Lama a comer a casa y ha aceptado. Primero estuve hablando con Andreu y me comentó que era mejor invitar a todos los monjes residentes, ocho en total. Me parecía que serían demasiados y como el que va a cocinar es Edwin se lo debía preguntar a él. Primero me sorprendió cuando afirmó que no sabía nada de este plan (porque pensaba que se lo había comentado), pero después me dijo que le daba igual si eran cuatro personas más o menos las que venían.

Andreu me avisó de que muchas veces los monjes van a sitios fuera del monasterio, pero que el Lama no siempre les acompaña, incluso él mismo me hizo el mismo comentario después, pero aceptó porque en esta ocasión consideraba que había un buen motivo.

Domingo, 11

Ayer por la tarde Edwin y yo estuvimos en la cama. Me tocaba pero le confesé que no sentía absolutamente nada porque además mi propio cuerpo me da mucho asco.

—Pues a mí no me da asco —me dijo.

—No me lo puedo creer. Sé sincero. ¿Podrías soportar una situación así toda la vida? —le pregunté.

—¿Qué son estos tres años en toda una vida? Además, no considero que vayas a estar así toda la vida.

Al escribirlo ahora me pregunto: ¿qué es toda una vida? En realidad nunca sabemos lo que va a durar.

Después le hablé de lo que sentí la primera vez que bailé con él en la discoteca de Calafell aquel verano de 1980 cuando teníamos 17 años. Declaró que él sintió cosquillas en el estómago. A mí me pasó lo mismo, pero ni ahora se lo confesé. ¿Cuál es la razón? Pues que soy idiota.

Lunes, 12

Le pregunté a Edwin cómo compaginaría su trabajo y los niños cuando yo no esté. Me explicó que hará lo mismo que ahora empezando a trabajar más temprano y saliendo antes. Me aclaró además que lo hace así no sólo por mí, sino también por los niños. Su ideal sería trabajar por su cuenta como *freelance* desde casa, pero con los gastos que tenemos ahora es casi imposible.

Me quedo bastante tranquila con esto. Además, me doy cuenta de que Edwin está tomando cada vez más las riendas, en especial, con Sara por las reacciones que tiene con ella para hacer que le respete más, ya que está en una edad muy difícil.

La imagen que me viene ahora a la cabeza y que me causa mucho daño es imaginarme cuando Ferran entre a casa y Edwin le diga que ya no estoy. No sé cómo va a reaccionar, pues cada día me doy más cuenta de su sensibilidad. Por otro lado, he de decir que no soporto cómo se porta con su padre, ya que le tiene una total falta de respeto.

Pero ante todo lo que quiero es que mis niños no lo pasen mal, pues todo va a ser mucho más rápido de lo que se creen. Sólo Edwin y yo sabemos la verdad.

En el hospital me dijeron que seguramente me tendrán que hacer una transfusión de sangre para paliar la anemia. No sé si quiero que me la hagan.

Edwin se ha pasado toda la semana en casa. Me resulta imprescindible su presencia para poder ducharme y me ayuda mucho con la sangre.

El otro día vino Marcus, quien me masajeó un poco la mano porque la tengo muy hinchada. Me estoy dando cuenta de que tengo menos dolor. Eso sí, sigo estando depresiva y con muchas ganas de llorar.

Martes, 13

La nueva dieta que me ha dado Carmen es mucho más estricta, pero no sé si voy a poder seguirla a rajatabla. Durante la quimio sí me hacía falta, pero ahora prefiero hacer lo que me pide el cuerpo. Tengo ganas de sentirme bien cuando como y si un día he de saltarme la dieta, pues lo haré. Marcus también me aconsejó adaptar la dieta a mi cuerpo. Lo que no puedo hacer es comer con asco o quedarme sin tomar nada porque no me guste.

Al final llamé a Carmen y accedió a que comiera lo que me apeteciera y que hablaríamos cuando me recuperara un poco.

Miércoles, 14

Echo mucho de menos a Edwin. Está en casa pero quiere acabar una historia para un libro en Holanda y se me está haciendo difícil que no esté pendiente de mí, ya que me gustaría tenerlo pegado a mi lado todo el tiempo. Noto que esto se está acabando rápidamente porque vuelvo a tener cada vez más dolores y debido a ello llevo dos noches sin apenas dormir. Mañana voy al médico y tengo la sensación de que me van a dejar ingresada. Primero por la fiebre, ya que sigo teniendo décimas y es posible que me tengan que inyectar el antibiótico porque seguro que a través de mis heridas entra cada bacteria... La segunda razón es la anemia a causa de la cual tengo los ojos completamente blancos.

Viernes, 16

El dolor ha sido el tema del que más hemos hablado con el doctor Porta. Opina que las dosis que me tomo de morfina son de homeopatía, muy bajas, y que es normal que siga teniendo dolor. Quedamos en que cada vez que me duela me tomaré 5 miligramos extra y tras calcular cuántos me tomo, me adaptará la dosis. El médico insistió en que es una tontería que pase dolor y que podemos eliminarlo si pierdo mis reparos hacia la morfina.

El lunes me harán una transfusión de un litro y medio. Le pregunté si todo eso sirve para alargar la vida porque entonces no me interesa, pero me aseguró que la transfusión no es para eso. Al comentarle que la transfusión no tiene mucho sentido si me meten la sangre por un sitio y me sale por otro, me habló de una especie de radioterapia para la piel con la que se van cerrando los agujeros por los que se escapa más sangre.

—El caso es sentirse mejor —afirmó el médico—. Tras la transfusión te pondrás un poco más fuerte y si después de un tiempo hay que volver a poner más sangre, pues se hará.

Me aclaró que esta radioterapia no tiene nada que ver con la que pusieron anteriormente. Es un tratamiento muy superficial e incluso sirve de analgésico. En principio no tengo ganas de nada más, con el añadido de que apenas puedo tumbarme para que me lo hagan. No obstante, me dijo que su deber era informarme sobre las posibilidades que existen.

Después comimos en el vegetariano, pero estaba muy cansada y nada más llegar a casa empecé de nuevo a sentir dolores. Edwin insistió en que me tomara cinco miligramos de morfina. Me costó tomar la decisión pero al final lo hice y me sentó bien. Cuando la tomé en la consulta del médico me mareé; sin embargo, ahora me encuentro mejor, estoy atontadilla pero como estoy en la cama no importa tanto.

Domingo, 18

Estoy mucho mejor desde que tomo más morfina. Los dos últimos días he tomado diez miligramos más por la mañana. La primera noche me tomé otros diez miligramos y esta noche quince porque notaba que lo necesitaba. Así que, más o menos, la dosis diaria será de unos cuarenta y cinco miligramos. Aunque me sigue costando dormir, me he dado cuenta de que no es a causa del dolor. Pero por lo menos estoy más tranquila.

Graciela vino ayer a verme a casa y me hizo una relajación. Me calmó mucho. Tenía que ver mi alma y creo que, debido a que hago siempre la meditación con la imagen de Guru Rimponché, observaba su cara, no la mía. Sé que siempre está frente a mí, igual que Jesús, al que también veo en todo momento con su túnica blanca.

Edwin me propuso hacer una meditación. Estábamos en la cama cogidos de la mano, él tumbado boca arriba y yo sentada. Me encantó. Ojalá pudiéramos hacerlo muchas más veces. No obstante, lo que sí tengo claro es que no se lo pienso pedir, espero que salga de él.

Por la mañana le comenté planes de futuro. Me siento muy rara haciéndolo, pues al observar mi cuerpo y comprobar cómo avanza la enfermedad te vuelves muy realista. Sin embargo, le comenté que si este verano estoy viva no quiero pasarlo en Sitges. También me gustaría cambiar la mesa del comedor por una redonda con un mantel de colores y situarla frente a la puerta corredera y poner el salón en la otra dirección. Me dijo que está bien que haga planes.

Durante la conversación que tuve con Carmen me explicó que los médicos la han desahuciado muchas veces y ella siempre ha pensado que tenía que salir adelante por sus hijos. La entendía, pero no siento lo mismo. No me considero imprescindible para mis niños, aunque desde luego que me gustaría verles crecer y envejecer, no deseo que sea en estas condiciones de postración en una cama y con el cuerpo de esta manera.

Martes, 20

Es casi mediodía y aún no me he levantado. Acabo de tomar mi desayuno favorito: pan dextrinado con leche de arroz y café de espelta.

Ayer me pusieron la transfusión. Cada día me doy más cuenta de que hay mucha gente amable en el hospital. A Edwin le conté que tampoco me importaría ser enfermera, ya que en esa profesión puedes beneficiar mucho a la persona enferma.

Estuve un buen rato en el hospital. Me explicaron que no solían poner tres bolsas de sangre, lo normal eran dos. Además, como era muy espesa, entró muy poco a poco así que estuve más de cuatro horas conectada. Querían llamar a las enfermeras para que me curaran pero les pedí que no lo hicieran porque me daba vergüenza. La chica dijo que no debería sentirla, pero me gusta poder expresarlo. Sería mejor no tener vergüenza, pero si la siento prefiero poder decirlo.

Cuando llegamos a casa eché a todo el mundo del sofá y me dispuse a comer un bocadillo con escalibada y una ensalada de patatas, judías verdes y tomate. Me enganché a la televisión viendo Periodistas, Operación Triunfo y parte de Crónicas Marcianas. No tenía sueño y estaba dispuesta a quedarme en el sofá hasta que sintiera que me dormía. Sobre la una me tomé la morfina y me entró el sueño. No me dolía nada.

Cuando esta mañana Edwin me dijo que eran las siete y media no me lo podía creer. Es la primera vez en mucho tiempo que tengo la sensación de haber dormido tan bien y además sin necesidad de tomarme las dos pastillas para dormir.

En general me noto mucho más tranquila.

Hace un momento ha llamado Edwin porque acaba de hablar con el médico sobre las pastillas. Es necesario que me tome dos pastillas de efecto prolongado por la mañana y dos por la noche y si me duele, otra de morfina de liberación inmediata, a ver cómo me siento. Tengo claro que sin dolor se está mucho mejor.

Lunes, 26

Ha pasado una semana y no he escrito nada porque no tenía ganas. El Lama y todas las otras personas que han venido del monasterio para comer se acaban de ir. En total éramos nueve: el Lama, Andreu, Pili, Manolo, la madre del Lama, mi madre, Rafa, Edwin y yo. Esta mañana cuando me levanté estaba un poco nerviosa, pero tampoco tanto como me esperaba. Andreu me había llamado para que tuviese preparado un bol con arroz para dárselo al Lama cuando llegara. Lo utilizaba para bendecir la casa.

Fue una comida muy tranquila y sentí mucha paz. Bendecimos la mesa y el Lama nos bendijo con comida y salud. A mí me pareció todo muy bonito y muy sincero. Doy gracias por haber tenido esta oportunidad. Quiero preguntarle al Lama sobre cómo tomar refugio en él porque sigo pensando que me queda mucho por aprender hasta conseguirlo. No obstante, quiero saber qué es exactamente y si me tengo que preparar de algún modo para ello.

Hoy no me he tomado la pastilla hasta muy tarde y tampoco es que me doliera mucho, fue más que nada para prevenir. Supongo que la energía que había en casa hoy hizo que mis dolores disminuyeran. No sé cómo explicarlo pero estoy contenta, muy contenta.

Marcus me ha regalado una postal de la estupa de Bodhnat. Es una pasada y no puedo dejar de mirarla. Me encantaría volver allí. También me regaló un libro de haikus escritos por Kobayashi Issa. Nada más abrirlo me quedé pasmada, pues lo primero que vi fue que había nacido el 5 de mayo de 1763, es decir, justo el mismo día que yo doscientos años antes.

Le regalé a Marcus la estupa que le había comprado en el monasterio y le encantó. Al día siguiente me llamó para decirme que la tenía en la mesa del despacho y que no podía dejar de mirarla. Sigo pensando que tengo una relación muy especial con Marcus. Lo considero mi hermano.

Sábado, 1 de diciembre

¡Otro mes más! El mes de Navidad. Si pienso en todo este año siento mucha pena porque, aunque es lo que digo siempre: a pesar de haber aprendido muchas cosas, también he sufrido mucho. Ahora, mientras escribo esto, se me saltan las lágrimas.

Ayer fui al hospital para que me hicieran la radioterapia y así cerrar las heridas. No sé si estoy contenta o no porque ya no sé si merece la pena seguir poniéndome más tratamientos. No obstante, todos me han dejado muy claro que no tiene nada que ver con alargar la vida, sino con mejorar la calidad de vida.

Hoy por la tarde fuimos al monasterio. El Lama me preguntó dónde me había metido porque estaba muy sucia y le expliqué que debía ser el hospital. Estaba muy contento, ya que ayer cumplió 50 años y fueron más de cien personas a celebrarlo. Andreu me había preguntado si quería ir, pero no estoy para fiestas.

Me doy cuenta de que mis cambios físicos tienen una evolución muy rápida. En junio cuando fuimos a Nepal no tenía ningún tipo de dolor y ahora casi no me puedo mover. Le he dicho hoy a Edwin que me sentía triste porque podríamos haber aprovechado que no están los niños para ir a un restaurante, pero simplemente no puedo. Así que pedimos una pizza que me comí con mucha ilusión. Pero ¿por qué me preocupo por cosas así? Por la sencilla razón de que creo que son señales que indican que cada día estoy peor. ¿Por qué tengo tanto caos? Quiero liberarme de lo que me retiene aquí.

Le pregunté a Andreu qué significaba tomar refugio en el Lama. Me explicó que es como tomar partido en tu camino espiritual por el budismo y en este caso tu guía ha de ser el Lama.

Jueves, 6

En la radiología ayer lo pasé fatal, ya que no podía aguantar en la postura de costado. Son sólo dos minutos y medio, pero con dolor parecen tres horas. Me puse a llorar porque no podía soportar el dolor. La doctora me propuso inyectarme morfina, pero me negué y le pedí que probara otra postura. Al final me puse boca arriba y me fue mucho mejor.

La cura me la hizo un chico joven y, aunque me da mucha vergüenza que me vea, va a ser quien me lo haga cada día que venga. Después entran otras enfermeras que me observan y me siento mal por tener este cuerpo de monstruo.

Por la noche estaba sola en casa, empecé a encontrarme mal y tuve que vomitar otra vez. Me pasa a menudo después de haber comido. No sabía qué hacer, así que salí a dar vueltas por el jardín y después me acosté... Me sentí muy sola, me he dado cuenta de que estoy muy susceptible y tengo miedo de que me pase algo mientras estoy sola. Por otro lado se me plantea el problema de siempre: no quiero estar pidiendo a la gente que se quede.

El otro día le comenté a Graciela que siento mucha rabia hacia mi madre y hacia Edwin. Nuevamente repitió que todo esto sucede porque me desconecto de la energía superior. Lo único que tengo que entender es que estoy de paso, soltarme y decir: «Hágase tu voluntad y no la mía». Estos dos últimos días he utilizado esta frase a menudo. Quiero acostumbrarme a ella, porque no llego a sentirla, tan sólo está en mi mente. Me aconsejó que releyera urgentemente el libro de Wilber sobre la mujer joven que muere de cáncer. Da la casualidad de que mi hermana acaba de devolvérmelo.

Si salgo de ésta me gustaría irme medio año a Katmandú y estar totalmente sola. Cada día soy más consciente de que todos hemos de aprender a estar a solas con nosotros mismos para dejar de buscar cosas en los demás.

Viernes, 7

Otro día más de ¿vida? No sé, sigo estando muy abatida. Son las doce y media del mediodía, tengo que ducharme y me cuesta muchísimo. ¡Otra vez verme este maldito cuerpo! Además, cada vez noto más molestias en el estómago y tengo la impresión de que me entra menos comida. Otra de mis sensaciones es que sueño mucho, aunque no recuerdo qué.

Lo primero que pienso cuando me despierto, aun sin haberme movido, es lo bien que me siento al no tener ningún dolor. Pero el primer movimiento me devuelve a la realidad.

Esta mañana, y tampoco sé si ha sido un sueño, había una mujer encima de mí. Pensé en la Virgen María. Hablaba con alguien situado frente a ella al que le preguntaba si me llevaba o no. Sé que no he logrado la paz y seguramente es por eso por lo que me está costando mucho más y mi sufrimiento está siendo más largo.

No dejo de repetirme la frase «hágase tu voluntad y no la mía» y os pido, por favor, que me escuchéis. Vosotros veis cómo estoy y cómo están todos alrededor y realmente quiero que me ayudéis. Quizás no puedo transmitir en palabras todo lo que siento, pero vosotros conocéis perfectamente mi mente.

¡Dios! Me encuentro fatal, estoy cada día más triste y no dejo de pensar que esto no es vida. Si sigo sin comer tendré que llamar al hospital, pues cada día tengo menos fuerza. Sé que me queda muy poco.

Viernes, 14

Estos últimos días los paso casi siempre en la cama. Me noto destemplada, cada día tengo décimas de fiebre y sólo salgo para ir a Barcelona, por ejemplo, a la consulta de Graciela, que me resultó muy beneficiosa.

Durante mi última visita hablé nuevamente con ella sobre la rabia que siento hacia Edwin y mi madre, en especial, hacia mi madre. Siento tanta ira en mi interior que no sé cómo digerirla. Le conté que tengo la impresión de estar viendo la película de mi vida y me he dado cuenta de que no he conocido nunca el amor. Sólo lo recuerdo con mi abuela porque en mi memoria no tengo almacenados hechos de verdadero amor con mi madre. Lo único que me ha transmitido siempre ha sido su miedo y eso me hace tener ganas de llorar y sentirme impotente. Me doy cuenta de que estoy reviviendo la misma tensión que sentía en mi casa cuando era pequeña. Pensaba que habría cambiado algo, pero donde quiera que esté llevo conmigo toda esa rabia.

Graciela me recomienda que patalee porque me sentará bien, pero también me ha advertido de que hay algo mucho más profundo que todavía no he sacado. Me hizo reflexionar qué podía ser.

En todo caso cuando salí de su consulta me sentía muchísimo mejor.

Estos acontecimientos se produjeron el día 12, el cumpleaños de Edwin. No se esperaba ningún regalo, pero le había encargado a Rafa la caja con las películas de *El padrino* en DVD y además le escribimos dos cartas, una los niños y otra yo que creo le hizo ilusión. Me hubiera gustado haberme ido a un restaurante a celebrarlo, pero escuché a mi cuerpo y comprendí que lo mejor era quedarme en casa.

En cuanto llegué de la visita con Graciela me metí en la cama porque estaba agotadísima. Edwin se fue a comprar al mercado y cuando me levanté ya estaba la comida hecha. Hizo un rape con almejas y patatas que estaba buenísimo, mejor que en un restaurante. Después de comer intenté explicarle lo que había estado hablando con Graciela, pero tenía la sensación de que estábamos en otra onda.

Una de las preguntas que me hizo Graciela fue que si estuviera bien seguiría o no con mi vida de ahora. Mi respuesta fue que no porque lo que haría sería irme una temporada yo sola para saber realmente lo que siento y encontrarme a mí misma. Después ya vería si quería seguir con la misma gente en mi vida, aunque lo que sí tengo muy claro es que tendrían que cambiar muchas cosas. Me planteó la cuestión de por qué no puedo empezar ahora y en verdad es algo que yo también me pregunto, pues hay mucha gente físicamente impedida que igualmente entiende que han de cambiar cosas. No sé por qué asocio todos los cambios a la fortaleza física. Sé que hay algo más, pero no he alcanzado el punto en el que poder comprenderlo bien.

Ese día Edwin no trabajaba. La paz que siento con él en casa es mucho más grande que la que tengo con mi madre. El problema viene cuando llegan los niños porque no puedo soportar su relación con Ferran. En este momento le he castigado porque ayer no quiso estudiar. Objetó que no tenía ningún examen, pero resultó que era mentira. Dice que uno de ellos no le salió mal, pero la cuestión importante es que no se preocupa por nada. Asimismo tampoco estudió para un examen difícil de catalán.

Al volver ayer del hospital le pedí a Rafa que me llevara por la carretera de las costas. No sé si fue por las curvas o porque ya tenía mal el cuerpo, pero nada más llegar tuve que vomitar. Mientras vomitaba Rafa me tocaba la frente. Me pareció un gesto de tanto amor... Me aseguró que está aprendiendo mucho de esta situación, pero yo también. El mero hecho de poner una mano encima de una persona que se encuentra mal es todo un alivio. Me gusta seguir aprendiendo de este tipo de actitudes.

Últimamente veo mucho menos a Marcus, pero cuando estoy con él me transmite mucha paz. A pesar de eso, el cansancio me hizo que hoy no tuviera muchas ganas de verlo. Es un tío muy sincero y puedes hablar absolutamente de todo con él. Y eso que noto que ahora me cuesta mucho más mantener una conversación, debido a tanta droga. Aun así puedo escucharle y sabe mantenerme despierta.

Edwin me habló ayer del periodista que le llamó una noche desesperado porque a su mujer le habían encontrado cáncer de hígado. Creo que eso fue en septiembre y ayer el chico le llamó por algo de trabajo. Al preguntarle qué tal iba todo en casa le dio la noticia de que su mujer había muerto el 28 de noviembre. Tenía 35 años y dos niñas, una de 10 y otra de uno y medio. Así es la vida.

Domingo, 16

Esta noche he tenido unos sueños muy raros que tenían que ver con mi marcha de esta dimensión.

Primero veo dos figuras doradas, no puedo decir qué clase de animal representan. Llevan el color dorado de la cúpula de la estupa. Después alguien me explica que esa luz que veo al final del túnel es la que tengo que atravesar. Es una conversación muy cómoda en la que siento que estoy en paz y no tengo miedo. Yo veo el túnel y la luz, pero no sé por qué no la he cruzado.

Al despertarme por la mañana me sentí furiosa al caer en la cuenta de que había tenido esta oportunidad de marcharme y no la había aprovechado. Estoy a punto pero no sé qué es lo que me falta. Me gustaría que me dierais las últimas instrucciones de manera que pueda entenderlas y marcharme. Ayudadme por favor. Necesito salir de aquí porque sé que cada vez tengo más paz para hacerlo. Quiero ayudar y en estas condiciones es imposible. Me gustaría que preparéis una reencarnación relacionada con la ayuda.

Los niños estuvieron muy participativos poniendo el belén y el árbol de Navidad y yo, como apenas podía moverme, me quedé sentada en la silla, de manera que podía hablarles con calma. Me gusta hacerlo y saca la parte más paciente de mí. Sara y Ferran montaron el árbol prácticamente solos. He comprobado que cada vez disfrutan más con estas cosas y ésa es la parte bonita de verles crecer. Les gusta jugar con lo irreal, con la ilusión de un belén o con los regalos. A todos nos fascina esa parte de fantasía.

Lunes, 17

Son las ocho de la mañana y no puedo más. Estoy buscando algo que me pueda tranquilizar y que calme mis lágrimas. Soy incapaz de dejar de llorar porque he pasado una de las peores noches desde que padezco esta enfermedad. No he podido tumbarme en toda la noche. Es tan insoportable el dolor que siento en la piel de cada costado de las caderas que no me permite estar acostada. No puedo descansar y por ello a las cinco de la madrugada me tomé otros cinco miligramos de morfina; sin embargo, en este momento caí en la cuenta de que las molestias ya no están tan relacionadas con ese dolor interno, sino con otro más externo que es el que me impide coger una postura para dormir. ¿Qué voy a hacer?

Edwin se levantó muy dolorido a causa de la ciática. Seguro que todo el esfuerzo que hizo ayer colocando el árbol de Navidad le está pasando factura ahora. Le dolía casi tanto como la primera vez que la sufrió cuando apenas pudo levantarse de la cama y por eso esta mañana casi llora. Me aflige verlo así.

El otro día estuve hablando con mi hermana sobre cómo esta enfermedad (y me imagino que cualquier otro acontecimiento que te haga reaccionar) me ha hecho pensar en que es posible disfrutar de todo. Hablábamos sobre la Navidad porque nosotras nunca la hemos disfrutado. Por ejemplo, a mí siempre me pareció un aburrimiento y una obligación familiar. Ahora es al contrario porque veo estas fiestas como una posibilidad que te da la vida para reunirte, disfrutar, comer o lo que quieras.

Me estoy volviendo mucho más sensible y clásica en todos estos aspectos. Incluso mi hermana sugirió que nos hiciéramos regalos el día 26, una propuesta muy extraña en ella, pero es que también está cambiando mucho. Espero que pueda aprovechar estos cambios porque, aunque es difícil, hemos de disfrutar al máximo de todo lo que nos sea posible.

Otro de los temas de conversación que tuve con mi hermana fue sobre Sara. Le comenté que es muy familiar porque le encantan las comidas en familia, preparar la mesa y estar todos juntos. Espero que sea capaz de aplicar esto a su vida, ya que le va a servir de mucho. El otro día organizó con sus amigas una fiesta de despedida a Natalia, quien se marcha definitivamente a vivir a Málaga esta Navidad con su madre, Antonia, y el resto de su familia.

XXV

Alguien que me ayude

SITGES
SÁBADO, 22 DE DICIEMBRE

Hace muchos días que no escribo ni apunto mis sueños. Creo que es por culpa de la televisión porque me paso ahora todo el día mirándola y luego tengo sueños relacionados con programas o gente que he visto en la tele. Quiero quitarme ese vicio, ya que no me lleva a nada.

Esta mañana hablé con mi madre, debido a que ayer pasé unos momentos insoportables con ella. La necesito, pero no la aguanto, no soporto sus gritos, el poco respeto que me muestra ni sus nervios.

Acababa de terminar de comer, me eché en la cama y me quedé durmiendo. Cuando entró empezó a chillar mi nombre, «¡Mari! ¡Mari!», y le dije que estaba durmiendo. Entonces se metió en la cocina y empezó a dar golpes con las puertas y los platos. Cuando estamos solas y durante un tiempo no me ha escuchado ni me ha visto, siempre le pasa lo mismo. Supongo que piensa que ya he muerto.

En casa necesito estar tranquila y no sentir su nerviosismo ni su miedo eterno sobre mi estado de salud. Aproveché para decirle lo que pensaba esta mañana cuando no había hecho nada que me perturbara. Le expliqué que su manera de dar gritos y hacer ruidos me molesta mucho porque no estoy normal, estoy enferma y necesito mucho silencio y tranquilidad.

Esta semana he ido mucho a Barcelona, por eso tampoco he escrito, ya que suelo llegar a casa reventada. El martes me hicieron la radioterapia. Quería dejarlo, pero según la doctora parece que está funcionando. Después fui a ver al doctor Porta, que me subió la dosis de morfina de 20 a 30 miligramos más las otras pastillas para momentos puntuales. Lo cierto es que parece que con esta nueva dosis estoy algo más tranquila, aunque me doy cuenta de que el cuerpo se adapta rápidamente a la morfina.

Pero ya me da igual aumentar las dosis, lo que quiero es no tener dolor. Sin embargo, a pesar de que me dijeron que con la radioterapia se percibiría menos, el olor del cuerpo no disminuye. Éste sigue siendo mi gran problema: ese olor.

El miércoles acudí a la visita con Graciela. Llegué llorando porque me había despedido de Antonia antes de irse a Málaga, aunque fue una despedida muy fría. A mí se me saltaban las lágrimas y a ella también, pero no nos dijimos nada. Además, mi madre y Rafa estaban mirándonos. Graciela opinaba que el problema es que no podemos liberar nuestras emociones porque no estamos acostumbrados a ello. Después me hizo una relajación para quitar lo que prefiriera sacarme de encima y elegí la rabia. Me fue muy bien. Mientras estaba en ello no tenía ganas de volver a la realidad y quería seguir con los ojos cerrados.

DOMINGO, 23

Es el cumpleaños de Ferran. Tanto la noche de ayer como esta mañana me han parecido muy bonitas. Ferran estaba muy ilusionado y me encantaba verlo así. Incluso comentó que a lo mejor no podía dormir por los nervios. Sara se había ido al pueblo con Edwin y nosotros hemos estado jugando a las cartas. Me gusta estar con él y verlo tan contento.

MARTES, 25

Vaya nochecita. Ahora estoy muy triste y eso que anoche hicimos una cena improvisada los cuatro juntos y celebramos la Nochebuena. Estaba contenta porque me sentía bien y comí muy a gusto. Después estuvimos jugando al tute hasta que a medianoche caímos rendidos de cansancio.

Como siempre antes de acostarme me cambié los trapos del cuerpo y empecé con mis lloros. No puedo mirarme este cuerpo y no sé qué hacer. No obstante, una vez que me lo había vuelto a tapar y me puse a leer, empecé a encontrarme algo mejor. Pero me he levantado muy dolorida, ya que tengo que dormir siempre medio sentada con varios cojines grandes en la espalda y moverme lo menos posible. No paro de suplicar qué es lo que tengo que hacer para encontrar la paz y marcharme. No sé cómo decirlo ni cómo pedirlo. Mi sufrimiento es cada día más grande.

Supongo que en mi estado de ánimo también han influido las palabras que me dijo ayer por la mañana la enfermera. Mientras la ayudaba a quitar los trapos le pregunté si no le imponía enfrentarse a enfermedades como la mía y me confesó que realmente lo sentía por nosotros. Le pregunté si había muchos casos como el mío y me dijo que llevaba muchos años en aquel trabajo y que jamás había visto nada parecido. Mientras estuve dentro me hice la fuerte, pero en cuanto salí y empecé a explicárselo a Edwin me puse a llorar.

Edwin ha venido a verme ahora mientras escribo. Trato de explicarle cómo me siento y dice que está contento porque todavía estoy aquí con él. No quiero que me hable así porque lo que necesito es que ponga su energía en desear que mi sufrimiento desaparezca y para ello he de desaparecer de su lado.

Me ha propuesto dar un paseo porque dice que los niños necesitan salir, pero no puedo. El otro día Ferran me preguntó si le daba permiso para ir a la nieve con su papá y Sara y le contesté que no. Si no estuviera podrían realizar tranquilamente todas esas actividades. Se lo merecen y están creciendo tan rápido que estaría muy bien que aprovecharan y se divirtieran con su padre ahora que todavía están en la edad.

Miércoles, 26

Hemos hecho la comida de San Esteban todos juntos, bastante pronto porque Edwin tenía que trabajar. El único que no estaba era Rafa, porque tenía que asistir al entierro de una tía suya que murió de cáncer en Nochebuena. Cuando oigo hablar de esta enfermedad mis orejas se ponen tiesas. No me da pena que muriese porque sé lo que es sufrir y las ganas que tengo yo misma de descansar. No la conozco de nada, pero Rafa me contó que su tío le había explicado que murió en paz. Cuando oigo que alguien ha muerto me da envidia. Desconozco la sensación de paz que se ha de sentir, pero es la que yo necesito.

Durante estos días me estoy poniendo ciega a comer cosas que se supone que no debo pero no me importa, tengo mucha hambre, a veces incluso me tomo un trocito de queso después de comer porque me encanta. Aunque ahora voy a estar unos días controlándome con la comida porque no quiero inflarme. En concreto voy a comer más alimentos integrales, ya que ya me cuesta ir al lavabo y me duele bastante.

Hoy celebramos el Tió de Nadal porque estaba Iñaki y había un montón de regalos. Fue encantador, sobre todo por ver a mi sobrino, que es el único que aún cree en esto y quien además era el que más regalos recibió. Mi hermana me compró una vela preciosa. Ya sé que tengo muchas, pero no me canso de ellas, me gustan todas. Son tan bonitas que da pena encenderlas, pero tengo que usarlas. Edwin me regaló una preciosa bandeja china y ésta sí que me da pena usarla de lo exquisita que es.

Lunes, 7 de enero de 2002

Hemos estrenado un año nuevo. Ha pasado mucho tiempo desde la última vez que escribí, puede que porque estamos en vacaciones y los niños se encuentran en casa.

Acaba de entrar Edwin en la habitación para preguntarme qué me parece si se va con los niños a comer fuera. Perfecto, aunque no puedo evitar que me duela. Durante estos últimos días otra vez estoy dándole vueltas al tema de que no puedo hacer nada con ellos, algo que cada día es más evidente. Sé que tienen que hacer su vida normal, pero no puedo evitar sentirme un lastre.

Ayer mi hermana me estuvo leyendo una parte de un libro que trata sobre una mujer que tenía cáncer y se fue a México a ver a un hombre relacionado con la magia. Lo destacado de la historia para mí fue que esta mujer murió a las dos semanas. Según cuenta una curandera, «el hermano» es una persona que no sólo ayuda a salvar vidas, sino que también presta sus servicios para abandonar este mundo. Como esta señora no quería estar sufriendo dos años más, le concedió su deseo.

Eso es lo que quiero para mí. No deseo estar así y quiero abandonar este mundo, pero no encuentro a nadie que me ayude.

Sé que la fuerza para lograrlo está dentro de mí, pero no puedo sacarla porque no sé encontrarla. Últimamente he pasado unos días mejores, pero ahora vuelvo a estar triste porque no veo luz. No paro de decirle a Edwin que no deseo estar en esta casa con mi brazo hinchado cuando empiece el calor y la gente venga a la playa. Le cuento que quiero estar en un sitio donde haga fresquito y no me conozca nadie, aunque la auténtica realidad es que no quiero seguir viviendo.

¿Y mi cuerpo? No soporto que Edwin se me acerque, aunque es quien me ayuda a ponerme los trapos en la espalda donde yo no llego y supongo que cada día lo necesitaré más. A veces cuando entra en el baño sin llamar lo mataría porque no puedo aguantar que me vea ni que se me acerque con su nariz.

Uno de los acontecimientos de estos últimos días que más me ha agradado ha sido la rueda de la energía. Intentamos hacerla el día de Año Nuevo con los niños, pero empezaron a reírse y finalmente la hicimos mi hermana, Rafa, Edwin y yo. Fue una experiencia extraordinaria en la que acabé llorando y tuve unas sensaciones muy hermosas similares a cuando mi hermana y yo éramos pequeñas. Tenía su manita entre mis manos y la necesitaba.

El día de Reyes también fue muy especial. Los niños tuvieron muchos regalos, pese a que en Navidad ya recibieron bastantes. A pesar de que saben que los juguetes los compramos nosotros, la noche anterior se ponen nerviosos y me gusta verlos así. Edwin me compró una silla mecedora que está muy bien. Ayer por la tarde estuve toda la tarde sentada y el balanceo me resulta agradable.

SÁBADO, 12

De un tiempo a esta parte me fijo mucho más en la gente con defectos físicos. Ayer casualmente vi a personas que habían sufrido embolias y cómo era su recuperación. También a niños enfermos. Creo que en casi todas las familias hay desgracias.

Han seleccionado a Edwin para dar clase en Operación Triunfo una vez por semana. Han hecho ya una grabación pero esto no lo emiten porque sólo era de prueba. Desde luego tiene una desfachatez increíble, a mí se me caería la cara de vergüenza. El otro día

Sara le dijo que tenía mucha suerte por poder hacer todas esas cosas y que ella también quiere ser periodista.

Domingo, 20

Hace muchos días que no escribo, pese a que creo que están pasando cosas importantes en mi vida. Mi amiga Ana, una vasca a la que conocí cuando vivíamos en Holanda, vino de San Sebastián y me ha sentado estupendamente estar tres días con ella. Me sentía muy acompañada e incluso parecía que todo me dolía menos. Al principio preferí que no viniera a verme, pero ahora me alegro de que lo haya hecho.

El viernes estuve con el Lama, que acaba de llegar del peregrinaje a la India. Tenía muchas ganas de verlo, recoger mis medicinas del médico tibetano y saber lo que le había dicho éste.

Me quedé pasmada, pues no esperaba escuchar lo que me dijo. Según me contó, el médico veía mi situación actual muy mal, nada que ver con cuando estuve en Katmandú. Según le comentó, por aquel entonces me tendría que haber quedado unos meses allí y supone que de ese modo hubiera podido hacer mucho por mí. En aquel momento no lo entendí así porque cuando estuvimos en Nepal me habló de una crema que tenía que preparar en la India. Por lo visto le ha dicho al Lama que me queda la posibilidad de irme seis meses a la India, donde él se encargaría de encontrarme un alojamiento cerca de su consulta.

Empecé a sentirme fatal y a tener muchas ganas de llorar y el Lama me aseguró que también se ponía triste si yo lloraba. Entonces por mi cabeza empezó a pasar una película que seguramente no duró ni unos segundos. Sin embargo, seis meses en la India me pareció demasiado tiempo sin ver a los niños. Si empeoraba allí no tendría a nadie conocido a mi lado y entonces todo empezó a darme miedo. Además, tampoco puedo llevar peso y ¿con qué agua lavaría mi ropa y mis trapos? Además, si voy un día a Barcelona y ya me siento cansada.

Estaba destrozada y el Lama me dio un abrazo que me hizo hasta daño. Me aconsejó estudiar muy bien la situación porque era crítica. Me tiró las piedras y todo salió bastante mal, aunque me tranquilizó al comunicarme que el demonio que había aparecido me lo podía quitar.

Cuando llegué a casa estaba agotada y sin ganas de explicar nada. Edwin me puso la cena y cuando los niños se fueron a la cama le conté lo que sentía. Aseguró que haríamos lo que yo quisiera y que por supuesto si decidía irme a la India él me acompañaría. No obstante, también me preguntó por qué primero tiro la toalla y luego me aferro de esa manera a una posibilidad. Es verdad, no sé por qué me afecta todo tanto. Supongo que lo que sucede en este caso es que tengo mucha confianza en el Lama y en lo más profundo de mi ser hay una parte que no se rinde.

Mi conversación con Marcus sobre el posible viaje fue muy esclarecedora. Me habló de la realidad de un país como la India donde todo es suciedad, tienen problemas con el agua y la comida suele ser picante. Una visión muy realista. Además, también pienso en las mañanas y el dolor con el que me despierto cuando aún no he tomado la morfina. Por ejemplo, anoche Edwin se quedó dormido en el sofá y cuando al acostarme tuve que mover todos los cojines de la cama me di cuenta de que era demasiado para mí.

Sin embargo, cuando más claro lo vi fue al contárselo a mi hermana y a Rafa: mi físico no me permite lanzarme a una aventura como ésa.

Mi hermana también me contó que Carmen le había dicho que nunca había tenido una paciente que fuera desde el principio tan derrotista con esta enfermedad como yo. Puede ser. Hay una parte muy fuerte de mí que no cree que se puede superar esta enfermedad, en especial viendo cómo avanza por mi piel, pero sé que hay pequeña parte que tiene fe, aunque está tan escondida que no puede salir. Un ejemplo de esto es cuando Edwin me comentó que tenía la piel mucho mejor. Es cierto que está diferente, pero tampoco sé si eso significa que está mejor.

Estoy pidiendo ayuda para saber qué decisión debo tomar, aunque lo que me parece más claro es que me será imposible hacer este viaje. Lo ideal sería ir acompañada por alguien, mi hermana o incluso se me había ocurrido que Ana, pero en realidad es imposible porque cada una tiene su vida y nadie dispone de tanto tiempo para dedicárselo a otra persona. Entonces me pregunté si yo lo haría por alguien y lo cierto es que no lo sé. Mi mentalidad ahora es otra y supongo que sería capaz de ello, pero no todos estamos en la misma fase.

Además, deseé irme a la India sólo si me encontraba bien.

Sábado, 2 de febrero

Hoy quiero escribir porque, aunque hace muchos días que no lo hago, han sucedido hechos muy importantes.

Anoche recibí una llamada de mi prima Sandra, la hija de mi tío Fernando que murió hace años. Me sorprendió mucho, aunque ya sabía que había estado pidiendo mi teléfono, pero como fue hace meses la tenía olvidada. Después de muchos años sin vernos, estuvimos hablando largo y tendido y me puso al corriente de toda su vida. En absoluto estoy enfadada con ella, incluso estuve tentada un par de veces de preguntarle por su madre, quien renunció al contacto con todos nosotros hace tiempo por una disputa familiar, aunque todavía hay algo que me lo impide. Me imagino que llegará el momento.

Me he dado cuenta de que fue algo importante para mí, pues últimamente he pensado bastante en ella.

El domingo hice la toma de refugio y también fue una sorpresa. Pili me llamó el sábado para preguntarme si quería apuntarme, ya que lo harían al día. Acepté porque me he dado cuenta de que poco a poco me voy sintiendo cada vez más atraída hacia el budismo. Edwin y Amalia, una amiga, se quedaron fuera esperándome. Había mucha gente, incluso algún matrimonio de la edad de mis padres, lo que me llamó mucho la atención.

Me dieron un nombre dármico, Yeshe Lamo, Diosa de la Sabiduría. Te lo puedes cambiar si quieres, pero me pareció muy bonito. La ceremonia no duró mucho pero a mí se me hizo pesada y me ha hecho ver que cada vez tengo menos energía para hacer cualquier tarea.

Esta semana me han vuelto a hacer una transfusión después de hacerme un análisis en el que casi todo estaba bajo.

Desde hace tres días camino dando la vuelta a la manzana. Me cuesta mucho, pero Carmen me aconsejó que lo hiciera porque, según dice, cuanto menos me mueva más me costará después hacerlo. Y lo estoy intentando.

La peor parte del día sigue siendo la ducha y nuevamente me aplico un gel antibiótico para combatir el olor.

Aún no he empezado a tomar las medicinas de la India. Me da un poco de miedo que me vuelvan a entrar los vómitos y padecer malestar de estómago, pero estoy convencida de que cuando empiece me va a ir bien.

He comenzado a leer un nuevo libro, *Una cueva en la nieve*, de Vicky Mackenzie, después de acabar *Una realidad aparte*, de Carlos Castaneda. Me está gustando mucho porque me apetece leer sobre temas que estén relacionados con el budismo y este libro te orienta un poco. Además, la perspectiva desde la que se habla del budismo es la de una mujer occidental que se retira durante años a una cueva.

MARTES, 5

Necesitaba escribir. Ya no tengo ganas de hacerlo diariamente, quizás porque no pasa nada interesante. Pero arranques como éste tienen más que ver con las emociones que con los acontecimientos. Doy gracias por la existencia del papel y el lápiz.

Hoy hace catorce años que murió mi tío Fernando y creo que mañana día 6 fue el día en que murió mi abuela, unos años más tarde que mi tío. Me está pasando algo muy extraño con mi abuela porque tengo la sensación de que en cuanto quiera puedo hablar con ella por teléfono. Es como si estuviera muy cerca.

Hay una parte en mí que no se quiere rendir y no lo entiendo, pues me siento muy mal con lo que soy ahora. No puedo corresponder a Edwin, es como si no estuviera enamorada de él. Soy consciente de que llegará un momento en el que él necesitará ser correspondido y se enamorará de otra persona. Estoy segura de que todo esto va a ser muy difícil para los niños. Sara está en una etapa muy tonta a sus 11 años, pero me encanta su evolución. Deseo que sea muy feliz, no cortarle las alas y que se vuelva responsable. Creo que así será porque me parece una niña feliz y espero que por lo que está pasando sólo repercuta en su beneficio. Ferran, a quien le gusta jugar conmigo a las cartas, necesitará un poco más de ayuda, pero con Edwin también logrará ser feliz y responsable. Además, yo siempre estaré guiándoles espiritualmente.

Me he acabado ya prácticamente *Una cueva en la nieve* y me está gustando mucho. No puedo dejar de pensar y sentir que haberme ido seis meses a la India en otras condiciones habría sido mi salvación. Pero las cosas son como tienen que ser. El presente no puede cambiarse, así que sólo me resta aprender de lo que me ha pasado.

¿Realmente estoy aprendiendo o me estoy quedando demasiado aferrada a lo terrenal? Siento que entre los ángeles y yo hay algo especial. Necesito saber más de ellos y escucharlos porque no tengo dudas de que pueden serme de gran ayuda.

XXVI

Cerrar los ojos

SITGES
SÁBADO, 23 DE FEBRERO DE 2002

No sé exactamente cuánto tiempo hace que no escribo, pero me parece que ha sido una eternidad. Mi situación ha cambiado enormemente desde la última vez. Físicamente estoy muy degenerada, la movilidad es nula tanto en el brazo izquierdo como en los dedos.

¿Qué ha pasado? Uf, no sé si puedo explicar todos estos cambios. Es como si de golpe estos últimos días se hubieran convertido en años.

Ayer estaba en el hospital y mi hermana me comentaba que es un tiempo de espera, espera de que me muera. ¡Qué raro suena todo esto! Llevo ya mucho tiempo enfrentándome a la palabra muerte pero ahora la siento aquí y lo único que hago es esperar a que me tome de la mano y me lleve.

¿Cómo me lo imagino? Al mirarme el brazo que no responde a ningún estímulo y las piernas hinchadas me imagino una especie de trombosis. Me acuerdo de mi tío Fernando, cuyo proceso fue más o menos así. Aunque no es del todo cierto porque él se desinfló y yo me estoy hinchando con la linfa.

He estado dos semanas en el hospital Duran i Reynals en la planta de cuidados paliativos. En casa sólo estuve el fin de semana. Estos días han servido para ajustar la medicación y ponerme más al día de mi situación. Nada de lo que me han dicho me ha sorprendido, pero es duro oírlo de boca de los médicos. El doctor Porta fue muy claro y me dijo que no había nada que hacer. Como siempre, mientras preguntaba estaba muy entera, pero en cuanto se fue me hundí. Soy muy realista, consciente de mi situación, pero hay una pequeña parte de mí que parece que no se quiere rendir y marcharse. Y eso me provoca mucho miedo porque cada día me duele más y me da pavor sufrir.

Estos días en el hospital me han servido para ser un poco más consciente de que no tengo que aguantar el dolor y si me duele he de pedir una pastilla extra. Me cuesta mucho hacerlo porque es como reconocer lo rápido que va todo.

Mi cabeza es un caos, ya que por un lado quiero dormirme e irme, pero por otro no sé qué me retiene. Supongo que tengo todavía asuntos pendientes que estoy resolviendo con los niños, con Edwin y con otras personas.

Estoy aprendiendo a comprender ese amor, esa compasión y no sé cuánto más me queda por aprender. Los días que he pasado en el hospital he sentido mucho amor por Edwin, pero ha sido llegar a casa y volver a sentir rabia, y eso que se está comportando conmigo como nunca. Creo que tiene que ser muy duro para él, pero me doy cuenta de que de verdad lo está haciendo con el corazón. Incluso en el informe del hospital le han dedicado una pequeña línea que dice que se ocupa muy bien de mí.

En el hospital se han portado estupendamente conmigo, tan bien que me hace sospechar. Pero hay que reconocer que es gente que trabaja con mucho cariño. He aprendido a respetar a las personas que se dedican a esta profesión. El lunes mandarán a casa a curarme a dos señoras del Pades que forman parte del equipo de paliativos a domicilio. Se están portando de maravilla.

Por cierto, me ha salido líquido en la pleura y ésa es la razón de que padezca este agotamiento. De momento no hay que hacer nada, pero más adelante me podría causar problemas para respirar. En el hígado y en el riñón también han visto alteraciones, aunque, a pesar de tener todo tan inflamado, aseguran que el único órgano que me funciona es el riñón. Me han dado cortisona y Marcus me ha explicado que es un medicamento de *shock* para intentar que fluyan los líquidos.

La gente cercana se está portando muy bien. Graciela vino dos veces al hospital y también me habló muy claro porque pensaba que me estoy preparando para el viaje. Esta mujer tiene una vitalidad y una fe que me deja pasmada, creo que disfruta de verdad de la vida y es muy comprensiva. Esta semana coincidió con Rafa e hicimos como una especie de rueda de energía. Estaba un poco nerviosa porque tenía hambre (estoy obsesionada con la comida).

Al no tener nada que hacer en el hospital no era capaz de pensar en otra cosa y estoy comiendo lo que quiero.

Marcus vino varias veces a hacerme el drenaje del brazo y mientras estuve en el hospital la fisioterapeuta me lo hizo cada día. Necesitaba releer el libro de la chica con cáncer, *Gracia y coraje*, es ya la tercera vez y después de éste volví con *El libro tibetano de la vida y la muerte*. Preciso hacerme a la idea e intentar encontrar la máxima paz posible.

Edwin habló con Ferran sobre mí. Me gusta mucho que lo haya hecho, ya que es un tema que tenía pendiente y no sabía cómo tratar. Ferran le dijo que para verme sufrir prefería que me muriera. Y al día siguiente soñó con que yo moría, tenía que contárselo a sus amigos y mientras lo hacía no estaba llorando. Está muy sensible y mi hermana opina que es muy maduro en este sentido. Me parece que voy a poder ayudarlo mucho.

El otro día Ferran me habló de un chico que no tiene padre desde que era muy pequeño y de otro cuyos padres se separaron hace mucho tiempo. Esto me ha servido para decirle que la vida no es igual para todos y que a veces se producen acontecimientos que hacen que ésta cambie.

Tengo la impresión de que Sara comprende muy bien la situación. Por ejemplo, al ver cómo me muevo intenta darme todo lo que pido. Si en algún momento sale el tema me gustaría volver a hablar con ella para que todo fluya mejor.

Con mi madre es más problemático poder hablar de esto. He hecho todo lo posible, aunque creo que realmente ya lo sabe. Todos han hablado con ella: Rafa, Edwin, mi hermana... y le hemos explicado claramente la cuestión, pero ella sigue con el tema de la fe. Me pone muy nerviosa porque tengo la sensación de que no me escucha.

El miércoles llega Aukje. Le pedí a Edwin que la llamara porque veo que la situación es bastante límite. De momento sólo viene ella, mientras menos gente haya mejor porque necesito tranquilidad. Aukje se va a sorprender. No puedo ponerme recta y tengo una joroba increíble.

Dispongo de tanto tiempo sin hacer nada que me fijo en todo y vuelvo a pensar en el exterior. Me gustaría tanto volver atrás, ir a comer a un restaurante, dar un paseo, etcétera. Qué difícil es adaptarse a una nueva situación. Ahora comprendo a todas esas personas que han sufrido accidentes, a los niños enfermos, etcétera. Es verdad que a todos en la vida nos toca sufrir en algún momento. Sólo espero que todos los que están a mi alrededor puedan aprender de esta experiencia y vivir la vida centrándose todo lo posible en el presente porque me he dado cuenta de que, a pesar de las cosas con las que me he enfrentado en la vida, la muerte de mi tío o la de mi abuela, estaba tan cerrada que no aprendí nada. Pero por otro lado también sé lo difícil que es llegar a comprender y sentir todo esto.

Supongo que lo que he escrito es un caos similar al que existe en mi cabeza. Me gustaría poder reflejar lo que realmente siento pero no sé si lo he conseguido. Eso sí, sigo diciendo que todo lo que he aprendido en este tiempo hubiera sido imposible sin esta enfermedad.

Lunes, 25

Estoy esperando que venga el Lama. Quiere venir a verme porque ya no puedo subir al monasterio. Le estoy esperando en la cama porque no me apetece estar en el comedor y que me vea andando con la facha que tengo con el pijama (no consigo liberar mi mente de tonterías). Ayer mismo estuvo Lisa aquí y hablamos de la vida que lleva el Lama. La dedica a rezar y a los demás. Al igual que Pili y el resto de personas del monasterio se dedican a servir a otros. Estamos en niveles diferentes. La vida es distinta según donde mires.

El Lama ha estado aquí con Andreu y se fueron cuando llegaron por primera vez la enfermera y la doctora del Pades, que es quien organiza la atención paliativa en casa. Son simpáticas y me han estado haciendo muchas preguntas. Le pedí a Edwin que me lavara delante de ellas para que la enfermera viera exactamente cómo lo hacían en el hospital.

El Lama ha estado dándome ánimos como siempre y me ha dicho que da igual si me muero mañana porque lo importante es crear energía positiva y así también se genera alrededor.

Me comentó que ve bastante bien a Edwin, ya que tal como habla y se explica parece que cada vez entiende mejor la situación. Cuando le escucho le entiendo perfectamente y no puedo pensar en negativo.

El lunes se marchará y pasará un mes en Miami y Bolivia, pero antes de irse vendrá un día a casa. ¿Será casualidad que esta mañana estaba leyendo en el libro tibetano lo importante que es tener un maestro a tu lado? El Lama tiene una energía tan fuerte que, por lo menos a mí, me quita todo el negativismo.

A ver si puedo cambiar un poco mi manera de pensar y lo que me queda por vivir hacerlo de forma más positiva. He recuperado algo de fuerzas porque aquí logro caminar un poco más rápido que en el hospital.

MARTES, 26

Vuelvo a estar otro día esperando a que lleguen las enfermeras para ducharme. Echo de menos a Edwin y preferiría que lo hiciera él todo, pero es absurdo no aprovechar esta comodidad que me proporcionan. Lo hemos hablado y si me siento muy incómoda hemos decidido que lo hará él. Ha ido a buscar a su amigo Anton al aeropuerto, que se quedará hasta el viernes, aunque no quiero ver a nadie. Viene para estar con Edwin y esta noche se irán a cenar, pero me prometió que vendrá pronto para hacerme mi última cura.

La noche pasada fue horrible, como siempre. Me gustaría encontrar una pastilla que me permitiera dormir toda la noche. Me puse la crema de cortisona, pero sigo sintiendo las molestias y los picores de la piel. Primero me quedé en el sofá y después llamé a Edwin para que me llevara a la cama.

Esta mañana volví al sofá hasta que se levantaran los niños y entonces he podido descansar un poco. Desayuné y me volví a relajar. Me estoy enganchando a la morfina y noto que ya no puedo pasar de la dosis de las cinco de la madrugada. Tras una noche de desesperación, también necesito la de las siete de la mañana.

Tengo la zona que rodea los ojos cada vez más marrón. Se nota claramente que se me escapa la vida.

Marcus me explicó el otro día que siente mucha rabia, igual que yo. Oírle decir eso me hace sentir furiosa porque noto su energía y sus preocupaciones. Nos parecemos mucho y sé que sufre por mí.

Mi madre me ha preguntado si tenía que venir la señora de la limpieza, pero es como si todo esto ya no tuviera que ver conmigo. No me importa nada. Sólo estoy mirando qué hace la gente y no les entiendo. He comprendido que mi misión aquí ha acabado. Ayer por la tarde lo vi muy claro al tener una sensación muy intensa pensando qué coño era lo que hacía todavía aquí.

Jueves, 28

Aukje llegó ayer de Holanda. Me ha venido bien porque hemos hablado un poco de todo. Hasta ahora no era consciente de que puedo hablar de muchos temas con ella. Una de las propuestas que me hizo y que me parece muy interesante es dejarle escrita una carta a Sara para que la pueda leer cuando sea mayor. No me habló de Ferran, pero por supuesto lo haré para los dos. Me parece muy difícil, pero es una idea muy hermosa. Tengo que meditarla bien.

Aukje dice que ve a mi madre bastante bien, dentro de lo nerviosa que es. Ayer incluso estaba risueña porque es feliz cuando ve que estoy entretenida y no pienso ni en mis dolores ni en la enfermedad. No obstante, la cuenta pendiente con mi madre es muy importante y he de resolverla antes de irme. Además, no me van a dejar ir hasta que esto no esté solucionado. ¡Lo sé!

Tengo unos sueños que son muy diferentes a los que tenía antes. Sé que me estoy despidiendo de todo el mundo porque ése es su significado. Todo cambia tan rápido que no sé cómo explicarlo. Estoy convencida de que el final va a llegar antes de lo que todos pensamos porque siento cada vez con más fuerza que ya poseo esa paz interior que he estado buscando, está sucediendo lentamente, pero noto que así es.

Se acaba de ir Carmen, la enfermera del Pades, y me he quedado muy a gusto y limpita. Me trajo un pantalón del hospital sin goma que me resulta muy práctico. Me siento muy cómoda con ella y además es una manera de pasar la mañana, ya que cuando se va son casi las dos, la hora de comer. Hoy parece que estoy un poco más optimista.

Ayer Edwin estuvo con Carmen, la dietista, y me ha comentado que la consulta fue muy rápida. Le informó de que tengo el hígado mal, por lo que he de seguir tomando las pastillas que me mandó para eso y el cartílago de tiburón. Ningún comentario más. No sé qué quiero oír porque ya lo he escuchado todo, pero veo que sigo apoyándome en lo que me dicen los demás.

Me acabo de comer un yogur con azúcar que me ha sabido a gloria. Me he levantado yo misma porque Aukje se había acostado y mi madre se había ido a su apartamento. Me cuesta mucho esfuerzo, pero si no hay más remedio me muevo. También me duele el culo y tengo la sensación de que me van a salir ampollas. No sé cómo ponerme, pero la única postura en la que puedo estar es sentada. Si me acuesto me ahogo.

Hace unos días Graciela me habló de la muerte de su madre y me contó algo que me pareció muy interesante. Tiene que ver con el texto que he subrayado hoy en *El libro tibetano de la vida y la muerte*, en el que se dice que en el momento de la muerte es la gente que hay a tu alrededor la que ha de ayudarte a liberarte.

Me comentó que hace un mes exacto le detectaron cáncer de páncreas a su madre y la ha ayudado mucho para que todo sucediera muy rápido. Eso es lo quiero para mí. Mi deseo es que todas las personas que hay alrededor sientan que ha llegado el momento de que me vaya y me ayuden a ello. Cada día me siento más en el otro lado pero necesito ayuda. ¿Alguien puede entenderme?

VIERNES, 1 DE MARZO

Cuando Edwin llegó anoche de picar algo con Anton me sentí rabiosa. Mientras me curaba le leí la parte de *El libro tibetano de la vida y la muerte* en la que se habla de la ayuda que reciben los moribundos de sus familiares y también le hablé de lo que me había contado Graciela.

No sé qué esperaba escucharle decir, pero me contestó que ya le había leído ese capítulo en vacaciones e incluso él mismo lo había vuelto a leer, así como el libro de *Gracia y coraje*, en concreto la parte en la que al final la protagonista también recibe el mismo tipo de ayuda. Pero dice que por mucho que yo quiera, todavía no soy una persona moribunda.

Tiene razón en todo, pero no puedo evitar sentir ira al ver cómo todo se mueve alrededor y comprobar que no encuentro aliciente alguno. Todos hablamos de lo que va a ocurrir y esa espera es insoportable.

Se me olvida hasta meditar y eso no quiero perderlo. Ahora que dispongo de tanto tiempo para hacer todo aquello que antes deseaba, aún lo hago menos. Sin embargo, algo que sí hago es leer varios libros a la vez, pues como los días son tan largos, me apetece intercalar temas diferentes.

Hoy vuelve a estar nublado. Por un lado me apetece ponerme un rato al sol, pero por el otro me gustan los días tristes. Si me detengo a pensar en todo lo que desearía para poder continuar viviendo me doy cuenta de que tendría que empezar completamente de nuevo.

Una de las imágenes que me vienen a la mente es la de levantarme por la mañana en medio de la montaña respirando aire puro y viendo sólo naturaleza a mi alrededor. Estoy segura de que ese lugar se encuentra en Granada. Y entonces me imagino a los niños viviendo en la ciudad y disfrutando de su independencia y a mí dando largos paseos con Edwin, apuntándome a cursillos, yendo al centro budista, pintando y buscando mi camino, pero sabiendo exactamente hacia dónde tengo que ir.

Pues sí, éstos son mis sueños en estos momentos. ¡Montaña! ¡Ruido de río! ¿Estoy loca? ¡Un poco sí! Nunca antes había tenido este tipo de sueños.

Son las siete de la tarde, Edwin ha llegado de trabajar y dice que no va a volver al periódico porque se va a coger tres meses de excedencia. Me he quedado muy sorprendida, pero creo que lo necesitamos. Está histérico y veo que la situación cada vez se complica más. Además, asegura que no puede concentrarse en el trabajo. Espero que de verdad le sirva, pues acumula mucha tensión en su interior.

LUNES, 4

Estos días he sufrido un par de ataques respiratorios y me han acojonado. El peor ha sucedido esta mañana con Aukje y mi madre aquí. Se pusieron muy nerviosas y me lo transmitieron a mí. Creo que me puse peor de escucharlas. Estuvieron llamando a Edwin para que volviera, quien, aunque ya no trabaja, se había marchado a la presentación de un libro en Barcelona. Por mi parte, no pude ni ponerme al teléfono porque no podía hablar y a él le pusieron tan nervioso que se vino corriendo a casa mientras llamaba al 061 para enviarme una ambulancia.

Cuando llegó la ambulancia resultó que no podían atenderme en casa y lo único que podían hacer era trasladarme a un hospital y ponerme el oxígeno en la ambulancia. Me negué a ir al hospital y además ya me había calmado un poco. Esta tarde vendrá una empresa para instalarme un aparato de oxígeno.

Cuando esta mañana me encontraba tan mal sólo pensaba en que no me va a dar tiempo de escribirles las cartas a mis niños antes de irme. Deseo hacerlo y además quiero hablar con Sara para explicarle que si tiene dudas sobre su pubertad hable con mi hermana. Angie se lleva muy bien con ella y me gusta cómo explica las cosas.

Amalia estuvo ayer aquí y hacía mucho que no la veía. Me dio dos besos al despedirse y tengo la sensación de que todas estas despedidas son definitivas.

Sara se fue a la bolera con sus amigas y Ferran se quedó en casa. Busca mucho cariño, no se despega de mí, pero no puedo corresponderle. Me dijo que me quería mucho, lo hace muy a menudo, y también me contó que todos los goles que marca me los dedica a mí, excepto uno que dedicó a toda la familia. Después empezó a hacerme algunas preguntas.

—¿No vas a poder caminar más, mamá?

—No creo.

—Pues necesitarás una silla de ruedas.

¡Es tan sincero!

Le pregunté a Edwin qué hará con los niños y me contestó que en su momento ya lo pensará, pero yo sé que el final está muy cerca. Me comentó que intentará tener horario de oficina y que desde luego estará muy pendiente de ellos. No me parece nada fácil lo que se le viene encima.

Estoy acostumbrándome a darle mucho más las gracias por todo lo que me ayuda. Esta mañana me di cuenta de que es la única persona que logra relajarme. ¡Qué importante es para un enfermo tener paz a su lado! Tengo mucha suerte con él.

El sábado fue un día de muchas visitas: Marcus, mis amigas Sonia y Lisa, mi hermana... Por la noche vinieron el Lama y Andreu después de terminar con su última visita, ya que el domingo se van de viaje. Llegaron tarde, sobre las nueve y media, y se quedaron hasta medianoche.

El Lama es un hombre tremendamente sencillo que sigue sorprendiéndome y eso que casi no hablé porque me notaba cansada. Aunque me llamó tonta por ser tan negativa y no ver la suerte que tenía de tener tanta gente a mi alrededor para cuidarme. Desde luego eso es mirar la vida de otra manera y aceptar todo como te viene. Mi hermana le explicó que yo había pronosticado que no iba a durar más de un mes.

JUEVES, 7

Mi madre y mi suegra están hechas polvo y muy pendientes una de la otra. Aukje se va mañana y tal vez es lo mejor, porque esto no les beneficia a ninguna de las dos. Cada una intenta hacer lo mejor para mí, pero cada una a su manera, y no se entienden en absoluto. He intentado explicarle a mi madre que no se meta en los asuntos de los demás. Sé que no debo preocuparme por estas cosas pero también me entretienen.

Esther ha vuelto de Baleares y me sentí muy a gusto en su compañía, a pesar de que ha sido testigo del cambio tan brusco que he sufrido. Sin embargo, me siento incómoda, me muevo gracias a una silla de oficina con ruedas y acepto todo lo que me está pasando.

Me agrada ver cómo me voy separando de mi físico, supongo que es por eso por lo que poco a poco estoy encontrando esa paz. Estuve hablando de esto con mi hermana, aunque es un tema difícil de explicar. Todo es muy sutil: un buen día te das cuenta de que tus sentimientos y pensamientos han cambiado al respecto casi sin saber cómo.

Edwin me regaló la grabadora que le pedí, pero me desagrada escuchar cómo me cuesta hablar. Además, eso de escribir o grabar mensajes para los niños se me está haciendo difícil y no paro de darle vueltas. No obstante, me gustaría dejarles algunas palabras.

No he vuelto a meditar, pero noto que estoy muy cerca del momento crucial y me siento rodeada, sobre todo cuando estoy sola. No tengo miedo a lo desconocido porque me siento acompañada y es una sensación diferente. Sé que no voy a sufrir más porque esta ayuda es para que lo vaya comprendiendo.

VIERNES, 8

Le pedí a mi suegra que antes de irse me hiciera un pastel de manzana y otro de verdura. También me trajo flores, unos tulipanes preciosos. Es algo que me encanta de ella, ese toque especial que le da a las flores.

La buena noticia es que no me han tenido que llevar al hospital, aunque la doctora que vino a verme hizo todo lo posible para que así fuera. Por mi parte, ya sabía que no iría porque tenía la sensación de que no iba a ser así. Edwin ha llevado a su madre al aeropuerto y dice que volverá con Cees en coche. No se podrían quedar en casa, pero de todos modos ya sé que no van a llegar a tiempo. Me ha confesado antes de marcharse que soy un poco como una hija, por lo que están muy afectados y no paran de pensar en mí durante todo el día.

Esther me dio un baño de color en el pelo. Es muy agradable, me da ánimos y me hace sentir como si diera igual que muramos mañana mismo.

Estos últimos días que hemos cenado con los niños hemos hablado mucho con Sara. Tiene ganas de participar en todo y de contarnos cosas. La comunicación con Sara y Ferran ha cambiado radicalmente.

Aún no he utilizado la grabadora. Tantas ganas por tenerla y para nada. ¿Por qué demoro tanto los mensajes para mis niños? Supongo que es el tema más difícil que me queda por resolver y me apetece hacerlo muy bien. En especial quiero dejarles la sensación de que estaré a su lado protegiéndoles.

Acabo de poner la televisión para ver qué dan y ha empezado una película que no tengo ni idea de qué va pero adivina cómo se llama: *Morir*. ¿Qué significa?

Domingo, 10

Acabo de pasar un rato horrible gracias a Edwin y Ferran. No puedo entender la manera que tiene de educar al niño, pero no me parece normal. Han estado dos horas gritando sin parar. Me he sentido increíblemente mal y necesito tranquilidad, hasta he pensado en irme al hospital.

Ferran está muy alterado por todo lo que ocurre a su alrededor e intento involucrarme lo menos posible porque no tengo fuerzas. Me paso gran parte del día con el oxígeno puesto y sólo ir al baño, lo único que hago, me quita la poca energía que me queda. Así que no tengo fuerzas para presenciar esto. Más tarde Edwin quiso hablar, pero ni podía más ni me apetecía escuchar su voz.

—Lárgate —es lo único que le dije.

Según él, le he mandado a la mierda y es mentira. Lo que sucede es que tiene en su cabeza las palabrotas que le dice Ferran y ahora piensa que todo el mundo le habla así.

Lunes, 11

Estoy esperando que llegue la enfermera Carmen con la doctora. Llamaron para decir que vendrían tarde y preguntaron si supondría algún problema que Edwin me duchara. Ya lo ha hecho y me he quedado muy a gusto.

Edwin llamó al hospital porque necesitamos reponer gasas y le han aconsejado que me pasara yo también para quitarme el líquido de los pulmones, ya que sólo dura una hora. Pero no estoy muy segura de seguir con ningún tratamiento.

Me cuesta mantener los ojos abiertos y estoy muy cansada.

Edwin hará hoy pasta fresca con pesto y comeremos los dos solos. Me apetece.

En este momento están mis padres aquí, pero se irán antes porque mi padre no puede esperar para la comida. Me gustaría poder hablar alguna vez con él más profundamente pero de momento no estamos preparados. Aunque tampoco tengo la sensación de que vaya a ocurrir porque cuando entra en la habitación por la mañana saluda pero se va enseguida porque dice que no soporta el olor a incienso. Es un tema que tengo pendiente con él. Por otro lado, he agradecido a mi madre que esté aquí, ya que sólo con lavar ropa y platos y recoger un poco es de gran ayuda.

La doctora Edurne habló con el doctor Porta y ya no tiene tan claro lo de mi ingreso. Dice que el viernes insistió porque llegaba el fin de semana y no quería arriesgarse. Me explicó que mi cansancio está relacionado con el mal funcionamiento de todo mi cuerpo en general, ya que me estoy apagando. Por eso necesito dormir más y gastar el mínimo de energías. Me aconsejó que haga sólo lo que el cuerpo me pida.

Según la enfermera, aguanto mucho porque psicológicamente estoy fuerte, pero que mi desgaste físico es evidente. Cada día me siento más cerca de toda esa fuerza de luz, de esa energía irreconocible que noto en mi piel. La sensación que tengo es como si estuviera perdiendo el miedo. Además, sé que voy a morir tranquilamente y sin dolor. Edwin, por supuesto, quiere estar a mi lado y sé que va a ser así. Al igual que Rafa, Marcus, mi hermana y Graciela. Ése es mi camino, guiada por todos ellos, incluso por el Lama, esté donde esté.

Os necesito porque me habéis ayudado mucho durante este tiempo. Sois los únicos que sabéis cómo apoyarme en mis últimos momentos y que me auxiliaréis si me quedara alguna duda. Al escribirlo pienso que va a ser un instante bonito y además no dudéis de que os voy a ayudar en todo momento.

Tanto Edurne, la doctora, como Carmen, la enfermera, tienen algo especial. Es como si en mis últimos días viera algo especial en todo el mundo, estoy mucho más abierta con los demás y ellos conmigo.

Hoy no he hablado casi nada porque llevo todo el día afónica. La doctora le comunicó a Edwin que cuanto más aguante en casa mejor porque además ése es mi deseo. Edwin le preguntó que si está diez minutos fuera me puede pasar algo durante ese tiempo y le dijo que no.

Siento que ya no estoy y tengo unos sueños que no sé si son realidades. Son enérgicas despedidas de gente que no voy a ver. Cada vez me siento más ausente.

Martes, 12

Rafa se va este fin de semana con Iñaki a Horta y le pidió a Edwin que le llame en cuanto pase algo. Mi madre vino esta tarde y me dio un beso sin venir al caso. Me confesó que no va a parar de rezar y es que ya qué va a pasar.

La afonía no se me va y puede estar relacionada con todo el líquido que saco del cuerpo. Edwin me ha puesto en los pies unos pañales de Iñaki para intentar que no se me queden los pies tan helados.

Estoy contenta porque creo que ya estoy llegando.

Con Sara, Ferran y Edwin me comunico con la ayuda de papeles porque hablar me supone ya demasiado esfuerzo y al teléfono ni me puedo poner. Me estoy dando cuenta de que cada día necesito más a Edwin a mi lado, es el que mejor maneja las curas y todo lo demás y con quien me siento segura. Estos últimos días he aprendido mucho de su seguridad, de su actitud y de la de los niños también.

MIÉRCOLES, 13

Mi madre me preguntó esta mañana por qué tienen tan mala suerte. Le contesté que por qué considera eso si los hospitales están llenos de gente y todos están sufriendo, e incluso sin nadie que les cuide. Pero me sienta bien hablar de ello porque veo que lo estamos aceptando mejor y eso me ayuda a allanar el camino.

Menos mal que con la mayoría de la gente he podido hablar mucho de todo esto cuando aún no estaba afónica, ya que con el papel es mucho más complicado.

Edwin habló con mi padre y le aseguró que necesito un poco más de su tiempo, no sólo dos minutos y adiós. Mi padre le confesó que se emociona tanto al verme con el oxígeno y las piernas hinchadas que sólo tiene ganas de llorar y no quiere hacerlo delante de mí. Edwin le manifestó que si tiene ganas de llorar que lo haga, pero que pase más tiempo a mi lado.

Mientras Edwin me contaba todo esto yo también tenía ganas de llorar. ¡Cuántas emociones nos hemos reprimido!

Es evidente que mi hermana, mi madre, en fin, todos, no dejan de darme besos. Y ¿sabes? Me gusta.

Sara me preguntó qué era un tumor y le dije que así es como empezó mi enfermedad. Me contó que acaban de matar al perro de una niña de su colegio porque tenía un tumor y se podía poner mucho peor. Todos tenemos en la cabeza lo mismo. Incluso Sara que parece estar más desconectada del tema.

«Gracias Edwin. No sé si entenderás algo porque estoy escribiendo a oscuras. Me parece que me voy a ir al hospital. Es horrible decirlo pero no aguanto el ambiente en casa. No entendéis que necesito mucha tranquilidad, nadie cree que son mis últimos días pero eso no me importa. Para entenderlo hay que vivirlo y espero que ninguno tenga que pasar por aquí. Me siento muy inútil sin hablar y sin moverme, después de ver todo el esfuerzo que hacéis alrededor. Quizás no soy agradecida o no sé cómo demostrarlo. El caso es que cualquier tipo de tensión en mí se multiplica por mil. Te juro que he querido adaptarme, pero las cosas ya vienen de muy lejos y no puedo pretender que en medio año todos cambiéis por mí.

»Quizás tenga demasiado tiempo para observar, algo que antes no hacía, no tenía tiempo. Sigo pensando que eres la persona que más necesito a mi lado, pero los niños te necesitan mucho más y yo sólo soy un tren de paso que ya has cogido y que ahora tienes que dejar que se marche.

»Cuídate, creo que emocionalmente todo lo tienes mucho más profundo de lo que crees y si me equivoco, pues mejor. Te noto muy cansado y aburrido, por eso espero que esto termine lo antes posible.

»Has triunfado en todo y lo vas a seguir haciendo, tienes muchas posibilidades tanto en Sitges como en Barcelona y en Holanda. Lo que quiero decir con todo esto es que estoy convencida de que desamparados no vais a estar.

»Pero cuídate mental y físicamente, aunque ya estás demostrando que eres muy fuerte. No obstante, acuérdate de que educar no es decir que sí a casi todo.

»Adiós y espero que sea pronto. Lo único que me resta por pedirte es que me encantaría que estuvieras a mi lado en el momento final y ¡sé que así va a ser! ¡No te alejes! A pesar de que pueda estar pecando de pesada.

»Te quiero mucho, más de lo que tú crees, y me gustaría saber qué puedo hacer para que esta vida rutinaria no te resulte tan pesada.

»Sólo decirte que estoy contigo e intento mejorar y siento si no sé hacerlo mejor.

»Besos».

Jueves, 14

Hoy les he pedido a Edurne y a Carmen que hablen con mis padres. Reaccionaron muy bien. Mi padre sostuvo que si mi deseo es que esté a mi lado, que se lo diga, pero que se siente tan mal que sólo tiene ganas de llorar. Mi madre me comentó que ya tienen otra edad y les cuesta más asimilar las cosas.

»Este escrito sigue siendo para ti, Edwin. Esta tarde he vuelto a hablar con Lisa sobre el tema de ir al hospital cuando esté muy mal para pasar allí mis últimos momentos, sobre todo por el tema de la higiene y tener que moverme. Es algo que aún no tengo muy claro.

»Los últimos momentos seguro que transcurrirán muy rápidos y si no recuerdo mal ya habíamos hablado de ello. Estoy segura de que en casa me podrás dar lo que necesito porque espero que todo lo que hemos leído juntos te haya hecho ver lo que quiero para el final.

»Si esta enfermedad hace que cada día esté más ausente, ya me está sucediendo. Hasta creo que tengo algo en la cabeza porque parece que veo peor, aunque no sé si es obsesión. Y desde luego lo mucho que me cuesta respirar no puedo ni explicarlo».

Edwin ya ha leído este párrafo y me ha confesado que se sorprendió cuando dije de ir al hospital.

Son las once y media de la noche y ha llamado mi madre para decirnos que acaba de morir el tío Simón, su hermano. ¡Dios mío!, ¿qué está pasando?

Otro golpe duro para mi madre. Le contaron que Simón se acostó a las siete de la tarde y no volvió a levantarse. Me imagino que habrá sido un ataque al corazón. De todos modos es lo que siempre digo, lo único bueno es que ha sido rápido y espero que no haya sufrido demasiado.

No puedo decirte mucho, tito, sólo recuerdo las conversaciones que tuvimos cuando murió el tito Fernando. ¿Cuántos años tenías ahora? No lo recuerdo, pero tampoco eras tan mayor, me parece que tendrías unos sesenta y cinco. Sólo espero de verdad que hayas aprovechado la vida lo mejor que hayas podido. Ahora estoy como tú, con la diferencia de que ya has cruzado esa línea con el barco, aunque estoy convencida de que también me vas a ayudar. Sé que a mi madre le gustaría estar en estos momentos a tu lado, siempre ha dicho que eras uno de sus hermanos más nobles junto al tío Fernando.

Mamá, a ti quiero decirte que cuando pase todo esto has de aprovechar la vida e irte a La Campana.

Tito, sé que estás bien, sigue la luz, seguro que ya has visto a la abuela, al abuelo, al tío Fernando y a todos los seres queridos que yo ni tan siquiera conozco. Ya eres parte de esa otra energía hacia donde yo me dirijo y al final todos iremos. ¿Qué serás en tu próxima vida? No importa, pero espero que te hayas ido con la idea de poder cambiar un poco el mundo para mejorarlo.

Según se comenta, durante este siglo va a ser difícil que la gente sea comprensiva con el prójimo y cada vez nos vamos a aislar más en nosotros mismos. Pero yo tengo fe en energías de este tipo que proporcionan otra manera de sentir no tan capitalista.

¡Descansa en paz! Y recuerda: ¡venid a ayudarme! ¡Gracias!

Viernes, 15

Esta mañana me he despertado sobre las seis y media, una buena hora. Se me han vuelto a caer las almohadas, pero he conseguido incorporarme con mucha dificultad hacia un lado. Edwin quería levantarse para ayudarme, siempre me ofrece su brazo, pero lo quiere hacer demasiado rápido, no entiende que necesito tiempo para cada movimiento que hago. Le pedí que llamara a mi madre para ver cómo estaba por lo de mi tío. Le pareció muy temprano, pero yo sabía que necesitaba que supiera que estamos con ella. Tenía ganas de verla.

Antes de irse a desayunar y después a comprar, Edwin me hizo un zumo de mandarinas y me preparó un plato con fruta. Me ha sentado muy bien porque necesito tener el frescor de la fruta en mi boca. ¡Cómo cambia nuestro cuerpo! Sabe cómo orientarnos en lo que necesitamos.

Me apetecía dejar escrito que llevo todo el día mirando los tulipanes y otras flores que están en la ventana y están preciosos, tan verdes y con ese color rosa tan bonito. Hay un narciso amarillo que desde aquí no se ve muy bien, pero cuando consigo observarlo me parece magnífico.

Le pedí a mi madre el incienso y parece más tranquila. Hace un rato intentó despertarme de la siesta y estaba histérica. Ahora acaba de encender el incienso.

Hace mucho que no leo, pero no puedo concentrarme, incluso escribiendo hay veces que no sé ni lo que escribo. No entiendo qué tiene mi mano que no puedo parar de escribir, es como si tuviera que dejar plasmado cada segundo. No es que sea particularmente interesante, pero son mi vida y mis sentimientos y aprovecho ahora que puedo porque cada vez tengo la mente menos despierta. En fin, desconozco por qué lo hago, pero lo siento como una necesidad.

Sábado, 16

Estoy despierta desde las cinco y de nuevo me entraron muchas ganas de coger mi libreta. A esa hora me senté en la silla y Edwin me ayudó, aunque tiene la espalda destrozada.

Esta noche vi en mis sueños algo que me gustaría comer, pero ahora no lo recuerdo. ¡Ah, sí! Creo que lo que quería era beberme una cerveza. Son pequeñas cosas que quiero hacer cuando me apetezcan.

Anoche le dejé el escrito a Edwin y dijo que se había emocionado. Hacía tiempo que no lo veía así. Me confesó que había observado cómo muchas veces estaba ausente y mi cara reflejaba el desconcierto de aquel que no sabe dónde está. Y es que mis ojos ya no pueden expresar nada, estoy como atrapada por esta energía.

Según Edwin el final debe de ser así, como ir apagándose poco a poco, ya sea en una cama o en una silla. Asimismo me comentó que intentaría adaptar la filosofía de la vida que yo quería a los niños y a su educación, aunque lo veo difícil.

Marcus ha sabido inculcarme el amor por la poesía y para mí ha significado mucho descubrirla. Por supuesto conocía poesías pero no era consciente de las emociones que podían transmitir. He entendido que la emoción es una parte de ella.

Me gustaría decirle a Edwin que me consiga esta poesía completa porque fue la primera que me llegó al interior. Se trata de «El viaje definitivo», de Juan Ramón Jiménez. El fragmento que voy a volver a escribir lo habré leído unas quinientas veces pero necesito volver a hacerlo:

> ... Y yo me iré. Y se quedarán los pájaros cantando;
> y se quedará mi huerto con su verde árbol,
> y con su pozo blanco.
>
> Todas las tardes el cielo será azul y plácido;
> y tocarán, como esta tarde están tocando,
> las campanas del campanario.
>
> Se morirán aquellos que me amaron;
> y el pueblo se hará nuevo cada año;
> y en el rincón aquel de mi huerto florido y encalado,
> mi espíritu errará, nostálgico...

Son las once y media de la noche, llevo toda la tarde durmiendo y cada día puedo abrir menos los ojos.

Sara se ha comprado una camiseta muy bonita para la primavera. ¡Qué grande se hace! Me gusta ver cómo se va haciendo independiente.

Marcus estuvo aquí haciéndome sus masajes mientras yo dormía. No hablé mucho con él, pero aun sin palabras me siento comprendida.

«¿Miedo?», me preguntó Marcus. Le expliqué que eso es lo de menos, simplemente es algo desconocido a lo que me parece mejor denominar como incertidumbre a lo desconocido.

Mi hermana estuvo toda la tarde sin que pudiera hablar con ella y lo mismo me pasó con Lisa, con la que al final se me cerraron los ojos y no sé cuánto tiempo más se quedó.

Ahora son casi las dos de la madrugada y acabo de cenar. ¿Qué hago? Estoy zombi y me siento rodeada. No me he tomado la pastilla de protección del estómago y tampoco la pastilla de lorazepam. Tengo casi todo el día el oxígeno puesto y, aunque no sé si lo necesito, me hace sentir más segura. Dudo si meterme ahora en la cama o quedarme aquí en la silla, donde parece que tengo más control. Además, noto que tengo mucha sed.

¡Dadme una señal! ¿Me meto en la cama o no?

¿Y mi culo? ¿Qué hago para no sentirlo?

No sé por qué me hablas de ese modo porque no hago nada intencionadamente, todo surge así, sin proponérmelo, yo tampoco entiendo nada.

Domingo, 17

Son las siete y media de la mañana, he dormido casi toda la noche en la silla al lado de la cama y tengo que reconocer que he estado mucho mejor. Me he estado acordando de cuando tenía 15 años e íbamos a Montserrat con las motos en compañía de un chico amigo de Pili y de otro llamado Ramón. Siempre me inclinaba hacia el lado al que se iba la moto y, aunque no es lo correcto, a mí me encantaba hacerlo y creo que me gustaba mucho correr ese tipo de riesgo. Ahora me doy cuenta de lo irresponsable que era.

José era otro chico de la pandilla que venía con nosotros y a mí no me gustaba en absoluto, pero le aguantaba por el otro. Por la tarde íbamos a una discoteca que no me acuerdo dónde estaba. Cuando nos poníamos a bailar sentía que había veces que podía fundirme con Ramón.

Edwin se ha levantado conmigo para darme la pastilla y Ferran también ya ha salido de la cama.

Ayer lo poco que pude decirle a mi hermana fue que disfrutara de la vida. Le aseguré que me voy a encargar de que pasen muy bien lo que les quede de la vida. Puede que incluso mi padre esté más preparado para ayudar.

Me da mucha pena no poder ir al monasterio porque sé que está resultando muy difícil levantar la estupa, aunque ya está en su interior lo que tenía que estar.

Otra pequeña movida de la mano.

Estoy escribiendo otra vez, son más de las nueve y media de la noche pero lo necesito. He estado toda la tarde con los ojos cerrados. Mi padre y mi madre estuvieron aquí y me hace feliz pensar en lo que ha pasado esta tarde porque estuvieron todos. Mi madre me hizo un masaje de cuello. Ahora tengo aquí una sopita que me dará Edwin. Tiene buena pinta.

Y así es la vida. Todos a mi lado y despidiéndose, despidiéndose de mí.

Epílogo

Mari falleció el 18 de marzo de 2002,
un día después de escribir sus últimas líneas.

Según las creencias budistas
una persona que acaba de morir
necesita 49 días para orientarse.
En el caso de Mari, el 49º día después de su muerte
era el 5 de mayo, día de su 39º cumpleaños.

Un año más tarde Sara, Ferran y Edwin viajaron a Nepal.
El 18 de marzo de 2003
esparcieron las cenizas de Mari
por la estupa de Bodnath.